Vanessa Albus, Magnus Frank,
Thomas Geier (Hg.)

Sprachliche Bildung im Philosophieunterricht

Philosophie und Bildung

herausgegeben von

Prof. Dr. Ekkehard Martens (Hamburg)
und
Prof. Dr. Volker Steenblock (Bochum)

Band 18

Vanessa Albus, Magnus Frank,
Thomas Geier (Hg.)

Sprachliche Bildung im Philosophieunterricht

LIT

Bibliografische Information der Deutschen Nationalbibliothek
Die Deutsche Nationalbibliothek verzeichnet diese Publikation in der Deutschen Nationalbibliografie; detaillierte bibliografische Daten sind im Internet über http://dnb.d-nb.de abrufbar.

ISBN 978-3-643-12940-6

Verlagskontakt:
Fresnostr. 2 D-48159 Münster
Tel. +49 (0) 2 51-62 03 20
E-Mail: lit@lit-verlag.de http://www.lit-verlag.de

Auslieferung:
Deutschland: LIT Verlag Fresnostr. 2, D-48159 Münster
Tel. +49 (0) 2 51-620 32 22, E-Mail: vertrieb@lit-verlag.de

E-Books sind erhältlich unter www.litwebshop.de

Für Dr. Claudia Benholz
(1957 – 2016)

Inhalt

Sprachliche Bildung im Philosophieunterricht Einleitung

Vanessa Albus, Magnus Frank und Thomas Geier

1 Anliegen und Erkenntnisinteresse des Bandes

Mit dem vorliegenden Band wird das allgemeine Ziel verfolgt, einen Dialog zwischen Vertretern der Philosophiedidaktik und der qualitativ-rekonstruktiv forschenden Erziehungswissenschaft zu initiieren. Unterricht stellt dafür den Gegenstand des gemeinsamen Interesses dar, für den die Arten und Weisen ihn zu fassen, zu diskutieren und zu erforschen sich zwar unterscheiden, aber ebenso gemeinsame Bezugspunkte ausmachen lassen. Den vorliegenden Band trägt das Interesse, diese auszuloten und damit einen ersten Schritt zu einem wissenschaftlichen Austausch auf den Weg zu bringen.

Die erziehungswissenschaftlich konturierte qualitative Unterrichtsforschung interessiert sich dafür, anhand der tatsächlich stattfindenden Unterrichtspraxis das Allgemeine und Systematische des empirischen Unterrichtsgeschehens aus seiner Fallspezifik zu rekonstruieren.[1] Es geht hierbei also weniger um Fragestellungen, die auf ein Fach und seine Didaktik im engeren pädagogischen Sinne, etwa das unterrichtliche Curriculum und seine Vermittlung, bezogen sind und im durchaus normativen Sinne bildungs- oder lerntheoretisch beantwortet werden könnten, auch ohne dass das konkrete Unterrichtsgeschehen dafür in den Blick genommen werden müsste. Vielmehr steht die soziale Praxis des Unterrichts im Fokus einer empi-

[1] vgl. Thomas Geier und Marion Pollmanns (Hg.): Was ist Unterricht? Zur Konstitution einer pädagogischen Form. Wiesbaden, 2015.

rischen Forschung in der Erziehungswissenschaft, die sich als qualitative Unterrichtsforschung[2] verstehen lässt.

Während solche praxisbezogenen Unterrichtsforschungen zum festen Bestand der Erziehungswissenschaft gehören[3], setzt in den Fachdidaktiken erst mit dem Bekanntwerden der Ergebnisse von PISA 2000 ein generelles Interesse auch an solchen Fragestellungen ein, die empirisch beantwortet werden können. Die Fachdidaktik Philosophie begegnet diesen jedoch bis heute mit großer Skepsis.[4] Dies mag auch daraus resultieren, dass sich der erziehungswissenschaftliche Mainstream in Gestalt der ‚empirischen Bildungsforschung', die das Gros bildungspolitischer Reformbemühungen bildet, hauptsächlich dem Forschungsparadigma der quantitativ forschenden Lehr-/Lernpsychologie verschrieben hat. *Empirische Forschung* bzw. *Unterrichtsforschung* wird von der Philosophiedidaktik daher insbesondere als eine solche wahrgenommen, die Bildung als Kompetenzstufen zu erfassen und deren Niveauunterschiede zu *messen* verspricht. An derartig Forschende wird in zutreffender Weise kritisch zurückgefragt, ob auf solche Weise überhaupt und insbesondere philosophische Bildungsprozesse sich abbilden lassen. Die Fachdidaktik Philosophie vertritt damit ein skeptisches Argument, das ebenfalls von qualitativ Forschenden in der Erziehungswissenschaft gegenüber der empirischen Bildungsforschung ins Feld geführt wird. Aber auch jenseits dieses prinzipiell geteilten Einverständnisses zeigen sich innerhalb der Philosophiedidaktik seit kurzem eigene Ansätze, Unterricht rekonstruktionslogisch, d.h. qualitativ empirisch, zu erforschen.[5] In diesem Sinne soll mit diesem Band eine Suchbewegung nach möglichen

2 Vgl. Werner Helsper und Jeannette Böhme (Hg.): Handbuch der Schulforschung. Wiesbaden 2008.

3 vgl. etwa Barbara Friebertshäuser, Antje Langer und Annedore Prengel (Hg.): Handbuch Qualitative Forschungsmethoden in der Erziehungswissenschaft. Weinheim, 2013

4 Vgl. Johannes Rohbeck, Urs Thurnherr und Volker Steenblock (Hg.): Empirische Unterrichtsforschung und Philosophiedidaktik, Dresden, 2009. Vanessa Albus: Ist philosophische Bildung messbar? Überlegungen zum Verhältnis von Philosophiedidaktik und empirischer Bildungsforschung. In: Zeitschrift für Didaktik der Philosophie und Ethik, 4/2012, S. 336–345.

5 Vgl. etwa die von Helge Kminek geleitete internationale Arbeitstagung „Zwischen Deskription und Präskription" am 1. und 2. Juli 2016 in Frankfurt und der daraus entstehende Band Helge Kminek, Christian Thein und René Torkler: Zwischen Präskription und Deskription – zum Selbstverständnis der Philosophiedidaktik (i.E.) Opladen.

gemeinsamen Verbindungen angestoßen werden, von der wir uns versprechen, dass sie über die in dem Band vertretenen Beiträge hinaus in Zukunft weiter geführt wird.

Das damit umrissene Interesse an Unterricht wird im Folgenden mit der Perspektive auf *Sprachliche Bildung* fokussiert. Die Herausgebenden sehen hier ein weiteres mögliches Diskursfeld, das im gemeinsamen Interesse liegt. Denn nicht zuletzt sind mit Konzepten *Sprachlicher Bildung* bereits seit ca. 15 Jahren nachdrückliche bildungspolitische Erwartungen verknüpft, die sowohl an die Fachdidaktiken als auch an die empirisch forschende Erziehungswissenschaft herangetragen werden. Es geht damit also um keine neue Diskussion, z.B. darüber, wie im Kontext aktueller Fluchtbewegungen in die Bundesrepublik ein möglichst schneller schulischer Spracherwerb neuzugewanderter Schülerinnen und Schüler als „Seiteneinsteiger"[6] gelingen kann. *Sprachliche Bildung* kann vielmehr als bildungspolitisch forcierte Antwort auf die periodisch veröffentlichten Ergebnisse schulischer Leistungstests und deren öffentlich diskutierter Diagnosen gelten. Dazu gehört, dass das deutsche Bildungssystem im internationalen Vergleich mit anderen Bildungssystemen auch deshalb nur mittelmäßige Ergebnisse erziele, weil seine Schülerinnen und Schüler in höchst disparater Weise und in starker Abhängigkeit vom sozioökonomischen Status ihrer Familien über schulisch erwartete „Lesekompetenzen" verfügten.[7]

In den einzelnen Bundesländern werden Konzepte *Sprachlicher Bildung* daher in zahlreichen Curricula und Erlassen mit dem Ziel aufgegriffen, Bildungsungleichheiten zwischen den Schülerinnen und Schülern aufzuheben. Dabei wird stets davon ausgegangen, dass sie in ausschlaggebender Weise sprachlich behoben werden können.[8] Bildungserfolg, so

6 Vgl. kritisch Paul Mecheril und Saphira Shure: Natio-ethno-kulturelle Zugehörigkeitsordnungen – über die Unterscheidungspraxis „Seiteneinsteiger". In: Karin Bräu und Christine Schlickum (Hg.): Soziale Konstruktionen im Kontext von Schule und Unterricht. S. 109 – 121, Opladen, 2015.

7 Die Kompetenzniveaus haben sich seit PISA 2000 nur geringfügig angeglichen. Der sich darin zeigende Zusammenhang zwischen sozialem Status und ermittelter Kompetenz bleibt weiterhin signifikant. Vgl. Wilfried Bos, Irmela Tarelli, Albert Bremerich-Vos und Knut Schwippert (Hg.): Lesekompetenzen von Grundschülern in Deutschland im internationalen Vergleich. Münster, 2011.

8 vgl. etwa für NRW die Internetpräsenz der Bezirksregierung Arnsberg: „Sprachli-

die These, sei in zentraler Weise abhängig davon, ob Lernende den für die zentralen schulischen Leistungsaufgaben erforderlichen schriftsprachlichen *Code*[9] (etwa bei der Rezeption von Fachtexten oder in zu schreibenden Klausuren) beherrschen. Für die Fokussierung auf Differenzen im Umgang mit diesem wird insbesondere auf den wiederentdeckten Begriff „Bildungssprache“[10] zurückgegriffen. *Sprachliche Bildung* soll den schülerseitigen Erwerb *bildungssprachlicher Kompetenzen*[11] ermöglichen, wofür nicht zuletzt finanzkräftige bildungspolitische Aktivitäten[12] unternommen werden. Diesen, so lässt sich zuspitzen, liegt damit auch das öffentliche Versprechen zugrunde, über sprachbezogene Reformen im Sinne der Kompetenzorientierung die Leistungs- und Wettbewerbsfähigkeit des deutschen Schulsystems wieder unter Beweis zu stellen[13].

Statt dieser bildungspolitischen Programmatik nun affirmativ das Wort zu reden, sollen im vorliegenden Band Fragen danach gestellt werden, was *Sprachliche Bildung* für Unterricht und die an ihm teilnehmenden Akteure überhaupt bedeuten kann, um auf diese Weise zu explorieren, wie die

---

che Bildung ist die Grundlage für den Bildungserfolg von Kindern.“ (http://www.kommunale-integrationszentren-nrw.de/sprachliche-bildung-0) [16.09.2016]

9 Es werden damit jedoch nur in Teilen bildungssoziologische Diskussionen um den Zusammenhang von Sprache und gesellschaftliche Teilhabe aktualisiert, wie sie bereits seit den 1970er Jahren vorliegen. Vgl. Heike Solga und Rolf Becker (Hg.): Soziologische Bildungsforschung. Wiesbaden, 2012.

10 Vgl. Ingrid Gogolin: Mehrsprachigkeit und bildungssprachliche Fähigkeiten. In: Dies., Imke Lange, Ute Michel und Hans H. Reich (Hg.): Herausforderung Bildungssprache – und wie man sie meistert. Münster, 2013, S. 7–18.

11 Vgl. KMK: Interkulturelle Bildung und Erziehung in der Schule. Beschluss der Kultusministerkonferenz vom 25.10.1996 i. d. F. vom 05.12.2013.

12 Sie zeigen sich etwa in der von der KMK initiierten und mit 40 Mio € finanzierten Bund-Länder-Initiative „Bildung durch Sprache und Schrift“ (BiSS). (https://www.kmk.org/aktuelles/artikelansicht/sprachliche-bildung-in-deutschland-verbessern.html) [16.09.2016]

13 Inwiefern in der Post-PISA Diskussion Sprache als Differenz dem steuerungspolitischen Ziel dient, das Bildungssystem weiterhin neoliberal umzustrukturieren, wäre zu untersuchen. Vgl. Michael Uljens: The hidden curriculum of PISA. The promotion of neo-liberal policy by educational assessment. In: Stefan Thomas Hopman, Gertrude Brinek und Martin. Retzl (Eds.). PISA zufolge PISA – PISA according to PISA. Does PISA keep what it promises? (pp. 295–303). Wien, 2007.

sprachlichen Dimensionen des Gegenstands Unterricht zu erforschen sind. Aus unserer Sicht sollten daher zwei weitere Forschungsperspektiven wahrgenommen werden, denen ebenso Raum in der gemeinsamen Diskussion zwischen Fachdidaktik Philosophie und qualitativ forschender Erziehungswissenschaft gegeben wird.

Erstens handelt es sich um die *Mehrsprachigkeitsforschung*, wie sie für den vorliegenden Band durch die Arbeiten im Kontext des Projektes Pro-DaZ[14] vertreten ist. Mit unterrichtlichem Fokus interessiert sie sich dafür, die von schulischen Akteuren (v.a. Lehrkräfte und Schülerinnen und Schüler) praktizierte(n) Sprache(n) sowie die sprachlich gestalteten Unterrichtsgegenstände (etwa Fachtexte oder Arbeitsaufträge) möglichst vielschichtig und differenziert zu erfassen. Desgleichen gehört es zu ihrer disziplinären Expertise aufzuzeigen, wie und unter welchen Bedingungen Sprache vermittelt und angeeignet werden kann. Diese Perspektive verspricht daher insbesondere, über die (mehr)sprachlichen Dimensionen der Unterrichtswirklichkeit Auskunft geben zu können, die philosophiedidaktische und erziehungswissenschaftliche Forschungen in dieser Weise nicht im Blick haben. Denn während die Philosophiedidaktik zumeist Sprache im Zusammenhang didaktischer Theorie thematisiert und die qualitative Unterrichtsforschung sich für Sprache als Ausdruck bzw. Medium des sozialen und pädagogischen Geschehens im Unterricht interessiert, liegt der originäre Beitrag der Mehrsprachigkeitsforschung darin, von der Sprache selbst und ihrer mehrsprachigen Praxis auszugehen.

Ihr Beitrag für diesen Band ist daher zum einen darin zu sehen, Sprache in (für Unterricht) gegenstandsbezogen angemessener Weise komplex und differenziert aufgreifen zu können. Zum anderen zeigt sich in der Thematisierung *Sprachlicher Bildung* ein zu analysieren lohnender spezifischer Diskurs. Denn Mehrsprachigkeitsforschungen müssen in Deutschland vornehmlich innerhalb der politisch gewünschten und deshalb geförderten Disziplin ‚Deutsch als Zweit- bzw. Fremdsprache' agieren, wenn sie gehört werden *wollen*. Im hegemonialen bildungspolitischen Diskurs um *Sprachliche Bildung* wird hauptsächlich dann von DaZ/DaF gesprochen, wenn es nicht nur darum geht über mehrsprachige Spracherwerbsprozesse von Kin-

[14] Vgl. Claudia Benholz, Magnus Frank und Erkan Gürsoy (Hg.): Deutsch als Zweitsprache in allen Fächern. Konzepte für Lehrerbildung und Unterricht. Stuttgart, 2015.

dern und Jugendlichen aufzuklären, sondern insbesondere solche, die „mit Migrationshintergrund“[15] adressiert werden, gezielt zu fördern, da deren besondere Bildungsbenachteiligung hinlänglich bekannt und hinreichend belegt ist[16]. Schulen sollen dementsprechend auf den Weg eines *sprachlich bildenden* – zumeist „sprachsensibel“ genannten – Unterrichts gebracht und die Lehrer und Lehrerinnenbildung unter Einbezug der Fachdidaktiken derart reformiert werden, dass zukünftig Lehrende allen Schülerinnen und Schülern die sprachlichen Fertigkeiten für das jeweilige Fach vermitteln können. *Sprachliche Bildung* ist in dieser Logik universitär und schulisch vielerorts zu einem Thema geworden, für das *insbesondere* migrationsbedingt mehrsprachige Schülerinnen und Schüler zu fokussieren seien, weil die schulische Verkehrssprache Deutsch für sie nur eine Zweitsprache darstelle.

Mehrsprachigkeitsforschungen finden sich im Dienste von *Deutsch als Zweitsprache* damit in der Situation wieder, die normierende Konstruktion eines schulisch wünschenswerten Regelfalls *Deutsch als Erstsprache* herzustellen bzw. reproduzieren zu müssen. Zugleich geht für die mit DaZ adressierten Lernenden damit eine deutliche Sortierung von *Erstsprache* als zunächst erst einmal nicht deutscher Sprache einher. Angesichts migrationsgesellschaftlicher Sprachwirklichkeit stellt genau dies aber für die Mehrsprachigkeitsforschung selbst eine höchst fragwürdige Gewichtung und Priorisierung von Sprachen und ihren Sprecherinnen und Sprechern dar. Denn die Komplexität und Unterschiedlichkeit mehrsprachiger Spracherwerbs- und Sprachvermittlungsprozesse in und außerhalb von Un-

---

15 Laut Frank-Olaf Radtke handelt es sich dabei um eine „statistische Kunstfigur“, deren Effekt die Konstruktion einer Gruppe darstellt, die mittels eines statistischen Merkmals homogenisiert und ethnisiert wird. Die Kategorie „Migrationshintergrund“ hat in diesem Sinne seit ihrer Einführung durch PISA einen Funktionswandel durchlaufen. Ursprünglich dazu eingeführt, gesamtgesellschaftliche Bildungsungleichheiten migrationsbezogen zu *beschreiben*, wird sie inzwischen dazu herangezogen, ausbleibende Bildungserfolge zu *erklären*. Die statistisch messbare Korrelation zwischen Bildungserfolg und Gruppenzugehörigkeit wird also mittlerweile in den gesellschaftlichen Systemen mit Kausalität attribuiert. Vgl. Ders.: Schulversagen. Migrantenkinder als Objekt der Politik, der Wissenschaft und der Publikumsmedien. 2013, S. 6, mediendienst-integration.de [16.09.2016]

16 vgl. Autorengruppe Bildungsberichterstattung: Bildung in Deutschland 2016. Bielefeld, 2016.

terricht wird in Folge insgesamt reduziert, hierarchisiert und der Fokus auf den Spracherwerb mehrsprachiger Schülerinnen und Schüler verengt.

Um diese Perspektive zu verlassen, sollte in der von uns abgezielten Diskussion um *Sprachliche Bildung* im Philosophieunterricht daher von einem möglichst weiten Begriff von Mehrsprachigkeit ausgegangen werden. *Sprachliche Bildung* erschöpft sich nicht in Sprachförderung zur Sprachrichtigkeit. Den Begriff in der aktuellen Situation plausibel machen zu können, bedeutet daher – und deshalb muss diese Kritik bereits hier angebracht werden – prominente Verstehensweisen von Mehrsprachigkeit zu reflektieren, die aus dem DaZ/DaF-Diskurs entspringen. Das hiesige Vorhaben kann darüber hinaus aber auch für die Akteure des Diskurses selbst relevant für ihr Interesse an Unterricht sein. Denn in der Diskussion zwischen Bildungspolitik, der Disziplin Deutsch als Zweit- und Fremdsprache und den Fachdidaktiken wird, wenn überhaupt, nur in geringem Maße auf empirisches Wissen über Unterricht zurückgegriffen, wie es seitens qualitativ-rekonstruktiver Forschungen in der Erziehungswissenschaft zur Verfügung steht.[17]

Zweitens sind es migrationsgesellschaftliche Forschungen, die für die anzustoßende Diskussion kritische Perspektiven ermöglichen können.[18] In Anlehnung an Paul Mecheril[19] ist mit Migrationsgesellschaft eine Gesellschaft gemeint, die nicht nur durch die Dynamik verschiedenartiger nationalstaatliche Grenzen überscheitender Migrationen und durch die leiblich-soziale Anwesenheit Migrierender und Migrierter geprägt ist, sondern in-

---

17 In den unterschiedlichen Didaktiken des schulischen Fachkanons sind im Kontext von DaZ daher zahlreiche Studien entstanden, die den Zusammenhang von Bildungserfolg und sprachlichen Fähigkeiten untersuchen und herausstellen. Zu den darin ebenso qualitativ forschenden Fächern zählt die Mathematikdidaktik vgl. etwa Michael Meyer und Susanne Prediger: Vom Nutzen der Erstsprache beim Mathematiklernen. Fallstudien zu Chancen und Grenzen erstsprachlich gestützter mathematischer Arbeitsprozesse bei Lernenden mit Erstsprache Türkisch. In: Susanne Prediger und Erkan Özdil (Hg.): Mathematiklernen unter Bedingungen der Mehrsprachigkeit – Stand und Perspektiven der Forschung und Entwicklung. Münster, 2011, S. 185–204.

18 vgl. aktuell etwa Emre Arslan und Kemal Bozay (Hg.): Symbolische Ordnung und Bildungsungleichheit in der Migrationsgesellschaft. Wiesbaden, 2016.

19 vgl. Paul Mecheril, Oscar Thomas-Olalde, Claus Melter, Susanne Arens und Elisabeth Romaner (Hg.): Migrationsforschung als Kritik? Konturen einer Forschungsperspektive. Wiesbaden, 2013.

nerhalb derer Diskurse um Migration zirkulieren, die mittels symbolischer Zuschreibungen und gesellschaftlicher Klassifizierungen über soziale Zugehörigkeiten und deren Praktiken, sie zuzuweisen, entscheiden.

Migrationsgesellschaftliche Perspektiven einzunehmen soll für die gemeinsame Diskussion des Philosophieunterrichts daher deutlich machen, dass medial und wissenschaftlich geführte Diskurse zu reflektieren sind, in denen Differenz und Zugehörigkeit zum Thema wird. In Stoßrichtung einer daraus resultierenden Migrationspädagogik[20] gilt die kritische Reflexion insbesondere kollektivierenden Konstruktionen von „wir" und „sie", die als Normalitätserwartungen unhinterfragt die Denk-, Wahrnehmungs- und Handlungsmuster von Pädagoginnen und Pädagogen, strukturieren können, wenn sie nicht zu Bewusstsein gelangen.[21] Darin liegt stets das Risiko von Diskriminierungsprozessen, die mit wirkmächtigen Etikettierungen der Schülerinnen und Schüler einher gehen und deren vielfältige Gestalt für den vorliegenden Kontext *Sprachlicher Bildung* zu erforschen sind.

Eine migrationspädagogische Perspektive einzunehmen, verspricht dafür einerseits in den Blick zu bekommen, ob und wie solche Differenz-Setzungen in der Praxis des Philosophieunterrichts und seiner Didaktik aufgerufen und mit welcher Bedeutung sie ausgestattet werden. Welche soziale Relevanz sie im Kontext didaktischer Konzepte erhalten, ist dabei für das vorliegende Anliegen von besonderem Interesse. Andererseits ist damit aber auch verbunden, Möglichkeiten eines differenz- und etikettierungssensiblen pädagogischen Sprechens und Handelns auszuloten, mit dem „Differenz unter Bedingungen von Differenz" in Schule und Lehrerinnen- und Lehrerbildung aufgegriffen und verhandelt werden könnte.[22]

---

20 Paul Mecheril, Maria do Mar Castro Varela, Inci Dirim, Annita Kalpaka und Claus Melter (Hg.): Bachelor Master Migrationspädagogik. Weinheim, 2010.

21 Dafür ließe sich an solche Formen wissenschaftlicher Reflexivität als Strukturmerkmal von Professionalität anschließen, wie sie etwa Pierre Bourdieu und im Anschluss daran Loïc Wacquant entwerfen. Vgl. Loïc Wacquant: Auf dem Weg zu einer Sozialpraxeologie. Struktur und Logik der Soziologie Pierre Bourdieus. In Pierre Bourdieu und Loïc Wacquant, Reflexive Anthropologie, Frankfurt, 1996, S. 17–93.

22 vgl. etwa Paul Mecheril, Susanne Arens, Susann Fegter, Britta Hoffarth, Birte Klingler, Claudia Machold, Margarete Menz, Melanie Plößler und Nadine Rose: Differenz unter Bedingungen von Differenz. Zu Spannungsverhältnissen universitärer Lehre. Wiesbaden, 2013.

2 Zum Ertrag der vorliegenden Beiträge für die Diskussion

Mit dem vorliegenden Band sollte es aus unserer Sicht mit Blick auf den Philosophieunterricht gelungen sein, den Diskussionsstand der jeweiligen Disziplinen und deren Forschungszugänge anhand ausgewählter Beiträge abzubilden, um ihn wechselseitig rezipieren zu können. Es geht darum, dass die beteiligten Autorinnen und Autoren sich darüber verständigen und Dritten gegenüber transparent machen, wie *Sprachliche Bildung* jeweilig zum (eigenen) Forschungsgegenstand geworden ist bzw. werden kann. Alle Beiträge sind in dieser Hinsicht in explorierender Weise verfasst und daher betreffs der zentralen Frage zu lesen, wer im Zusammenhang mit *Sprachlicher Bildung überhaupt* und *wie* adressiert wird: Ist es das schulische System? Sind es die Schülerinnen und Schüler? Oder aber sind es die Lehrenden und ihre jeweiligen didaktischen Vorgehensweisen?

In den hier versammelten Beiträgen lassen sich diesbezüglich insgesamt vier Schwerpunkte ausmachen. Sie ergeben sich aus der Idee, mit den beteiligten Autorinnen und Autoren jeweils Vertreterinnen und Vertreter zentraler Forschungsansätze zur Sprache zu bringen und somit Bezugspunkte für die gemeinsame Diskussion zu entwickeln: Erstens wird *Sprachliche Bildung* im didaktischen Diskurs um die Vermittlung philosophischer Bildung verortet (1), zweitens wird der Blick auf die Thematisierung sprachlicher Differenz gelegt, die aus Diskursen um *Sprachliche Bildung* und Heterogenität resultieren (2). Drittens liegen empirische Fallrekonstruktionen von Philosophieunterricht vor, die hinsichtlich sprachlicher Bildung interpretiert werden (3). Viertens können erste Entwürfe für die Praxis eines sprachlich bildenden Philosophieunterrichts präsentiert werden, in denen das fallspezifisch rekonstruierte Wissen konzeptionell aufgegriffen ist (4). Im Folgenden sollen die Erträge der Beiträge mittels dieser Schwerpunkte systematisiert werden. Diese Zusammenfassung kann die Lesenden nicht von einer Lektüre der einzelnen Beiträge entbinden, aber darüber hinaus wechselseitige Bezugspunkte der Diskussion hervorheben.

Zu 1)

Für den Fachverbund *Philosophie, Praktische Philosophie und Ethik* scheint die Ausgangslage in der skizzierten Diskussion um *Sprachliche Bil-*

dung eine besondere zu sein. Wie wohl für kein anderes Fach ist Bildung auch in Zeiten von Kompetenzorientierung der zentrale theoretische Referenzpunkt.[23] Sprache ist über die fachimmanente Disziplin der Sprachphilosophie fester Bestandteil des Curriculums und Thema fachdidaktischer Diskussionen.

Vanessa Albus' Beitrag zielt vor diesem Hintergrund darauf ab, historisch und systematisch zu skizzieren, welche Potenziale in den unterschiedlich didaktisch angeleiteten Formen sprachphilosophischen Unterrichts für sprachliche Bildungsprozesse liegen. Insbesondere geht es darum, diejenigen sprachlichen Lerninhalte herauszuarbeiten, die für Schülerinnen und Schüler aus den gewählten Herangehensweisen resultieren könnten. Gegenstand ihrer Überlegungen sind dafür die etablierten sprachphilosophischen Methoden des Philosophierens und der sprachphilosophischen Klassikerlektüre. Deren Potenziale werden auch vor dem Hintergrund einer sich aktuell konstituierenden Metapherndidaktik eingeschätzt.

An diese einleitende Verortung und ihre methodische Konkretisierung lassen sich mit den Beiträgen von *Leif Marvin Jost, Hans Friesen* und *Caroline Heinrich* weitere theoretische Reflexionen über das philosophiedidaktische Methodeninstrumentarium anschließen, auf das sich zurückgreifen ließe, um *Sprachliche Bildung* im Unterricht zu ermöglichen. Dieses umfasst insbesondere dialogisch-pragmatische und (neo)sokratische Zugänge, für die in der Philosophiedidaktik gelte, dass in ihnen Sprache eine besondere Rolle zugeschrieben wird. Die Beiträge reagieren insgesamt darauf, dass bislang noch nicht detailliert und umfassend herausgearbeitet worden ist, worin die sprachliche Dimension dieser philosophieunterrichtlichen Methodenvorschläge liegt. Es werden daher mögliche als *sprachlich* ausgewiesene Bildungsgehalte der verschiedenen methodischen Zugänge im Philosophieunterricht theoretisch bestimmt.

Jost legt seine Perspektive dafür auf den dialogisch-pragmatischen Zu-

[23] Vgl. Carsten Roeger: Philosophieunterricht zwischen Kompetenzorientierung und philosophischer Bildung. Opladen, 2016. Mathias Balliet: Wissenschaftliche Bildung. Über grundlegende Kompetenzen im Philosophieunterricht der szientifisch-technischen Moderne. Bochum, 2015.

gang eines *Philosophierens*[24], wie ihn Ekkehard Martens entwirft. Es geht ihm zunächst darum, die Bedeutung von Sprache in Martens' Konzeption des Philosophieunterrichts zu klären. Die Ergebnisse dienen ihm dann folgend dazu, sprachbezogene Theoriebezüge herauszuarbeiten, die Martens' methodischen Vorschlägen zugrunde liegen. Auf diese Weise werde offengelegt, was die integrativ zu nutzenden, philosophischen Methoden wie *beschreiben, argumentieren, analysieren, interpretieren* oder *spekulieren* sprachlich kennzeichnet und worin ihr Zweck für die unterrichtliche Vermittlung bestehen kann.

Mit didaktischen Methoden im Kontext des (neo)sokratischen Gesprächs wird sodann eine Verbindung unterrichtlichen Sprechens zur philosophischen Tradition aufgerufen. Dessen Annahmen über Sprache können daher auch mit aktualisierendem Interesse kritisch fokussiert werden. *Friesen* unternimmt dafür den Versuch, das philosophische Unterrichtsgespräch für die heutige Zeit selbstreflexiv zu begründen und Bedingungen für sein Gelingen zu bestimmen. Er stellt die These zur Diskussion, dass in einem philosophischen Gespräch stets auch dessen interaktive Form zu thematisieren ist, wenn ein unterrichtliches Sprechen überhaupt und kontextspezifisch *als Gespräch* zustande kommen soll.

Heinrich stellt sodann die Frage, wie ‚sokratisch' eigentlich das (neo)sokratische Gespräch konzeptualisiert ist. Um dies zu beantworten, erfolgt eine Auseinandersetzung mit einflussreichen neo-sokratischen Konzeptionen. Sie werden auf ihren Umgang mit der ursprünglichen sokratischen Praxis hin untersucht und dahingehend diskutiert, ob und inwiefern sie sich als Anknüpfungspunkte für ein Gespräch über Philosophie im Unterricht eignen. In normativer Perspektive reagiert ihr Beitrag abschließend auf die Frage, worin der Wahrheits- und Erkenntnisanspruch eines Sprechens liegen kann, das hohe Bereitschaft zur Interaktivität fordert und dabei mehr als einen Austausch spontaner Meinungsäußerungen sein soll. *Heinrich* schlägt dafür vor, die neosokratische Form des Sprechens im Philosophieunterricht danach zu beurteilen, ob in ihr eine „Praxis des Wahrsprechens" (Foucault) möglich ist.

---

24 Vgl. Ekkehard Martens: Methodik des Ethik- und Philosophieunterrichts. Philosophieren als elementare Kulturtechnik. Hannover: Siebert, 2003.

Zu 2)
In der aktuellen Situation ist für den Philosophieunterricht bislang noch nicht ausreichend gezeigt worden, ob und wie sich in der Praxis des Unterrichts und der fachdidaktischen Diskussion über Unterricht auch solche Termini niederschlagen, mit denen sprachliche Differenzen als migrationsgesellschaftliche markiert werden.

Die Beiträge von *Thomas Geier* und erneut von *Friesen* eröffnen dafür zwei ganz unterschiedliche Perspektiven darauf, wie mit sprachbezogenen Differenzen und ihrer Zuschreibung im Philosophieunterricht umgegangen werden könnte. *Friesen* stellt im Kontext seines gesprächstheoretischen Zugangs philosophiedidaktische Überlegungen dazu an, wie über das Konzept Interkulturalität *sprachliche* Differenzen als *kulturelle* Differenzen zwischen den Schülerinnen und Schülern bearbeitet werden könnten. Konstitutiv ist dafür eine Orientierung an individuellen und kollektiven Markern wie „ich“ und „wir“, deren Performanz dahingehend befragt wird, inwiefern sie sich als Bekenntnisse zum Wert des Individuums oder aber dem Wert der Gemeinschaft verstehen lässt. Leitend in *Friesens* unterrichtsbezogenen Überlegungen ist die oft vertretene Kulturdifferenzhypothese, die Vertreterinnen und Vertretern aus ‚westlichen‘ oder aber ‚nicht-westlichen Kulturen‘ eine individuelle bzw. kollektive Orientierungen zuordnet.

Im Kontrast dazu zeigt *Geier* mit Blick auf jüngere Entwicklungen in der deutschen Erziehungswissenschaft, wie und warum es zu einer migrationspädagogischen Abkehr vom pädagogischen Konzept Interkulturalität gekommen ist und welche Möglichkeiten für die philosophiedidaktische Diskussion daraus entstehen können, Differenzzuschreibungen zu reflektieren. In seinem ersten Beitrag wird damit eine skeptisch-kritische Perspektive auf pädagogische Programme eingenommen, die mit dem Begriff Heterogenität verbunden sind. Dafür skizziert er zentrale Elemente des schulpädagogischen Heterogenitätsdiskurses und diskutiert sie diskriminierungstheoretisch, um zu zeigen, welches Unterscheidungswissen in schulischer Praxis aufgegriffen und welche Effekte dies in Bezug auf schulische In- und Exklusionen nach sich ziehen kann. Die historische Entwicklung der „Differenzpädagogiken“ liefert *migrationsgesellschaftliche* Reflexionspotenziale, die einen erreichten Stand in der Erziehungswissenschaft bilden und damit auch für die Fachdidaktik Philosophie verbindlich gemacht werden könnten, um mit Sprache verbundene Diskriminierungsprozesse rekonstruktionslogisch erforschen und kasuistisch in der Lehrer- und Lehrerinnenbildung vermitteln zu können.

In seinem zweiten Beitrag rekonstruiert *Geier* sodann eine Unterrichtsstunde im Fach Praktische Philosophie, in der Kants Weltbürgerrecht behandelt wird. Mit Blick auf deren fallspezifische Didaktik, wird materialnah die Frage danach gestellt und beantwortet, auf welche Weise Interkulturelle Pädagogik praktisch wird. An den rekonstruierten Unterrichtssequenzen lässt sich aufzeigen, wie fallspezifisch per Gruppenarbeit Differenz und Heterogenität systematisch in Bezug zum sozialen Konstrukt *Herkunftssprache* eingeführt wird, welche Strukturprobleme daraus folgen und wie diese sinnlogisch durch die am Unterrichtsgeschehen Beteiligten bearbeitet werden. In beiden Beiträgen verdeutlicht *Geier* damit insbesondere auch für den Philosophieunterricht, inwieweit jegliches Wissen um Differenz - also auch heterogenitätsrelevantes Wissen über sprachliche Differenz - unter institutionellen Bedingungen der Schule als Diskriminierungsressource genutzt werden kann.

Zu 3)

Mit dem zuletzt erwähnten Beitrag von *Geier* sowie den Beiträgen von *Helge Kminek* und *Magnus Frank und Leif Marvin Jost* werden exemplarische Studien anhand von Rekonstruktionen des Philosophieunterrichts unternommen. Sie lassen sich als erste Schritte auf dem Weg zu einer qualitativ-empirischen Philosophiedidaktik verstehen. Erstere greifen dabei auf feinsequenziell rekonstruierende objektiv-hermeneutische Interpretationsverfahren zurück, letztere bedienen sich eher einem ethnographisch orientierten Zugang, unterrichtliche Praktiken umfassend zu beobachten. Aus den Analysen der philosophieunterrichtlichen Praxis wird insgesamt deutlich, dass mit der Performanz spezifischer Sprache(n) im Unterricht ebenso spezifische, von den Schülerinnen und Schülern individuell gestaltbare, Sprachräume entstehen. Fallspezifisch wird dafür ersichtlich, anhand welcher Praxisformen sich der Philosophieunterricht sprachbezogen empirisch ausgestaltet.

Kminek analysiert im Rahmen eines qualitativ-empirischen Ansatzes für die Fachdidaktik Philosophie und Ethik eine Unterrichtsstunde im

Wahlpflichtkurs Philosophie der achten Jahrgangsstufe an einem Gymnasium. Sein Interesse an der Unterrichtsstunde, für die Sprache explizit den Unterrichtsgegenstand darstellt, gilt der Beantwortung der Fragen, ob über Sprache reflektiert wird und wenn ja, wie das Unterrichtsgeschehen als ein solches verstanden werden kann, das *sprachliche Bildung* ermöglicht. Explizites Ziel seiner Rekonstruktion ist es, die philosophiedidaktische Praxis über sich selbst aufzuklären, um die Voraussetzung für ein bewussteres Handeln der Akteure zu schaffen und didaktische Modelle aus der Praxis selbst heraus zu entwickeln.

Mit der Perspektive, wie sie *Frank und Jost* – auch als Ergebnis inneruniversitärer Seminarkooperation – präsentieren, wird der Philosophieunterricht als ein sozialer Ort diskutiert, der nicht erst durch Migrationsprozesse und daraus etwaig folgende nicht-deutsche familiale Sprachpraxen der Schülerschaft mehrsprachig ist.[25] Es wird vielmehr deutlich, dass ein Fokus auf (zumeist nationalgesellschaftlich und ethnisch gefasste) Sprachsysteme (Arabisch, Deutsch, Englisch, Kurmanci usf.) den Blick darauf verstellt, dass auch Unterricht in der Verkehrssprache Deutsch durch eine didaktisch zu reflektierende innere Mehrsprachigkeit gekennzeichnet ist, in die alles Fachliche verwoben ist. Es geht *Frank und Jost* daher darum, mit dem begrifflichen Instrumentarium einer fachlich interessierten *Mehrsprachigkeitsforschung* in möglichst vielschichtiger Weise rekonstruierend zu erkunden, durch welche didaktisch angeleiteten interaktiven Praktiken sich das unterrichtliche Geschehen überhaupt als Fachliches und Sprachliches diskutieren lässt.

In den Ergebnissen der unterschiedlichen Fallrekonstruktionen finden sich erste Antworten auf die aufgeworfene Frage, welche philosophieunterrichtliche Bedeutung Sprache im Kontext von Bildungsungleichheit zukommt. Es werden in den Beiträgen unterschiedliche sprachbezogene Anforderungen offengelegt, die Lernende bewältigen müssen, wenn sie am Unterrichtsdiskurs (erfolgreich) teilnehmen wollen. *Kminek* beschreibt dafür das Verhältnis, das sich im Unterricht für die Schülerinnen und Schüler zwischen einer gewohnten ‚Alltagssprache' und einer erst zu erlernen-

25 Inci Dirim und Paul Mecheril: Die Sprache(n) der Migrationsgesellschaft. In: Mecheril et al. 2010, S. 99–120.

den, gegenstandsadäquaten Fachsprache ausgestaltet. Vor dem Hintergrund sprachphilosophischer Traditionen ließe sich eine spezifische Sensibilität gegenüber Sprache im Philosophieunterricht erwarten. In der Rekonstruktion wird demgegenüber im Sinne seiner aufklärerischen Absicht jedoch nicht nur deutlich, wie durch die Lehrkraft die Unterschiede zwischen unterschiedlichen Sprachformen gar nicht erst aufgezeigt werden, sondern ebenso, wie es in der Unterrichtsstunde und der praktizierten Didaktik dazu kommt, dass gegenstandsadäquate Sprechweisen implizit abgewertet werden.

Auch für *Frank und Jost* steht der Zusammenhang von Bildung und Sprache im Vordergrund. Doch orientieren sie sich weniger am philosophiedidaktischen als am bildungssoziologischen Diskurs. Sie prüfen kritisch das Konzept von *Bildungssprache* und die damit nahegelegte Perspektive, dass ein Beherrschen schriftsprachlicher Register für den Bildungserfolg entscheidend ist. In der Rekonstruktion wird deutlich, dass die konkreten sprachlichen Anforderungen des Unterrichts nur zu bestimmen sind, wenn unterrichtlich relevante Sprache(n) in ihrer Gestalt differenziert beschrieben und in Bezug zum didaktischen Konzept der Lehrkraft konkretisiert werden.

Bei *Geier* sind es überdies Erwartungen, die im Unterricht an Schülerinnen und Schüler als Sprecherinnen und Sprecher herangetragen werden, wenn dessen Didaktik einem herkunftskulturellen Konzept von Mehrsprachigkeit folgt. Seine Rekonstruktion legt offen, dass und warum sich die Lernenden nicht frei entscheiden können, als welche Sprecherinnen und Sprecher welcher Sprachen sie gelten wollen, obwohl sie mehrsprachig sind. Sie sollen vielmehr unterschiedliche natio-ethno-kulturell ausgeformte Sprachen im analysierten Unterricht (re)präsentieren. Damit liegen, ebenso wie mit dem Beitrag von *Frank und Jost*, Ergebnisse zu einer migrationsgesellschaftlich relevanten Forschung vor. Denn in beiden Beiträgen zeigt sich, wie unterschiedlichen ethnisch markierten Nationalsprachen im Kontext des Philosophieunterrichts bestimmte didaktische Bedeutungen beigemessen werden. Deutsch, Griechisch oder Englisch, so wird fallspezifisch und exemplarisch deutlich, werden als sog. *Bildungssprachen* unterrichtlich kultiviert und gegenüber den anderen Sprachen priorisiert. Die von einer mehrsprachigen Schülerschaft aber alltäglich gesprochenen Sprachen leben, wie *Frank und Jost* zeigen, v.a. auf der schulischen Hinterbühne, wo die Schülerinnen und Schüler dann z.B. auf Türkisch Fachliches diskutieren. Bei *Geier* werden Russisch und Türkisch im Sinne der unterrichtlichen Inszenierung von Multikulturalität aufgeführt. Sie erhielten damit aber den Status philosophisch delegitimierter Sprachen, die ihre Attraktivität als exotische Anschauungsobjekte bekommen, die von einer imaginierten Schulöffentlichkeit adoriert werden sollen.[26]

Zu 4)
Mit den rekonstruktionslogischen Beiträgen lassen sich zu unterschiedlichen sprachlichen Dimensionen des Philosophieunterrichts drei Sachebenen skizzieren, auf denen in heuristischer Perspektive an den philosophiedidaktischen Diskurs angeschlossen werden könnte, um Konzepte sprachlicher Bildung zu entwickeln:

1. *Philosophieunterricht im Medium Sprache*: In der Geläufigkeit des Philosophieunterricht werden sprachliche Handlungen zu unterschiedlichen (als fachliche, interaktive, soziale, didaktische u.a. beschreibbare) Kommunikationszwecken vollzogen. Zwischen den Lehrenden und den Schülerinnen und Schülern spannt sich damit ein sprachlich komplexer Diskursraum auf. Der Lektüre und Produktion unterschiedlich sprachlich strukturierter Textsorten kommt in didaktischer Perspektive dabei eine zentrale Rolle zu. Der Unterricht kann fachspezifisch und migrationsgesellschaftlich in ganz verschiedener Weise als mehrsprachig beschrieben werden.
2. *Philosophie unterrichten im Aufgreifen spezifischer Sprache(n)*: In den unterrichtlichen Interaktionen werden sprachliche Mittel in spezifischer Weise aufgegriffen, um zu verhandeln, was gegenstandsbezogen und interaktiv gefordert ist. Der Pool an sprachlichen Mitteln einer so beschreibbaren unterrichtlichen Philosophiesprache umfasst Wortfelder und Ausdrucksformen in ganz unterschiedlichen sprachlichen Registern

[26] Nadja Thoma: Ein „neutrales Vergleichsmedium, das niemandes Muttersprache ist"? Zur Bedeutung der (›Bildungs‹)Sprachen Latein und Griechisch in fachdidaktischen Diskursen der amtlich deutschsprachigen Migrationsgesellschaft, In: Nadja Thoma und Magdalena Knappik (Hg.): Sprache und Bildung in Migrationsgesellschaften. Machtkritische Perspektiven auf ein prekarisiertes Verhältnis, Bielefeld, 2015, S. 179–204.

und philosophischen Themenspektren. Wie auf diese zurückgegriffen werden kann, gestaltet sich auch funktional dazu aus, was von den Lernenden didaktisch erwartet wird und welche Rolle als Sprecherinnen und Sprecher sie zu verhandeln haben.

3. *Philosophieunterricht über den Gegenstand Sprache*: Sprachphilosophische Herangehensweisen gehören zur akzeptierten Inventar des Philosophieunterrichts. Es wird im Unterricht insbesondere dann über die sprachliche Verfasstheit Sprechens und Schreibens reflektiert, wenn diese als unterrichtliches Problem virulent wird. Die dafür herangezogenen Differenzkategorien variieren dabei stark zwischen didaktischen Zugängen, in denen spezifische Konzepte von Sprache, Mehrsprachigkeit und interaktivem Sprechen kultiviert werden.

Vanessa Albus und Leif Marvin Jost fokussieren solche sprachliche Anforderungen, wie sie sich für Lehrende und Lernenden ergeben, wenn sie hermeneutisch an philosophischen Texten arbeiten. Der Fokus ergibt sich für *Albus und Jost* aus dem philosophiedidaktischen Versprechen, das insbesondere über die schriftlich fixierte Sprache der schulphilosophisch kanonisierten Texte Schülerinnen und Schülern ein Einblick in die Denktraditionen verschiedener Epochen und Perspektiven ermöglicht werden könne. Ihr Beitrag verhandelt alle drei der zuvor beschriebenen Ebenen. Denn *erstens* geht es um die schriftsprachliche Medialität philosophischer Texte. Während für diese im philosophiedidaktischen Diskurs bereits herausgearbeitet worden ist, dass dazu eine aus der Historie stammende Terminologie, philosophiespezifische Fachbegriffe und Satzstrukturen gehören, zeigen *Albus und Jost* nun exemplarisch anhand von Kants kategorischem Imperativ auf, was eine philosophische Satzstruktur „kompliziert" macht, was das „Einschlägige" der Terminologie ausmacht und worin sich „Exaktheit" festmacht.[27] Sie stellen *zweitens* die Frage, wie die registerfremde Sprache zwecks Vermittlung und Aneignung überhaupt aufgegriffen werden kann. Indem sie im Sinne der hier angestrebten Diskussion neue philosophiedidaktische und unterrichtliche Reflexionen über Sprache präsentie-

[27] Volker Steenblock: Philosophische Bildung. Einführung in die Philosophiedidaktik und Handbuch: Praktische Philosophie. Berlin, 2012^{6}, S. 155.

ren, wird auch eine Antwort gegeben, die sich der dritten Ebene zuordnen lässt. Insgesamt wird auf einen didaktischen Lösungsansatz abgezielt, mit dem Schülerinnen und Schüler lernen sollen, sich philosophische Primärquellen eigenständig erschließen zu können.

Die Beiträge von *Albus*, *Heinrich*, *Friesen* und *Jost* stellen demgegenüber Potenziale unterschiedlicher didaktischer Methoden heraus. Insbesondere sind es die Formen des Sprechens im Kontext zahlreicher dialogisch-pragmatischer und neosokratischer Methoden des Gesprächs, für die bis hierhin mindestens ein erster Schritt dazu unternommen worden ist, ihre sprachlichen Charakteristika und Möglichkeiten für sprachliche Bildungsprozesse im Philosophieunterricht zu umreißen. Auch finden sich in den einzelnen Beiträgen erste Unterrichtsideen, deren weitergehende didaktische Ausarbeitung aber noch zu leisten ist. *Frank und Jost* formulieren in dieser Absicht exemplarisch erste Überlegungen dazu, wie ein philosophieunterrichtlich relevanter Sprachenerwerb gelingen könnte. Insbesondere werden zu diesem Zweck die Textsorten des Fachs beleuchtet und sprachliche Routinen im Umgang damit als Grundlage unterrichtlich erwarteter sprachlicher Fähigkeiten hervorgehoben.

In den Beiträgen von *Kminek* und *Geier* finden sich Ideen für einen sprachlich bildenden Philosophieunterricht außerdem in Form von Reflexionspotenzialen. In der Lehrerinnen- und Lehrerbildung ließe sich zum einen reflektieren, dass nur am realen unterrichtlichen Prozessgeschehen aufgezeigt werden kann, ob und wie das Bildungsversprechen philosophiedidaktischer Methoden eingelöst wird. Zum anderen sollten Differenzkategorien reflektiert werden, die im Kontext *Sprachlicher Bildung* aufgerufen werden. Diese ließen sich in einer rekonstruktiven kasuistisch orientierten Arbeit mit Studierenden, Referendarinnen und Referendaren sowie Lehrenden des Fachs Philosophie offengelegen und somit diskutieren, welche Zuschreibungen aus ihnen resultieren. Es könnten damit erste Schritte auf dem Weg zu einer diskriminierungssensiblen sowie reflexiven Philosophiedidaktik unternommen werden.

3 Forschungsperspektiven für den Diskurs um Sprachliche Bildung

Für zukünftige Forschungen im Kontext *Sprachlicher Bildung* haben die Erträge dieses Bandes verschiedenartige Fragen aufgeworfen, disziplinäre Verbindungen erprobt und insbesondere für die Philosophiedidaktik mögliche Forschungszugänge aufgezeigt. Die gegenseitige Bezugnahme im gemeinsamen Interesse an Unterricht könnte mit Fokus auf *Sprachliche Bildung* aus unserer Sicht auf drei Feldern weitergeführt werden.

Erstens ließe sich versuchen, die hier vorgestellten Ergebnisse zur Sprachlichkeit philosophiedidaktischer Methoden und der realen Praxis des Philosophieunterrichts auszudifferenzieren und zu vertiefen. Mit weiteren empirisch-rekonstruktionslogischen Arbeiten wäre ein vielschichtiges Bild darüber möglich, welche sprachbezogenen Anforderungen an Lernende aus unterschiedlichen didaktischen Konzepten resultieren. Daran müssten auch solche Forschungsdesigns anschließen, mit denen sich untersuchen ließe, welche Auswirkungen die bildungspolitische Debatte um *Sprachliche Bildung* auf den Philosophieunterricht hat. Dafür wären Analysen notwendig, die den Regelunterricht mit Unterrichtsvorhaben kontrastieren, die den explizit programmatischen Anspruch verfolgen, *Sprachliche Bildung* zu ermöglichen.

Zweitens ließe sich die hier erprobte Perspektive dahingehend ergänzen, sprachliche Bildungsprozesse von Schülerinnen und Schülern noch präziser im Kontext individueller Bildungsbiographien zu beschreiben. Mit beiden Bemühungen – an der didaktischen Praxis einerseits und den bildungsbiographischen Aneignungsweisen andererseits – könnte zum Thema werden, auf welche Strategien und Aneignungsprozesse Lernende im Kontext spezifischer sprachlicher und didaktischer Anforderungen zurückgreifen, um im schulischen Sinne bildungserfolgreich zu werden. Auf didaktische Konzepte philosophischer Bildung könnte sich ein solcher Wissensstand derart auswirken, dass unterrichtliche Herangehensweisen eben auch danach beurteilt werden, welche Formen subjektiver Aneignung aus ihnen resultieren können.

Drittens könnte eine migrationsgesellschaftlich ausgerichtete sowie reflexive Philosophiedidaktik vorangetrieben werden. Vor allem in Bezug zur

Thematisierung sprachlicher Differenz wurden im vorliegenden Band konkrete Möglichkeiten eröffnet, um daran anzuschließen. Für ein vertiefendes Verständnis gelte es sicherlich, diejenigen (der Fachkultur in besonderer Weise eigenen) sprachbezogenen Begriffe zu identifizieren, mit denen Differenzen zwischen den Schülerinnen und Schülern gezogen und diese zugeordnet werden. Für den Philosophieunterricht werden damit auch Konstruktionen von Lernenden als spezifische „Andere“[28] zu rekonstruieren sein, die sich sicherlich nicht nur im Kontext explizit migrationsbezogener Beschreibungskategorien von Personen wie „Ausländer_in“, „Migrant_in“ oder „Migrationshintergrund“ finden lassen, sondern ebenso aus der Fachgeschichte und der thematischen Verfasstheit des Curriculums resultieren.

Erst mit Forschungen auf allen drei Feldern ließe sich aus Sicht der Herausgebenden ein realistisches, sowohl theoretisch sinnvolles als auch empirisch gehaltvolles Bild davon zeichnen, was *Sprachliche Bildung* im Philosophieunterricht bedeuten kann.

Die Herausgebenden danken abschließend allen Autorinnen und Autoren dafür, mit ihren Beiträgen erste Schritte auf dem Wege einer gemeinsamen Diskussion unternommen zu haben. Dem Projekt ProDaZ an der Universität Duisburg-Essen gilt unser Dank für die Finanzierung des Bandes. Denise Büttner dafür, die sorgfältige und geduldige Redaktion der Texte unternommen zu haben.

[28] In der postkolonialen Theorie mit Bezug zu Edward Said als *othering* bekannt. vgl. Edward W. Said: Orientalismus. Frankfurt, 2009 [i.O.1978]

Sprachbildung durch Sprachphilosophie im Philosophieunterricht

Vanessa Albus

„Die Sprache [...] ist an und für sich ein des anstrengendsten Nachdenkens würdiger Gegenstand."[1]

Einleitung

Sprachförderung ist unstrittig Aufgabe eines jeden Unterrichtsfachs, da sinnentschlüsselndes Lesen, adressatengerechtes und sachadäquates Sprechen und Schreiben grundlegende Kulturtechniken darstellen. Der Beitrag des Philosophieunterrichts zur Sprachsensibilisierung ist keinesfalls gering zu schätzen, denn die Philosophie verfügt über eine Disziplin, in der Sprache Hauptgegenstandsbereich der Reflexion und „würdiger Gegenstand" „anstrengendsten Nachdenkens" ist, wie Humboldt bemerkt. Wer sich *in abstracto* mit Sprache befasst, bildet sprachliche Kompetenzen aus. Die Potentiale der Sprachphilosophie, so die These des vorliegenden Beitrags, können und sollen Prozesse der Sprachbildung im Philosophieunterricht befördern.

Um die Potentiale der Sprachphilosophie didaktisch ausloten zu können, werden einführend die paradigmatischen Leistungen dieser Disziplin historisch-systematisch skizziert. Sprachbildung durch Sprachphilosophie kann am schulischen Lernort insofern gelingen, als dass einerseits Methoden der Sprachphilosophie und anderseits Inhalte oder Probleme der

---

[1] Wilhelm von Humboldt: Gesammelte Schriften, 17 Bde., hrsg. von Albert Leitzmann, Berlin, 1903–1936, Bd. 8, S. 602.

sprachphilosophischen Tradition in Form von Klassikerlektüre thematisiert werden. Für beide Wege – sprachphilosophische Methoden des Philosophierens und sprachphilosophische Klassikerlektüre – stellt die gegenwärtige Philosophiedidaktik grundlegende Modelle bereit, die es im zweiten Schritt mit Blick auf ihre Wirkmächtigkeit in der Unterrichtspraxis zu erläutern gilt. Mit der sich interdisziplinär und aktuell konstituierenden Metapherndidaktik eröffnet sich eine dritte Perspektive zur Sprachsensibilisierung, die Methodenschulung und Klassikerlektüre unter dem Signum des Metaphorischen vereint. Die Philosophie spielt in der Metapherndidaktik eine zentrale Rolle, weil die hier zugrunde gelegten Metapherntheorien sprachphilosophischen Ursprungs sind. Abschließend wird vor diesem Hintergrund auf normativer Ebene ein zukunftsweisendes Fazit zu ziehen sein, ob, wie und in welchem Umfang die Potentiale der Sprachphilosophie im sprachsensiblen Philosophieunterricht zu nutzen sind.

1 Paradigmatische Positionen der Sprachphilosophie

Seit alters her denken Philosophen über Sprache nach. Fragen nach dem Benennen von Gegenständen, dem Gebrauch von Wörtern und der Funktion von Sprache stellten sich schon Denker in der Antike. Sprachphilosophische Überlegungen erhielten jedoch im Vergleich zu den klassischen Teilgebieten der Philosophie, nämlich der Metaphysik, Ontologie, Erkenntnistheorie oder Ethik, zunächst kaum Gewicht, weil alle sprachphilosophischen Probleme nicht gesondert, sondern als Teilprobleme anderer philosophischer Fragestellungen behandelt wurden.

Erst Ende des 19., Anfang des 20. Jahrhunderts setzte in der Geistesgeschichte ein Wandel ein, der dazu führte, dass Sprache als eigenständiger Gegenstand des Philosophierens aufgefasst wurde. Dieser Umbruch wurde metaphorisch bekanntlich als *linguistic turn* bezeichnet. Sprachphilosophie wurde zur Methode schlechthin. Man war der Auffassung, alle philosophischen Probleme ausschließlich durch Untersuchung von Sprache lösen zu können. Da sich Philosophieren notwendigerweise in Sprache vollzieht, sollte Sprachanalyse eine Selbstkritik der Philosophie erbringen. Die Sprachphilosophie vor dem *linguistic turn* zählt heute zur Sprachphilosophie „im weiten Sinne“, während mit der Sprachphilosophie „im engen Sinn“ die Sprachphilosophie nach dem *linguistic turn* gemeint ist.[2]

1.1 Sprachphilosophie im weiten Sinn

Platons Dialog *Kratylos* gilt als der erste sprachphilosophisch relevante Text der abendländischen Tradition. Thema des Dialogs ist die Streitfrage, ob es eine natürliche Übereinstimmung zwischen Wort und Sache gibt, oder ob wir die Namen nur verstehen, weil sie durch Konvention so verankert sind. Im Dialog vertritt Kratylos die sogenannte *Physei-These*, die besagt, dass Wörter von Natur aus durch Ähnlichkeit mit den Sachen verbunden sind und daher die Sachen in richtiger Weise wiedergeben. Gegen Kratylos wendet sich Hermogenes, der die These von der natürlichen Richtigkeit der Sprache aufgrund der Verschiedenheit der Sprachen zurückweist und die *Thesis-These* von der Richtigkeit der Worte durch Konvention und Übereinkunft vertritt. Zu diesem Streitgespräch wird Sokrates herbeigerufen, der die Rechtfertigungsversuche beider Ansätze ad absurdum führt und den Dialog aporetisch ausklingen lässt.[3]

Aristoteles korrigiert die platonische Fragestellung, indem er die Richtigkeit von Sprache nicht auf Wortebene sondern nur auf Satzebene analysiert und auf die Bedeutung von Zeichen verweist. Aussagesätze können wahr oder falsch sein, nicht aber einzelne Worte. Es geht ihm um die Wahrheit oder Falschheit der Bedeutungen der sprachlichen Zeichen. Den Wörtern kommt nach Aristoteles keine bestimmte Bedeutung von Natur aus zu, sie sind Bezeichnungen, die gemäß Übereinkunft verständlich sind. Die sprachlichen Bedeutungen präsentieren für Aristoteles die Welt so, wie sie ist.[4]

Aristoteles‘ Position des semantischen Realismus bildet den Rahmen der gesamten mittelalterlichen Sprachphilosophie. Der Nominalismus widerspricht unter der Federführung von Wilhelm von Ockham der realistischen Auffassung von der Verstehbarkeit der Ordnung der Welt mittels Sprache. Für den Nominalisten sind die Bedeutungen der Sprache das Er-

---

2 Vgl. Georg W. Bertram: Sprachphilosophie zur Einführung, Hamburg, 2011, S. 17ff.

3 Vgl. Platon: Werke, hrsg. von G. Eigler, übers. v. F. Schleiermacher, Bd. 3, Darmstadt, 1990.

4 Vgl. Aristoteles: Werke, hrsg. von H. Flashar, Bd. I/2, Peri hermeneias, Berlin, 1994.

gebnis willkürlicher Klassenbildungen. Die Ordnung der Welt entspricht nach Ockham nicht der Ordnung der Begriffe, weil die Welt aus zusammenhangslosen Einzeldingen besteht und das Allgemeine, das dem Einzelnen nicht zugrunde liegt, sein Sein allein im Begriff hat.[5]

Die paradigmatischen Überlegungen zur neuzeitlichen Sprachphilosophie sind in John Lockes *Essay Concerning Human Understanding* in erkenntnis- und wissenschaftstheoretische Betrachtungen eingebettet. Er vertritt wie Aristoteles einen semantischen Repräsentationalismus, geht aber insofern über Aristoteles hinaus, als dass er die Bedeutung von sprachlichen Zeichen als Ideen des Geistes der Sprecher auffasst. Die Ideen wiederum entstehen nach Locke auf der Grundlage von Sinneseindrücken. Er gilt daher als empiristischer Vertreter des semantischen Psychologismus.[6]

Als Rationalist wendet Leibniz gegen Locke ein, dass die Ideen nicht von den Sinnen gegeben sind, sondern vom Verstand hervorgebracht und erkannt werden. Er bemüht sich um die Konstruktion einer idealen künstlichen Sprache in Form eines Kalküls, mit der in Analogie zur Mathematik, Argumentationen auf ihre Gültigkeit überprüfbar werden sollen. Die Rechnung soll hier in ihrer Exaktheit die Vagheit eines Austausches von Argumenten in der Normalsprache ersetzen.[7]

Mit der Verzeitlichung des Weltbildes und der Entstehung der Geschichtsphilosophie Mitte des 18. Jahrhunderts wächst das Interesse an der Frage nach dem historischen Ursprung und der Entwicklung von Sprache und Denken. Unter der Überschrift seines erkenntnistheoretischen Prinzips von der Gleichsetzung des Wahren und Gemachten (*verum et factum convertuntur*) nimmt Vico als erster Philosoph die Entstehung von Sprache, Humanität und Religion aus der leibzentrierten Mythen- und Metaphernbildung des Urmenschen an und zeichnet im pessimistischen Geist den Verfall der Menschlichkeit anhand einer sprachlichen Barbarei nach.[8]

---

5 Vgl. Ockham, Wilhelm von: Summe der Logik, hrsg. von P. Kunze, Hamburg, 1984.

6 Vgl. John Locke: Versuch über den menschlichen Verstand, Hamburg, 1988, 3. Buch.

7 Gottfried Wilhelm Leibniz: Neue Abhandlungen über den menschlichen Verstand, Frankfurt,1996, 3. Buch. Ders.: Schriften zur Logik und zur philosophischen Grundlegung von Mathematik und Naturwissenschaft, hrsg. von H. Herring, Frankfurt, 1996, S. 42ff.

8 Vgl. Giovanni Battista Vico: Prinzipien einer neuen Wissenschaft über die gemeinsame Natur der Völker, 2 Bde, Hamburg, 1990.

Die Debatte um den Ursprung der Sprache wird 1769 Gegenstand einer von der Berliner Akademie ausgeschriebenen Preisfrage, die Johann Gottfried Herder gewinnt. Herder wendet sich einerseits gegen Johann Peter Süßmilch, der davon ausgeht, dass Sprache ein Geschenk Gottes sei, und gegen die französischen Philosophen Etienne de Condillac und Jean-Jacques Rousseau, die die These eines rein tierischen, instinktiven und natürlichen Ursprungs von Sprache vertreten. Er versucht im Gegensatz dazu die Ursprungsfrage zu beantworten, indem er sich anthropologisch auf das besinnt, was den Menschen vom Tier unterscheidet, nämlich Verstand und Geist. Die Menschen erfanden Herder zufolge ihre Sprache bestehend aus Merkwörtern, Naturtönen und Metaphern, um denken zu können.[9]

In dieser Tradition steht im 19. Jahrhundert Wilhelm von Humboldt, der im Zuge seiner Untersuchung über die ausgestorbene Kawi-Sprache der Insel Jawa, zwischen *energeia,* dem lebendigen Vollzug einer Sprache, und *ergon*, der toten Grammatik, unterscheidet. Allein im jeweiligen Sprechen offenbarten sich die „Weltansichten" ganzer Nationen und ihrer Individuen. Das Sprechen erweist sich für Humboldt als notwendige Bedingung für das Denken in Begriffen.[10] Diese These weist voraus auf die linguistische Relativitätshypothese von Benjamin Lee Whorf und Edward Sapir. Durch ihre Erforschung von Indianersprachen gelangten sie zu der Auffassung, dass Sprachstrukturen das Denken und das Weltbild formen.[11]

1.2 Sprachphilosophie im engen Sinn

Gegen die Herrschaft der Sprache über den Geist – wie es die Sprachphilosophie im weiten Sinn gezeigt hatte – widersetzen sich Vertreter der ana-

9 Johann Peter Süßmilch: Versuch eines Beweises, dass die erste Sprache ihren Ursprung nicht vom Menschen, sondern allein vom Schöpfer erhalten habe, NewYork, 1983. Etienne Bonnot de Condillac: Essay über den Ursprung der menschlichen Kenntnisse, Leipzig, 1977. Jean-Jacques Rousseau: Abhandlung über den Ursprung und die Grundlagen der Ungleichheit unter den Menschen, Stuttgart, 2012. Johann Gottfried Herder: Sprachphilosophie. Ausgewählte Schriften, Hamburg, 1960.

10 Vgl. Wilhelm von Humboldt: Über die Kawi-Sprache auf der Insel Java nebst einer Einleitung über die Verschiedenheit des menschlichen Sprachbaues und ihren Einfluß auf die geistige Entwickelung des Menschengeschlechts, Berlin, 1836.

11 Vgl. Benjamin Lee Whorf: Sprache – Denken – Wirklichkeit. Beiträge zur Metalinguistik und Sprachphilosophie, Hamburg, 1991.

lytischen Sprachphilosophie. Strittig ist allein das auch auf metaphorischer Ebene ausgetragene Problem, welches „therapeutische“ Verfahren gegen die Vernebelung des Geistes durch die als unzulänglich empfundene Sprache angewandt werden soll. Während die Vertreter der idealsprachlichen Richtung das Heil in der Konstruktion einer makellosen Kunstsprache des reinen Denkens und der Entfernung der Normalsprache aus der Philosophie suchen, wollen die Vertreter der normalsprachlichen Richtung zunächst die natürliche Sprache besser verstehen, um sie auf dieser Basis verbessern zu können.

Als Mathematiker und Initiator des *linguistic turn* greift Gottlob Frege Leibniz‘ Idee der idealen Sprache auf und versucht, eine künstliche, arithmetisch nachgebildete Formelsprache des reinen Denkens zu schaffen, in der alle Ableitungen und Voraussetzungen von Argumentationen sicher und präzise überprüfbar sein sollen.[12] Der Konstruktion einer idealen und formalen Sprache widmen sich in Anschluss an Frege Russell, Carnap, Quine und der frühe Wittgenstein.

Der späte Wittgenstein und die Begründer der Sprechakttheorie – Austin und dessen Schüler Searl – gelten im Gegensatz dazu als Vertreter der normalsprachlichen Richtung mit gemäßigten „Therapievorstellungen“. Während Frege auf der Basis seines Kontextprinzips Wörtern nur im Kontext eines Satzes Bedeutung und Sinn zuspricht, beachtet Wittgenstein nicht allein den sprachlichen, sondern auch den außersprachlichen Kontext einer Äußerung. Wittgensteins wirkungsmächtige Metapher „Sprachspiel“ hebt hervor, dass sprachliche Äußerungen in unterschiedlichen Situationen verschiedene Funktionen übernehmen können.[13] Diesen Gedanken greift Austin in seiner Sprechakttheorie auf. Grundlegend ist hier zunächst die Auffassung, dass Sprache eine Form des Handelns darstellt. Austin unterscheidet drei in der Normalsprache simultan ablaufende Akte, nämlich den lokutionären Akt (etwas sagen), den illokutionären Akt (indem man etwas sagt), und den perlokutionären Akt (dadurch, dass man etwas sagt). Im Rahmen

---

12 Gottlob Frege: Die Grundlagen der Arithmetik, Hamburg, 1986. Ders.: Funktion, Begriff, Bedeutung, Göttingen, 1986.

13 Ludwig Wittgenstein: Philosophische Untersuchungen, Frankfurt, 2001.

der Sprechakttheorie werden sprachliche Handlungen systematisch geordnet und klassifiziert.[14]

Die Kritik an der analytischen Sprachphilosophie setzt unabhängig von ihrer normalsprachlichen bzw. idealsprachlichen Ausrichtung am Ausschließlichkeitsanspruch an, denn im Selbstverständnis der analysierenden Sprachphilosophen muss *jede* philosophische Untersuchung eine Analyse der Sprache sein. *Jedes* philosophische Problem wird als sprachliches Problem begriffen. Husserl etwa kann sich nicht mit bloßen Worten und Sätzen zufrieden geben und propagiert als Begründer der Phänomenologie den Rückgang auf die „Sachen selbst."[15]

2 Philosophiedidaktische Modelle

2.1 Transformationsmodell und Methodenparadigma

Sowohl Rohbecks Transformationsmodell als auch Martens Methodenparadigma dienen dazu, Methoden des Philosophierens in der Unterrichtspraxis systematisch zu befördern. Rohbeck generiert deduktiv aus den Denkrichtungen der akademischen Philosophie Methoden für den Philosophieunterricht. Die analytische Sprachphilosophie ist eine Denkrichtung unter anderen, die der Philosophiedidaktiker für Transformationen nutzt. Aus der analytischen Philosophie lassen sich nach Rohbeck folgende Kompetenzen für Schülerinnen und Schüler ableiten:
- Begriffe und Argumente analysieren und korrekt verwenden
- Sprachgebrauch reflektieren und überprüfen
- Die Sprache von Beobachtungssätzen analysieren
- Kritik am ungenauen Sprachgebrauch üben
- Schlüsse und Urteile logisch nachvollziehen
- nach alternativen Begriffen und Argumenten suchen.[16]

Im Gegensatz zu Rohbeck entwickelt Martens induktiv aus der exemplarischen Praxis des Philosophierens eines jeden fünf philosophische Arbeits- und Unterrichtsmethoden, die schließlich akademische Denkrichtungen

---

14 John Langshaw Austin: Zur Theorie der Sprechakte, Stuttgart, 1972.

15 Edmund Husserl: Logische Untersuchungen, 2 Bde., Tübingen, 1980.

16 Vgl. Johannes Rohbeck: Didaktik der Philosophie und Ethik, Dresden, 2008, S. 101.

(Phänomenologie, Hermeneutik, Analytik, Dialektik, Spekulation) widerspiegeln. Die auf die analytische Sprachphilosophie zuspitzbaren Kompetenzen betreffen in seinem Methodenparadigma alle Formen der Begriffs- und Argumentationsanalyse. Als sprachanalytische Kompetenzen gelten:

- Pragmatischen Widerspruch aufdecken
- Unendlichen Regress vermeiden
- Begriffliche Zusammenhänge verstehen
- Begriffe integrativ analysieren.[17]

Transformationsmodell und Methodenparadigma ergänzen also im Ergebnis einander, wenngleich der methodische Ansatz zur Generierung sprachanalytischer Methoden für die Unterrichtspraxis ein anderer ist.[18] Der Clou besteht nun darin, dass mit beiden Ansätzen Methoden integrativ und unabhängig von philosophischen Disziplinen geschult werden können. Es ist also möglich, sprachanalytische Verfahren in den Bereichen der Ethik, philosophischen Anthropologie, Staatsphilosophie usw. anzuwenden. So können z.B. auf der Basis von sprachanalytischen Mitteln in Texten zu metaphysischen Problemen zirkuläre Argumentationen oder leerer Irrationalismus entlarvt werden. Die Lektüre von sprachanalytischen Theorien ist also nicht zwingend, wenn im Philosophieunterricht sprachanalytische Methoden vermittelt werden.

Methodenpluralismus versus Methodenmonismus

Im Zuge der gegenwärtigen Kompetenzorientierung jeglichen Unterrichts erhalten sowohl das Transformationsmodell als auch das Methodenparadigma in der Erarbeitung von curricularen Vorgaben und konkreten Unterrichtsmaterialien ein sehr großes Gewicht. In den Lehrplänen werden folglich zu erwerbende Kompetenzen aufgeführt, die sprachphilosophischen Ursprungs sind, darunter „Sprechakte erkennen können“, „Sachaussagen, Werturteile, Begriffsbestimmungen, Begründungen, Voraussetzungen, Fol-

---

17 Vgl. Ekkehard Martens: Methodik des Ethik- und Philosophieunterrichts. Philosophieren als elementare Kulturtechnik, Hannover, 2003, S. 121ff.

18 Sprache ist freilich auch bei der Gewinnung von philosophischen Arbeitsmethoden, die anderen Denkrichtungen – wie etwa Phänomenologie oder Hermeneutik – zuzuordnen sind, notwendig. Bezugspunkt für die Generierung weiterer Kompetenzen ist jedoch nicht die Sprachphilosophie. Vgl. den Beitrag von Leif Marvin Jost in diesem Band.

gerungen, Erläuterungen und Beispiele identifizieren können" „philosophische Begriffe von der Alltagssprache unterscheiden können", „Begriffe klären können", „analytisch vorgehen können".[19]

Martens Methodenparadigma stellt eine Vorlage für die Kompetenzerwartungen der Lehrpläne in Bremen und Nordrhein-Westfalen.[20] Infolge strukturieren die Autoren einschlägiger Schulbücher die Unterrichtsmaterialien schon ab der ersten Klasse der Primarstufe methodenparadigmatisch und tragen auf diesem Weg zur integrativen Vermittlung von sprachanalytischen Methoden im Philosophieunterricht bei. Das Verhältnis von sprachanalytischen und sonstigen philosophischen Methoden ist hier grundsätzlich ausgewogen.[21]

Neben den Schulbüchern sind auch die Unterrichtsvorschläge und Praxisberichte in den philosophiedidaktischen Jahrbüchern und Fachzeitschriften für Ethik- und Philosophiedidaktik Multiplikationsorgane. Unter dem Signum des Transformationsmodells finden in den philosophiedidaktischen Jahrbüchern eine Vielzahl von Denkrichtungen Gehör. Im Anschluss an die moderne Sprachanalyse entwickelt Helmut Engels Unterrichtsmethoden, die den Lernern Mittel der Kritik, Hilfen beim Erkennen und Schutz vor

---

19 Vgl. Berlin, Senatsverwaltung für Bildung, Jugend und Sport: Rahmenlehrplan für die Sekundarstufe I, Jahrgangsstufe 7–10. Gesamtschule, Gymnasium, Philosophie als Wahlpflichtfach, Berlin, 2006, S. 10ff. Hessisches Kultusministerium (Hrsg): Lehrplan Philosophie, Gymnasialer Bildungsgang, Jahrgangsstufen 11 bis 13, o.O., o.J. Rheinland-Pfalz, Ministerium für Bildung, Wissenschaft und Weiterbildung (Hrsg.): Lehrplan Philosophie, Grundfach, Jahrgangsstufen 11 bis 13, Worms, 1998, S. 18. Ministerium für Schule und Weiterbildung des Landes Nordrhein-Westfalen (Hrsg.): Kernlehrplan für die Sekundarstufe II, Gymnasium/Gesamtschule in Nordrhein-Westfalen. Philosophie, Frechen, 2013, S. 25.

20 Senatorin für Bildung und Wissenschaft (Hrsg.): Die Gymnasiale Oberstufe im Land Bremen. Philosophie. Bildungsplan für die Gymnasiale Oberstufe. Qualifikationsphase, Bremen, 2009, S. 13ff. Ministerium für Schule und Weiterbildung des Landes Nordrhein-Westfalen (Hrsg.): Kernlehrplan für die Sekundarstufe II. Gymnasium/Gesamtschule in Nordrhein-Westfalen. Philosophie, Düsseldorf, 2013, S. 19ff. Ministerium für Schule und Weiterbildung des Landes Nordrhein-Westfalen (Hrsg.): Kernlehrplan Sekundarstufe I. Praktische Philosophie, Frechen, 2008, S. 10ff.

21 Brockamp, Gregor; Draken, Klaus; Flohr, Peter; Hamacher, Wolfram; Hübner, Jörg; Maeger, Stefan; Reuber, Rudolf; Schalk, Helge; Strobel, Johannes; Sieberg, Harald: Philosophieren, 2 Bde., Bamberg, 2005/06. Eva Marsal: Ethik entdecken mit Philo, 1/2, Bamberg, 2014.

den Fallstricken der Sprache an die Hand geben. In Anlehnung an Wittgensteins Metapher nimmt er den „Kampf gegen die Verhexung unseres Verstandes durch die Mittel unserer Sprache“ mit sprachanalytischen Mitteln auf und gibt den Lernenden einen Katalog von Bezeichnungen für Sprechakte an die Hand, die in philosophischen und argumentativen Kontexten gehäuft vorkommen.[22]

Methodenpluralismus ist im Philosophieunterricht keine Selbstverständlichkeit, sondern ein bis heute bedrohtes Ergebnis philosophiedidaktisch reflektierter Toleranz im Lehrprozess. Da Dogmatisierung dem Wesen der Philosophie widerspricht und das kritische Prüfen eigener und fremder Auffassungen zum Kern philosophischen Denkens gehört, ist in der heutigen Philosophiedidaktik das Methodenpluralismuspostulat breiter Konsens, der inzwischen in Deutschland auch curricular verankert ist.[23]

Im historischen Philosophieunterricht wurde häufig eine Denkrichtung weltbild- und methodenmonistisch zum Ausgangspunkt allen Philosophierens gewählt. Als z.B. im 18. Jahrhundert die Leibniz-Wolffsche Systemphilosophie die Universitäten und Akademien beherrschte und sich ein Großteil der Lehrenden sich dieser rationalistischen Philosophie verpflichtet fühlte, dozierte man in den Gymnasien ausschließlich Wolffs geometrisch-demonstrative Methode, die darin bestand, alle Termini sorgfältig zu definieren und philosophische Lehren in syllogistischer Form sprachlich klar zu entwickeln. Zudem las man mit den Schülern simplifizierende Zusammenfassungen von Wolffs Philosophie. Für die am schulischen Lernort dozierenden Wolffianer stand fest, was philosophisch richtig und wichtig ist, und nur dies durfte Gegenstand und Methode des Philosophierens im Unterricht sein. Von Wolff abweichende philosophische Haltungen oder Methoden wurden in diesem Unterricht nicht geduldet. Aus Schülersicht stellte sich damit die Philosophie als etwas Klares, Handfestes und Unstrittiges dar.[24]

---

22 Helmut Engels: „Handwerkliches zum Schreiben über Texte“ in: Ethik und Unterricht, 3/2004, S. 4–10.

23 Vgl. Vanessa Albus: „(K)ein Kanon philosophischer Bildung?“, in: Didaktische Konzeptionen, Jahrbuch für Didaktik der Philosophie und Ethik 13/2012, hrsg. von Johannes Rohbeck, Dresden, 2013, S. 159–168.

Die rationalistische Philosophiedidaktik geriet mit dem Weltbildwandel und der Entstehung der Geschichtsphilosophie ab der Mitte des 18. Jahrhunderts ins Wanken. Die humanistisch orientierten Geschichtsphilosophen klärten die Rationalisten über die Entstehung und Entwicklung ihrer philosophischen Auffassungen sowie über den Ursprung von Sprache und logischem Denken auf. An den Gymnasien lernte man nun Geschichte der Philosophie und damit einher ging auch ein Methodenwechsel, denn die Geschichte der Philosophie wurde nicht syllogistisch in aller Klarheit demonstriert, sondern erzählt. Man las Texte antiker Philosophen im griechischen Original und versuchte sie zu verstehen. Aus Schülersicht erschien die Philosophie als Austragungsort eines Kampfes skurriler Meinungen, als etwas Spekulatives, Fluides und Offenes.[25]

Der Weltbildwandel vom Rationalismus zum Historismus im 18. Jahrhundert manifestiert sich einerseits in der Sprache der Philosophen – denn mit der Verzeitlichung des Weltbildes dynamisieren sich auch die Metaphern – anderseits ist er exemplarisch für Umbrüche in der Geistesgeschichte.[26] Schon Friedrich Paulsen wagte Ende des 19. Jahrhunderts die These vom beständigen Wechsel philosophisch-wissenschaftlicher und literarisch-künstlerischer Phasen in der Geschichte des gelehrten Unterrichts.[27] Den philosophisch-wissenschaftlichen Phasen entspricht die rationalistische Auffassung mit ihrer Vorliebe zum Festen und Sicheren, der literarisch-künstlerischen Phase die humanistische Ausrichtung mit der Betonung des Zeitlichen und Fluiden.

Blickt man vor diesem Hintergrund auf die letzten Entwicklungen, lässt sich eine philosophisch-wissenschaftliche Ausrichtung am Festen konstatieren. Mit der Institutionalisierung der Philosophiedidaktik in den 70er Jahren des letzten Jahrhunderts bemühten sich Vertreter des Erlanger Kon-

24 Vgl. Vanessa Albus: Kanonbildung im Philosophieunterricht. Lösungsmöglichkeiten und Aporien, Dresden, 2013, S. 192ff.

25 Vgl. a.a.O., S. 279ff.

26 Vanessa Albus: Weltbild und Metapher. Untersuchungen zur Philosophie im 18. Jahrhundert, Würzburg, 2001. Dies.: „Epochaler Metapherngebrauch und philosophische Metaphernreflexion als Indikatoren weltanschaulicher Orientierung", in: Epoche und Metapher. Zur Tropologie kultureller Ordnungen, hrsg. von Benjamin Specht, Berlin, 2014, S. 85–105.

27 Friedrich Paulsen: Geschichte des gelehrten Unterrichts, 2 Bde., Leipzig, 1896/97.

struktivismus, ihre sprachanalytischen Verfahren, die zur Disziplinierung des Denkens und klaren Redens beitragen sollten, im Schulunterricht methodenmonistisch einzuführen.[28] Gründungsurkunde dieser sprachphilosophischen Richtung ist Kamlahs und Lorenzens *Logische Propädeutik*, die noch heute Philosophielehrkräften in Fachzeitschriften als Lektüre ans Herz gelegt wird.[29]

In Anbetracht des philosophiedidaktischen Methodenpluralismuspostulats befindet sich heute vor allem die analytische Philosophie im Visier der Philosophiedidaktik, weil erstens die analytische Sprachphilosophie – wie keine andere Denkrichtung – die akademische Philosophie dominiert und zweitens die Sprachphilosophie im engen Sinn den Ausschließlichkeitsanspruch erhebt.[30] Immerhin stellt die *Gesellschaft für Analytische Philosophie* nach der allen Denkrichtungen offenen *Deutschen Gesellschaft für Philosophie* die zweit größte Mitgliederzahl aller philosophischen Verbände in Deutschland. Wenn die Lehrerausbildung an den philosophischen Instituten methodenmonistisch ausgerichtet ist, sind die angehenden Lehrkräfte, von denen eine methodenpluralistische Unterrichtsgestaltung erwartet wird, zwangsläufig nur ungenügend auf die Anforderungen in der Praxis vorbereitet.

Die problematische Dominanz sprachanalytischer Methoden in Unterrichtsmaterialien und Einführungen in die Philosophie lässt sich bereits in

---

[28] Vgl. Albus, Kanonbildung, a.a.O., S. 510ff.

[29] Wilhelm Kamlah, Paul Lorenzen: Logische Propädeutik. Vorschule des vernünftigen Redens, Mannheim, [5]1999. Alfred K. Treml: „Sprache der Ethik – Ethik der Sprache. Möglichkeiten und Grenzen sprachanalytischer Reflexion im Ethikunterricht“, in Ethik & Unterricht, 4/2000, S. 2–10.

[30] Die Dominanz der analytischen Philosophie bemerkt Ekkehard Martens in einem Interview mit der *Information Philosophi*e. Vgl. „Wie kann die Philosophielehrerausbildung an den Universitäten verbessert werden?“ in: Information Philosophie, 4/2014, S. 40–41. Zum Interview mit Martens nehmen Stellung: Vanessa Albus, Roland W. Henke, Kirsten Meyer, Michael Quant, Ralf Stoecker, Thomas Grundmann, Thomas, Nisters: „Stellungnahmen zur Verbesserung des Philosophieunterrichts“, in: Information Philosophie, 4/2014, S. 42–54. Zur Dominanz der analytischen Sprachphilosophie an den Universitäten und die Auswirkungen für den Schulunterricht siehe auch: Günther Barenbrock: „Sprachphilosophie und Philosophieunterricht. Ein Diskussionsbeitrag“, in: Anregungen für die Untrrichtspraxis Philosophie, hrsg. v. Jürgen Hengelbrock, Heft 4, Frankfurt, o.J., S. 46–54.

Einzelfällen belegen. Der sprachanalytische Methodenmonismus in Vorschlägen zur Unterrichtsgestaltung, wie sie von einer Schweizer Lehrkraft mit sprachanalytischem Forschungsinteresse jüngst unterbreitet wird, geht auf theoretischer Ebene mit einer Kritik des Methodenparadigmas und des Transformationsmodells einher und basiert auf einer reduktionistischen Verkürzung des Philosophierens auf das Analysieren und Argumentieren.[31] Wenn das Philosophieren *per definitionem* auf das Argumentieren und Analysieren von Argumentationen beschränkt wird, entfallen z.B. auch phänomenologische Wahrnehmung- und Beschreibungsübungen, wie sie einst ein Edmund Husserl oder Maurice Merleau-Ponty mit paradigmatischen Folgen für die Geistesgeschichte praktizierten. Es handelt sich um eine sachlich völlig inadäquate und unhaltbare Verkürzung der fachphilosophischen Vielfalt, die zur methodischen Verarmung im Philosophieunterricht und schlimmer noch in letzter Konsequenz zur weltanschaulichen Dogmatisierung einer einzelnen philosophischen Denkrichtung führt.

Wenn im Schulunterricht lediglich Methoden der analytischen Sprachphilosophie vermittelt werden, fällt der historische Kontext und philosophiehistorisches Wissen der didaktischen Reduktion anheim. Dem Lerner entginge, dass die analytische Sprachphilosophie nur einen historisch bedingten Problemlösungsversuch zu Fragen anbietet, in denen mit anderen Mitteln keine zureichende Antwort gefunden wurde, und er wäre nicht in der Lage, kritisch zu prüfen, ob diese Fragen allein durch Sprachreflexion befriedigend beantwortet werden können. Die in der Methodenschulung ausblendbare philosophiehistorische Perspektive gerät in kanonorientierten Ansätzen in das Zentrum der Bildungsprozesse.

2.2 *Kanonorientierung*

Bei aller Verpflichtung zur Ermutigung zum Selbstdenken hat doch eine Volksweisheit seine Berechtigung: „Wer sein eigener Lehrmeister sein will, hat einen Narren zum Schüler." Im Aufbau einer eigenen philosophischen

---

[31] Vgl. Jonas Pfister: Philosophie. Ein Lehrbuch, Stuttgart, 2006. Ders.: Werkzeuge des Philosophierens, Stuttgart, 2013. Ders.: Fachdidaktik Philosophie, Bern, 2010, S. 170ff. Ders.: „Methoden des Philosophierens und Unterrichtsmethoden", in: tabularasa. Zeitung für Gesellschaft und Kultur, 28, No 81, 11/2012, einsehbar unter: http://tabularasamagazin.de/artikel/artikel_4264 [23.07.2015].

Haltung erweist sich ein Studium der philosophischen Tradition durchaus als nützlich. Der an den Klassikern geschulte Philosoph geht im Falle von gelösten philosophischen Problemen nicht unnötig nochmals in die Irre, im Falle der ungelösten Probleme kann er Originelles von bereits Gedachtem unterscheiden. Viele vermeintliche Originaldenker scheitern, wie Blumenberg zeigt, an der Unkenntnis des schon in der Geschichte der Philosophie Gedachten und ziehen den Hohn und Spott der belesenen Beobachter nach sich.[32] Wer auf die Erprobung seiner eigenen Auffassung an der philosophischen Tradition verzichtet, spielt den „Narren auf eigene Faust" – eine Metapher Goethes und Gadamers. In philosophiedidaktischen Kontexten wird das Bild aufgegriffen, um auf die Nützlichkeit der Klassikerlektüre im Philosophieunterricht aufmerksam zu machen.[33] Die Textlektüre ist unverzichtbarer Bestandteil des Philosophieunterrichts, weil die Lerner auf diesem Weg mit neuen Gedanken konfrontiert werden, die ihnen nicht zwingend selber einfallen. Die Begegnung mit Neuartigem fasziniert und trägt zur Attraktivität des Philosophieunterrichts bei. Die grundsätzliche Nützlichkeit des Klassikerstudiums im Philosophieunterricht ist in der gegenwärtigen Didaktik nicht strittig, solange der Text nicht als Selbstzweck, sondern als Denkanstoß fungiert.[34]

Welche Texte aber sind kanonisch? Zur Ermittlung der kanonischen Schriften im schulischen Kontext erhebt die Kanonforschung zunächst auf deskriptiver Ebene durch Lehrmittel- und Lehrplananalyse quantitative Daten. Es lässt sich auf dieser Basis zunächst feststellen, dass in der Geschichte des Philosophieunterrichts authentische Schriften von Philosophen kei-

---

[32] Vgl. Hans Blumenberg: Die Verführbarkeit des Philosophen, Frankfurt, 2005, S. 120f.

[33] Vgl. Günther Patzig: „Über den Umgang mit Texten der philosophischen Tradition", in: Texte zur Didaktik der Philosophie, hrsg. von Kirsten Meyer, Stuttgart, 2010, S. 175–197.

[34] Vgl. Johannes Rohbeck: „Philosophische Methoden im Unterricht", in: Texte zur Didaktik der Philosophie, hrsg. von Kirsten Meyer, Stuttgart, 2010, S. 237–254, hier: S. 241f. In der dialogisch-pragmatischen Philosophiedidaktik erfüllt der Text die Funktion des „Dialogpartners". Vgl. Ekkehard Martens: Dialogisch-pragmatische Philosophiedidaktik, Hannover, 1979, S. 147; 151. Zur philosophischen Bildung gehört notwendig auch philosophiehistorisches Wissen, eine „materiale" Seite der Bildung, die ohne Klassikerlektüre kaum erreichbar ist. Vgl. Volker Steenblock: Philosophische Bildung – Einführung in die Philosophiedidaktik und Handbuch: Praktische Philosophie, Münster, [6]2012, S. 52.

nesfalls mit Selbstverständlichkeit studiert wurden. Insgesamt überwiegen Lehrbücher, in denen weitgehend unbekannte Autoren in die klassische Logik einführen.[35]

Die Idee, authentische Textauszüge klassischer Philosophen in der Schule zu studieren, brachte mit paradigmatischem Erfolg zwar nicht die Philosophiedidaktik, sondern die Deutschdidaktik Ende des 19. Jahrhunderts ein, aber deutlich vor dem *linguistic turn.* Als klassische Textauszüge aus der Feder von Philosophen in Lesebücher für den Deutschunterricht der Oberstufe eingestreut wurden, stand das Phänomen der Sprache auf zweierlei Art im Fokus. Zum einem war ästhetische und verständliche Sprache der Philosophen ein Selektionskriterium, zum anderen waren auf inhaltlicher Ebene gerade die Texte von Bedeutung, in denen über Sprache philosophiert wurde. Herders *Abhandlung über den Ursprung der Sprache* kann hier als kanonisch angesehen werden.[36]

Als gesondertes Fach wurde Philosophie im Rahmen freiwilliger Arbeitsgemeinschaften an Gymnasien zwischen 1925 und 1938 unterrichtet. Sprachphilosophie wurde nun ein Gegenstand unter anderen philosophischen Disziplinen. Herders Schriften über Sprache blieben jedoch kanonisch und wurden von Textauszügen aus Vicos *Neue Wissenschaft* ergänzt.[37] Trotz genereller Neuausrichtung des Philosophieunterrichts in der Nachkriegsära hielt sich Herders *Abhandlung* nach philosophiedidaktischer Absicherung durch Theodor Ballauf und Ludwig Landgrebe im verbindlichen Kanon des Philosophieunterrichts in den 50er Jahren. In den 60er Jahren erfolgte eine komplette Dekanonisierung sprachphilosophischer Texte.[38]

Mit der Wende zur Kompetenz- und Methodenorientierung in den 70er und 80er Jahren änderten sich Verbindlichkeiten. Die Lektüre bestimmter Texte war nicht länger zwingend. Sprachphilosophische Texte standen grundsätzlich zur Auswahl, aber ihr Anteil war insgesamt gering. Im Bereich der Sprachphilosophie im weiten Sinn dominierten weiterhin Herders Schriften; Texte von Vico, Humboldt, Sapir oder Whorf standen ebenfalls zur Disposition. Aus dem Segment der Sprachphilosophie im engen Sinne

---

35 Vgl. Albus, Kanonbildung, a.a.O.

36 Vgl. a.a.O., S. 418ff.

37 Vgl. a.a.O., S. 442; 447.

38 Vgl. a.a.O., S. 470ff.

finden sich in den zeitgenössischen Materialsammlungen Texte von Watzlawik, Saussure Quine sowie Kamlahs und Lorenzens *Logische Propädeutik*, die man ohne Erfolg zum verbindlichen Ausganspunkt allen Philosophierens in der Schule installieren wollte.[39]

Vertretern der analytischen Philosophie erschien seiner Zeit der geringe Anteil von sprachphilosophischen Texten im engen Sinn bedenklich. Für ihre Kanonisierung am schulischen Lernort argumentierte Werner Strube ohne durschlagende Wirkung in der Schulpraxis. Verständliche Ausdrucksweise der analytischen Philosophen, die Erörterung lebensnaher Probleme, der Beitrag zur Bildung mündiger Bürger durch philosophische Analyse politischen Sprachgebrauchs sowie der sprachanalytische Apell zum klaren Sprechen sind die von Strube angeführten Gründe für die verstärkte Verwendung von Texten aus der analytischen Sprachphilosophie im Unterricht. Als paradigmatisch und folglich kanontauglich erachtet er Textauszüge von Carnap, Wittgenstein und Austin. Das Spektrum der ausgewählten Texte decke entscheidende Phasen der analytischen Sprachphilosophie ab: den logischen Positivismus, die klassische Sprachanalyse und die sprechakttheoretische oder nachklassische Sprachphilosophie.[40]

Mit der Einführung des Zentralabiturs und den damit verbundenen Einschränkungen bei der Themen- und Textauswahl ändert sich die Randstellung sprachphilosophischer Schriften nicht. Allein in Thüringen war einmalig 2009 Herders Ansatz im Rahmen des Zentralabiturs relevant.[41] In Bezug auf die anderen Bundesländer lässt sich gegenwärtig feststellen, dass sprachphilosophische Texte für den gesamten Philosophieunterricht selten, in jedem Fall aber unverbindlich in den Lehrplänen vorgeschlagen werden.[42]

---

39 Vgl. a.a.O., S. 506ff.

40 Vgl. Werner Strube: „Analytische Sprachphilosophie im Unterricht“, in: Philosophie. Anregungen für die Unterrichtspraxis, Heft 4, hrsg. von Jürgen Hengelbrock, Frankfurt, o.J., S. 3–28.

41 Vgl. Albus, Kanonbildung, a.a.O., S. 543.

42 Sprachphilosophie im engen Sinn: Carnap (Brandenburg, Hessen, Saarland, Sachsen-Anhalt), Frege (Brandenburg, Hamburg, Hessen), Kamlah/Lorenzen (Brandenburg), Quine (Brandenburg, Sachsen-Anhalt), Wittgenstein (Brandenburg, Hessen, Saarland, Sachsen-Anhalt). Sprachphilosophie im weiten Sinn: Herder (Brandenburg, Hessen, Sachsen-Anhalt), Vico (Hessen, Sachsen-Anhalt), Humboldt (Brandenburg, Hessen,

2.3 *Metapherndidaktik*

Nach Vollzug des *linguistic turn* kündigte sich eine neue paradigmatische Wende in den Wissenschaften an. Es ist die Rede vom *iconic* oder spezieller vom *metaphorical turn*, der freilich auch in den Bildungswissenschaften und den Didaktiken aufzuspüren ist. In einer sich aktuell erst konstituierenden Metapherndidaktik lassen sich interdisziplinär Ansätze zur Methodenschulung mit kanonorientierten Ansätzen verbinden. Es wird einerseits eine noch näher zu definierende „Metaphernkompetenz" im textfreien Unterricht aller Jahrgangsstufen und Schultypen geschult, anderseits werden auch metapherntheoretische Reflexionen, wie sie in der philosophischen Tradition entwickelt werden, in die Überlegungen im Klassenraum miteinbezogen. Die Metapherndidaktik ist interdisziplinär zu nennen, weil metapherndidaktische Unterrichtsprojekte, die allesamt eine Sprachsensibilisierung der Lernenden anvisieren, zurzeit in allen Unterrichtsfächern realisiert werden. Der Sprachphilosophie kommt hier dennoch eine tragende Funktion zu, weil die vielfältigen Unterrichtsprojekte, in denen das Metaphorische im Zentrum steht, auf der Basis von philosophischen Metapherntheorien konzipiert werden. Die aristotelische Substitutionstheorie, Blumenbergs Metaphorologie oder Lakoffs kognitive Metapherntheorie fungieren als theoretische Basis im Unterrichtsgeschehen. Ein Problem besteht nun aber darin, dass hier mit unterschiedlichen und vor allem auch widersprüchlichen Metaphernbegriffen gearbeitet wird, die leider noch nicht Gegenstand der Reflexion im Unterricht sind. Im Deutschunterricht werden z.B. auf Basis der Substitutionstheorie und der klassischen Rhetorik Metaphern als schmückende Tropen und verkürzte Vergleiche betrachtet. Im Philosophieunterricht dient Blumenbergs Metaphorologie als Ausgangspukt, um geistesgeschichtliche Umbrüche anhand von Sprache zu identifizieren und zu erkennen, dass mit absoluten Metaphern der Versuch unternommen wird, das Unsagbare auszudrücken. Auf der Basis der kognitiven Metapherntheorie wird im modernen Fremdsprachenunterricht Wortschatzarbeit und im Physikunterricht Konzeptmetapheranalyse betrieben, bei der der Lerner zu der Erkenntnis gelangt, dass Metaphern Erkenntnisprozesse in den Naturwissenschaften steuern. Aus der Perspektive des aufmerksamen

Sachsen-Anhalt), Whorf (Brandenburg, Saarland, Sachsen-Anhalt)

Lerners müsste die unreflektierte Vielfalt der Metaphernkonzepte Verwirrung stiften. Das Dilemma lässt sich m.E. nicht reduktionistisch durch die Erhebung einer ausgewählten Metapherntheorie zur „Schulphilosophie" lösen, sondern nur dadurch, dass die theoretische Grundlage, die Gemeinsamkeiten und Unterschiede der metapherndidaktischen Unterrichtsprojekte zum sprachphilosophischen Gegenstand der Reflexion werden. Der Philosophieunterricht wäre künftig ein Ort, an dem diese Fäden aufgenommen werden könnten.[43]

3 Fazit

Auf normativer Ebene ergibt sich damit klar, dass die Potentiale der Sprachphilosophie zur Sprachbildung am schulischen Lernort nicht in Gänze ausgeschöpft werden. Der *metaphorical turn* hat die bildungswissenschaftlichen Fächer zwar jüngst erreicht, doch sind die sich hier eröffnenden Felder in Forschung und Unterrichtspraxis noch weitgehend unerschlossen. Während der Vermittlung von sprachanalytischen Verfahren im aktuellen Unterricht einige Aufmerksamkeit geschenkt wird, dienen sprachphilosophische Reflexionen kanonischer Autoren der Philosophiegeschichte eher selten als Denkanstoß im schulischen Bildungsprozess. Dies ist insofern bedenklich, als dass Methodenkompetenz eine Reflexion der angewandten Verfahren und ein Urteil über deren Möglichkeiten und Grenzen beinhaltet. Es bedarf einer Ermutigung, sprachphilosophische Schriften als Lektüre im Unterricht zuzulassen. Ein Ausschluss der Sprachphilosophie im weiten Sinne lässt sich sachlich nicht rechtfertigen, da sie voraussetzungsärmer ist als die aktuelle Sprachphilosophie im engen Sinn. Dem Ausschließlichkeitsanspruch der sprachanalytischen Philosophie ist aus philosophiedidaktischer Perspektive nicht zuzustimmen.

[43] Weiterführende Literatur zur Metapherndidaktik und den daraus resultierenden Praxisberichten findet sich in: Vanessa Albus: „Metapherndidaktik. Grundlegung und Perspektiven", in: Zeitschrift für Didaktik der Philosophie und Ethik, 2/2014, S. 9–18.

Allen alles anders!? – Schulische Bildung und Heterogenität in der Migrationsgesellschaft

Thomas Geier

Einleitung

Die Frage danach, welche Bedeutung Sprache für das Denken hat, gehört zum vertrauten Grundbestand philosophischer Überlegungen. Disziplinär anthropologisch, bildungstheoretisch oder bewusstseins- bzw. sprachphilosophisch verortet, ist Sprache fester Bestandteil des Curriculums im Schulfach Philosophie und damit Gegenstand der Fachdidaktik. Im Vergleich dazu erscheinen Überlegungen zur Rolle von Sprache und sprachlicher Bildung in Schule und schulischen Unterrichtsprozessen im Kontext von Heterogenität[1] für die Fachdidaktik vergleichsweise jüngeren Datums zu sein.

Inzwischen haben sich die Diskussionen um die Bedeutung und den Stellenwert von Heterogenität als „Leitidee in der Erziehungswissenschaft"[2] weit verzweigt. Insbesondere durch die bildungspolitische Diskussion in Folge der ersten PISA-Studie (2000), erhält die Rede von *Heterogenität* im Allgemeinen und *sprachlicher Heterogenität* im Besonderen

---

1 Unter den vielen verschiedenen Versionen, die sich in der pädagogischen und erziehungswissenschaftlichen Literatur zum Thema Heterogenität finden lassen, greifen nicht wenige Autoren und Autorinnen auf die Etymologie zurück, um den Begriff herzuleiten: Heterogen bedeute „ursprünglich von ‚verschiedener Abstammung, Art, Gattung' (griech. *heteros* = anders, abweichend und *genos* = Geschlecht, Art, Gattung)". Vgl. Matthias Trautmann, Beate Wischer: Heterogenität in der Schule. Eine kritische Einführung, Wiesbaden, 2012.

2 Vgl. Norbert Wenning: „Heterogenität als neue Leitidee der Erziehungswissenschaft? Zur Berücksichtigung von Gleichheit und Verschiedenheit" in: Zeitschrift für Pädagogik, H. 4, 2004, S. 565–582.

gegenüber den „vielfalts- und differenzpädagogischen Programmatiken“[3], wie sie in den 1990er Jahren zumeist mit Bezug zu reformpädagogischen Entwürfen und Traditionen entwickelt wurden[4], eine entscheidende disziplinpolitische Wendung. Fragen nach der Unterschiedlichkeit und Individualität von Schülerinnen und Schülern tauchen im fortan neu erscheinenden *Heterogenitätsdiskurs* vor allem als schulpädagogisch relevante auf, indem sie einen konkreten Bezug zur Gestaltung von Unterrichtsprozessen in homogenen oder heterogenen Lerngruppen herstellen.

Allgemein wird die Frage danach gestellt, wie sich angesichts institutionell einheitlicher, homogener Bedingungen – etwa in Gestalt von Schulpflicht, curricularen Standards, Bildungsplänen, Eintrittsalter oder entwicklungs- und lernpsychologischen Annahmen – die Vielfalt, Unterschiedlichkeit oder Differenz der pädagogischen Klientel hinsichtlich seiner individuellen und sozialen Lern- und Bildungsvoraussetzungen angemessen berücksichtigen lasse[5]. Wenn der Umgang der Pädagoginnen und Pädagogen mit Heterogenität[6] nicht als Resultat ihrer zu kritisierenden Einstellungen diskutiert wird, taucht das damit verbundene pädagogische Problem im schulpädagogischen Diskurs überwiegend als organisationsbezogene Frage danach auf, wie innere und äußere Differenzierung in Schule und Unterricht gelingen können[7].

---

3 Marcus Emmerich, Ulrike Hormel: Heterogenität – Diversity – Intersektionalität. Zur Logik sozialer Unterscheidungen in pädagogischen Semantiken der Differenz, Wiesbaden, 2013, S. 145.

4 vgl. Andreas Hinz: „Heterogenität – eine neue Leitidee beginnt zu wirken“ in: Konzepte der (Sonder-)Pädagogik in Ost und West. Wege, Entwicklungen und Beispiele integrativer Bildung und Erziehung, hrsg. von Angelika Henschel, Bad Segeberg, 1993, S. 15–31. Vgl. Annelore Prengel: Pädagogik der Vielfalt. Verschiedenheit und Gleichberechtigung in Interkultureller, Feministischer und Integrativer Pädagogik. Opladen, 1993.

5 Vgl. Klaus-Jürgen Tillmann: „Viel Selektion – wenig Leistung: Der PISA-Blick auf Erfolg und Scheitern in deutschen Schulen“ in: Von der Delegation zur Kooperation. Bildung in Familie, Schule, Kinder- und Jugendhilfe, hrsg. von Karin Böllert, Wiesbaden, 2008, S. 47–66.

6 Vgl. Sabine Reh: „Warum fällt es Lehrerinnen und Lehrern so schwer, mit Heterogenität umzugehen? Historische und empirische Deutungen“ in: Die Deutsche Schule, 97. Jg., 1, 2005, S. 76–86.

7 Vgl. Beate Wischer: „Der Diskurs um Heterogenität und Differenzierung. Beobach-

Bereits ein kurzer Blick auf die Geschichte der Pädagogik[8] genügt jedoch, um zu erkennen, dass das mit dem Begriff Heterogenität bezeichnete pädagogische Problem, wenn etwa Trapp oder Herbart zu Rate gezogen werden, im Grunde keinesfalls neu ist, wie es manche Reformerinnen und Reformer vielleicht gerne sähen. Vielmehr ist damit ein strukturelles Problem pädagogischen Handelns verbunden, das sich historisch mit der Durchsetzung einer Beschulung für alle Kinder einer Gesellschaft, folglich grundsätzlich mit Beginn des modernen Massenunterrichts, stellt: Das Problem nämlich, wie Gleichbehandlung und Ungleichartigkeit der Schülerinnen uns Schüler miteinander zu vermitteln sei. Gewiss neu für die Pädagogik ist hingegen die technologische Engführung im aktuellen Heterogenitätsdiskurs, die Lösung des Problems etwa in *classroommanagement* oder ausschließlich in gelingender Unterrichtsgestaltung[9] finden zu wollen.

Für diesen Beitrag wurde daher eine Abwandlung des Zitats von Comenius– „allen, alles, anders" –gewählt, um den historischen und seit Erscheinen der didactica magna[10] verbrieften und heute politisch durch die Schulpflicht institutionalisierten Anspruch auf Allgemeinbildung, alle, alles, allseitig zu lehren, mit dem Anspruch auf Heterogenität in Verbindung zu bringen. Denn erst so kommt das für die Schulpädagogik konstitutive Verhältnis von Gleichheit und Differenz als Antinomie pädagogischen Handelns[11] in den Blick.

---

tungen zu einem schulpädagogischen ‚Dauerbrenner'" in: Erziehungswissenschaft auf dem Prüfstand. Schulbezogene Forschung und Theoriebildung von den 1970er Jahren bis heute, hrsg. von Beate Wischer, Klaus-Jürgen Tillmann, Weinheim/München, 2009, S. 69–96.

8 Vgl. Herwig Blankertz: Geschichte der Pädagogik von der Aufklärung bis zur Gegenwart, Wetzlar, 1982.

9 Vgl. Heinz Klippert: Heterogenität im Klassenzimmer. Wie Lehrkräfte effektiv und zeitsparend damit umgehen können, Weinheim/ Basel, 2010.

10 (1628 in tschechischer, 1638 in lateinischer Sprache) „Die vollständige Kunst, alle Menschen alles zu lehren" Zitiert nach Blankertz (1982/1992); übers. von Andreas Flitner 1959.

11 Vgl. Werner Helsper: „Antinomien des Lehrerhandelns in modernisierten pädagogischen Kulturen: Paradoxe Verwendungsweisen von Autonomie und Selbstverantwortlichkeit" in: Pädagogische Professionalität, hrsg. von Arno Combe und Werner Helsper, Frankfurt a.M., 1996, S. 521–570. Vgl. Werner Helsper: „Pädagogische Professionalität als Gegenstand des erziehungswissenschaftlichen Diskurses" in: Zeitschrift für Pädago-

Heterogenität soll darüber hinaus im Folgenden aus einer *migrationsgesellschaftlichen*[12] Perspektive aufgegriffen werden. Dies nicht allein aus dem Grund, weil im Zusammenhang mit grenzüberschreitender Migration und den politischen Folgen der Gastarbeiter*innenmigration für das sich erst spät als Einwanderungsland akzeptierende Deutschland die Rolle des schulischen Umgangs mit Mehrsprachigkeit[13] in besonderer Weise hervorgehoben wird. Diskriminierungstheoretische Analysen des Heterogenitätsdiskurses[14] zeigen nämlich vielmehr, dass Heterogenität in schulischer Praxis mit sozialen Klassifikationen verbunden ist, die aus askriptiven Kategorien entstehen. Diese werden jeweils pädagogisch interpretiert (beispielsweise als Leistungsfähigkeit, Begabung oder aber [mangelnde] sprachliche Voraussetzungen), mit Relevanz ausgestattet und damit organisatorisch wie interaktiv für selektionsorientierte Differenzierungen der Schülerschaft herangezogen. Vor allem trifft dies auf Zuschreibungen kultureller oder ethnischer Differenzen zu, wenn Schülerinnen und Schüler als sogenannte Kinder und Jugendliche mit Migrationshintergrund oder Kinder nichtdeutscher Herkunftssprache (ndH) charakterisiert werden.[15]

---

gik, Heft 3, Wiesbaden, 2004, S. 303–309.

[12] Mit dem Begriff Migrationsgesellschaft ist weder eine „Bindestrichsoziologie“ (vgl. spöttisch dazu Theodor W. Adorno: „Theorie der Halbbildung“ in Gesammelte Schriften, Band 8, ders., Soziologische Schriften I, 1959, S. 93–121.) gemeint noch, dass es sich um eine Gesellschaft von Migrant*innen handelt, sondern, dass Migration Gesellschaft konstituiert. Sie entsteht in diesem Sinne nicht allein durch die leibliche Anwesenheit von Migrant*innen in sozialen Prozessen, sondern ebenso auch durch die spezifischen Diskurse, die angesichts von Migration geführt werden und in denen Migration thematisiert und perspektiviert wird. Dabei geht es um gesellschaftliche Ordnungsbildungen in Bezug auf symbolische, materielle und rechtliche Zugehörigkeiten gesellschaftlicher Gruppen. Diese bleiben nicht ohne Effekt auf die mittels Zugehörigkeitsordnungen zugeschriebenen Gesellschaftsmitglieder (vgl. Paul Mecheril: Einführung in die Migrationspädagogik, Weinheim/Basel, 2004.).

[13] vgl. Ingrid Gogolin: Der monolinguale Habitus der multilingualen Schule. Münster, 1995.

[14] Vgl. a.a.O.

[15] Vgl. Birgit Zur Nieden und Juliane Karakayali: „Harte Tür. Schulische Segregation nach Herkunft in der postmigrantischen Gesellschaft“ in: Migration: Auflösungen und Grenzziehungen. Perspektiven einer erziehungswissenschaftlichen Migrationsforschung, hrsg. von Thomas Geier und Kathrin U. Zaborowski, Wiesbaden, 2016, S. 81–96.

Während also im reformpädagogischen Diskurs normativ bereits als ausgemacht gilt, dass eine heterogenitätssensible Pädagogik der Bezugspunkt gelingender Praxis sei, wird im folgenden Zusammenhang eine skeptisch-kritische Perspektive darauf eingenommen. Es muss gefragt werden, wem die Perspektive auf z. B. kulturelle Differenzen oder sprachliche Unterschiede in schulischer Praxis zu Gute kommt; mit welchem Effekt also auf eine je spezifische Markierung von Differenzen zurückgegriffen wird.

Im ersten Teil meines Beitrags gilt es daher, die wesentlichen Elemente des schulpädagogischen Heterogenitätsdiskurses zu skizzieren, um daran anknüpfend im zweiten Teil Heterogenität diskriminierungstheoretisch zu diskutieren. Hierbei wird nicht nur deutlich, welches Unterscheidungswissen damit aufgegriffen wird, sondern auch, welche praktische Ambivalenz dies in Bezug auf schulische In- und Exklusionen nach sich ziehen kann. Während im Heterogenitätsdiskurs eine professionelle Reflexion darauf weitestgehend aussteht, ist die selbstkritische Entwicklung in anderen Teilen der sogenannten „Differenzpädagogiken“[16] weiter vorangeschritten. Daran soll im dritten Teil angeknüpft werden, um *migrationsgesellschaftliche* Reflexionspotenziale zu gewinnen. Sie markieren m.E. nicht allein für die erziehungswissenschaftliche sondern auch für die (fachdidaktische) Thematisierung von sprachlicher Heterogenität einen erreichten diskriminierungsreflexiven Stand, hinter den nicht zurück gegangen werden kann. Dazu bedürfte es allerdings auf der einen Seite kasuistischer Forschung und auf der anderen Seite einer fallorientierten Lehrerinnen- und Lehrerbildung, wie im vierten Teil herausgestellt wird. Abschließend sollen ein kurzes Fazit und darin Schlüsse für die Fachdidaktik Philosophie im Kontext einer migrationsgesellschaftlichen Mehrsprachigkeit gezogen werden.

1 Heterogenität im schulpädagogischen Diskurs

Den Begriff *Heterogenität* kennzeichnet eine vielgestaltige Polysemie, aus der seine konstitutive Unbestimmtheit erwächst, die zu mannigfaltigen und

[16] Marianne Krüger-Potratz: Interkulturelle Bildung. Eine Einführung, Münster u.a., 2005, S. 176.

teilweise auch schillernden Verwendungen des Begriffs im schulpädagogischen Diskurs führt. Dies heben nicht zuletzt auch erziehungs- und bildungsphilosophische Diskussionen in kritischer Absicht hervor.[17] Mit *Heterogenität* wird auf kein einheitliches und klares Programm abgezielt, trotz eines oftmals normativ programmatischen Gehalts, der damit verbunden ist. In den notorischen Reden von einer *Herausforderung, die sie für pädagogische Institutionen und Personal bedeute*, oder einer *Chance, die es zu ergreifen gelte*, wird zudem deutlich, dass sowohl Problembeschreibung als auch Problemlösung unter dem gleichen Titel firmieren.

In aktuellen Analysen des schulpädagogischen *Heterogenitätsdiskurses* wird deshalb davon gesprochen, dass der Begriff durch „unscharfe Einsätze"[18] gekennzeichnet sei, aber gerade *durch* seine terminologische Unschärfe eine hohe Produktivität in der diskursiven Konstruktion pädagogischer Wirklichkeit entfalten könne. Bildungspolitisch lassen sich aus diskursanalytischer Sicht dabei zwei unterschiedliche Einsätze charakterisieren. Beide verweisen auf die Notwendigkeit, Transformationen des Bildungssystems angesichts zunehmender *gesellschaftlicher* Heterogenität (etwa in Gestalt diversifizierter sozialer Lebenslagen und Lebensformen) in Gang zu setzen: Zum einen wird in der empirischen Bildungsforschung im Zuge der internationalen Schulleistungsvergleichstests seit dem Ende der 1990er Jahre im „Umgang mit Differenz"[19] die entscheidende Modernisierungsaufgabe des Systems gesehen. Zum anderen hat sich mit Bezug zu reformpädagogischen Ansätzen eine Synthese feministischer, interkultureller und integrativer Pädagogik, wie eingangs erwähnt, im Kontext einer allgemeinen „Pädagogik der Vielfalt"[20] entwickelt. Gegenüber den steuerungspo-

---

[17] Vgl. Hans-Christoph Koller, Rita Casale, Norbert Ricken: Heterogenität. Zur Konjunktur eines pädagogischen Konzepts, Paderborn, 2014.

[18] Jürgen Budde: „Problematisierende Perspektiven auf Heterogenität als ambivalentes Thema der Schul- und Unterrichtsforschung" in: Zeitschrift für Pädagogik 58/4, 2012, S. 522–540.

[19] Jürgen Baumert: „Umgang mit Heterogenität. Ein Gespräch mit Professor Jürgen Baumert" in: Forum Schule 1. URL: http://www.forum-schule.de, 2002.

[20] Annedore Prengel hatte bereits 1993 eine disziplinpolitisch motivierte Konzeption vorgelegt, die bis dahin arbeitsteilig als jeweils besondere (Sub-)Disziplinen gefassten Pädagogiken im Kontext einer allgemeinen Pädagogik der Vielfalt aufzuheben. Damit übte sie Kritik am vermeintlichen Universalismus, wie er in der Allgemeinen Erziehungs-

litischen Modernisierungsstrategien der empirischen Bildungsforschung[21], plädieren reformpädagogisch orientierte Autorinnen und Autoren für eine Anerkennungspolitik von Differenz. Dafür bilden entweder der sozialphilosophische Diskurs eines „Kampfes um Anerkennung"[22] oder die postmoderne Philosophie inkommensurabler Sprachspiele und Mikropolitiken der Differenz[23] die sozialphilosophischen Grundlagen. Bildungshistorisch gesehen, sei der Begriff *Heterogenität* „nur ausgehend von den Wissenstransformationen, die der Krise der bürgerlichen Rationalität unterliegen, denkbar"[24], wie Rita Casale mit Bezug zur Philosophie der Differenz ausführt (S. 29).

Die Diagnose einer Anders- oder Verschiedenartigkeit setzt schulpädagogisch überwiegend auf der Seite der zu unterrichtenden Subjekte an. *Heterogenität* beschreibt hier vorwiegend eine Gruppe von Verschiedenen.[25] Sozialstatistisch gesprochen, liegt das Aggregierungsniveau dementsprechend in Gruppen oberhalb der individuellen Ebene. Dies bringt der Diagnose *Heterogenität*, wenn man so will, ihren subsumtionslogischen Charakter ein. In pädagogischer Forschung und Praxis werde *Heterogenität* vorherrschend als *Leistungsheterogenität* hervorgehoben, so Friederike Heinzel und Annedore Prengel[26], seltener seien solche Forschungen, in denen die Relation zwischen *Heterogenität* und *Homogenität* oder aber das

---

wissenschaft zuvor vertreten wurde. Vgl. Annelore Prengel 1993 a.a.O.

21 Vgl. Rita Casale, Charlotte Röhner, Andreas Schaarschuch, Heinz Sünker: „Entkopplung von Lehrerbildung und Erziehungswissenschaft: Von der Erziehungswissenschaft zur Bildungswissenschaft" in: Erziehungswissenschaft 21 (41), 2010, S. 43–66.

22 Axel Honneth: Kampf um Anerkennung. Zur moralischen Grammatik sozialer Konflikte, Frankfurt a. M., 1992.

23 Vgl. Jean-Francois Lyotard: Das Patchwork der Minderheiten, Berlin, 1977. Vgl. Jean-Francois Lyotard: Das postmoderne Wissen. Ein Bericht, Wien, 1982.

24 Rita Casale: „Der begriffsgeschichtliche Unterschied von Bildung und Differenz" in: Bildung und Differenz. Historische Analysen zu einem aktuellen Problem, hrsg. von Carola Groppe, Gerhard Kluchert, Eva Matthes, Wiesbaden, 2016, S. 21–38.

25 Vgl. Norbert Wenning: „Differenz und Bildung im Spannungsverhältnis. Wie die Institution Schule anders mit Heterogenität umgehen kann" in: Heterogenität und Schulentwicklung, hrsg. von H. Buchen, L. Horster, H.-G. Rolff, Berlin, Stuttgart, 2007, S. 145–162.

26 Vgl. Annelore Prengel, Friederike Heinzel: „Heterogenität als Grundbegriff inklusiver Pädagogik" in: Zeitschrift für Inklusion 3–2012. URL: http://www.inklusion-online.net/index.php/inklusion-online/article/view/39/39.

Verhältnis von Gleichheit und Differenz analysiert werden.[27] In empirischer Hinsicht ist bis auf vereinzelte Studien (etwa Weber 2003[28]) überhaupt sehr wenig darüber bekannt, was Lehrkräfte unter *Heterogenität* eigentlich verstehen, welche im- oder expliziten theoretischen Konzepte daraus resultieren und was dies für den alltäglichen Umgang mit Schülerinnen und Schülern in schulpädagogischer Praxis bedeutet.[29][30]

Diese wenigen Schlaglichter auf den weit verzweigten Diskurs zeigen bereits die inhaltliche Stoßrichtung des überwiegenden Teils der Publikationen zum Thema an.[31] Es wird oftmals ein normativ programmatischer Appell artikuliert, der sich an die Lehrkräfte richtet, differenz-, also heterogenitätssensibel in ihrer schulpädagogischen Arbeit vorzugehen.[32] Einigkeit besteht unter diesen Autorinnen und Autoren augenscheinlich darüber, dass es überwiegend lohnenswert sei, dem Reformimpuls zu folgen. Diskussionsbedarf wird allenfalls darin gesehen, welche Art der Umsetzung es geben könne und welches der bessere Weg sei, die Reform umzusetzen. *Homogenität* soll daher in Frage gestellt und anstelle dessen *Heterogenität* beachtet werden.

---

27 A.a.O.

28 Vgl. Martina Weber: Heterogenität im Schulalltag. Konstruktion ethnischer und geschlechtlicher Unterschiede, Opladen, 2003.

29 Vgl. Jürgen Budde: „Heterogenität und Homogenität aus der Perspektive von Lehrkräften“ in: Genderkompetenz und Schulwelten. Alte Ungleichheiten – neue Hemmnisse, hrsg. von Dorothea Krüger, Wiesbaden, 2011, S. 111–128.

30 Zwar gibt es Studien, die Einstellungen von Lehrern und Lehrerinnen zu Heterogenität thematisieren und ob sie diese etwa als Belastung oder Bereicherung wahrnehmen (vgl. Axel Gehrmann: Der professionelle Lehrer. Muster der Begründung – Empirische Rekonstruktion, Opladen, 2003.) Doch gibt es kaum empirische Erkenntnisse darüber, wie sie dem Reformimpuls, der attestierten zunehmenden Heterogenität ihrer Schülerschaft professionell begegnen zu sollen, in ihrer alltäglichen Praxis begegnen; geschweige denn darüber, welche (begrifflichen) Konzepte sie von Heterogenität überhaupt haben. Hieran müsste sich unbedingt weitere Forschung anschließen.

31 Vgl. kritisch einführend Matthias Trautmann, Beate Wischer: Heterogenität in der Schule. Eine kritische Einführung, Wiesbaden, 2012.

32 Vgl. dazu kritisch Beate Wischer: „Der Diskurs um Heterogenität und Differenzierung. Beobachtungen zu einem schulpädagogischen ‚Dauerbrenner‘“ in: Erziehungswissenschaft auf dem Prüfstand. Schulbezogene Forschung und Theoriebildung von den 1970er Jahren bis heute, hrsg. von Beate Wischer, Klaus-Jürgen Tillmann, Weinheim/München, 2009, S. 69–96.

Um aber überhaupt Unterschiede beobachten und anerkennend beachten zu können, muss ein Wissen seitens der Akteure über Unterschiede vorausgesetzt sein. Aus welchen Quellen aber speist es sich?

2 Heterogenität aus diskriminierungstheoretischer Sicht

Im *Heterogenitätsdiskurs* wird i.d.R. auf ein Wissen über die soziale, kulturelle und sprachliche Herkunft der Schülerschaft Bezug genommen. Wissenssoziologisch[33] gesehen, handelt es sich beim Wissen von Pädagoginnen und Pädagogen über Heterogenität, demzufolge um ein soziales Klassifikationsinstrument, das in institutionellen Ordnungsbildungen, beispielsweise in und für Differenzierungen der Schülerschaft, eingesetzt werden kann.

Markus Emmerich und Ulrike Hormel[34] analysieren diejenigen Wissensformen, die mit Heterogenität einher gehen, und stellen auf diesem Wege heraus, dass die Verbindung pädagogischer Differenzierungsprozesse der Schülerschaft strukturell mit solchen Kategorien sozialer Differenz einhergehen, die sich größtenteils aus einem Fundus sozialstatistischen Vokabulars bedienten. Es handele sich zumeist um die Kategorien *Soziale Herkunft, Klasse, Schicht, Milieu, Geschlecht, Ethnizität, Kultur, Sprache, Migrationshintergrund, Lebenswelt, Lebensstil* etc., die auf schulpädagogisch relevante Begriffe hin interpretiert (Leistungsfähigkeit, -bereitschaft, Förderung, Begabung etc.) und in schulischen Prozessen aufgegriffen werden. Darin spiegele sich eine charakteristische „Versozialwissenschaftlichung der Pädagogik seit den 1960er Jahren“[35].

In schulischer Praxis getroffene Unterscheidungen basierten, so Emmerich und Hormel, indessen weniger auf einer wissenschaftlichen Expertise der Akteure über die soziale, kulturelle und sprachliche Herkunft, sondern vielmehr auf hoch selektiven, beobachterabhängigen Zuschreibungen. Unterscheidungen der Schülerschaft entlang von Heterogenität erzeugten auf diese Weise „ein spezifisch pädagogisches Konstrukt gesell-

---

33 Vgl. Karl Mannheim: „Wissenssoziologie“ in: Handwörterbuch der Soziologie, hrsg. von Alfred Vierkandt, Stuttgart, 1959, S. 659–680.

34 Vgl. Markus Emmerich, Ulrike Hormel, a.a.O.

35 a.a.O, u.a. S. 154

schaftlicher Wirklichkeit“[36]. Hierbei kann insbesondere Sprache und Mehrsprachigkeit hinsichtlich ihrer Wahrnehmung als auch Taxierung ihres sozialen Prestiges[37] seitens der professionellen Akteure eine erhebliche Rolle spielen.

Damit zeigt sich allerdings ein schulpädagogisches Novum, denn durchaus übliche und notwendige schul*interne* Differenzierungen (z.B. hinsichtlich unterschiedlicher Leistungsniveaus) können durch den *Heterogenitätsdiskurs* nun im Prinzip mit schul*externen* Kategorien verbunden werden. Die Zuschreibung von sozialer und/oder kultureller Herkunft kann auf diese Weise zur Erklärung ausbleibenden Bildungserfolgs herangezogen bzw. das sprachliche Vermögen aufgrund zugeschriebener Herkunft als vorausweisendes Kennzeichen zukünftiger Leistungsentwicklung von Schülerinnen und Schülern angesehen werden.[38]

Funktional für die Plausibilität dieses Klassifikationswissens scheint offenbar eine unterstellte realistische Sozialontologie zu sein, mittels de-

---

[36] a.a.O, u.a. S. 151

[37] Vgl. İnci Dirim: „„Wenn man mit Akzent spricht, denken die Leute, dass man auch mit Akzent denkt oder so‘. Zur Frage des (Neo-)Linguizismus in den Diskursen über die Sprache(n) der Migrationsgesellschaft“ In: Spannungsverhältnisse: Assimilationsdiskurse und interkulturell-pädagogische Forschung, hrsg. von Paul Mecheril, İnci Dirim, Mechthild Gomolla, Sabine Hornberg & Krassimir Stojanov, Münster, 2010, S. 91–114. Vgl. weiter Martina Weber: „„Ali Gymnasium“ – Soziale Differenzen von SchülerInnen aus der Perspektive von Lehrkräften“ in: Migration und Bildung. Über das Verhältnis von Anerkennung und Zumutung in der Einwanderungsgesellschaft, hrsg. von Franz Hamburger, Tarek Badawia, Merle Hummrich, Wiesbaden, 2005, S. 69–79. Besonders in der Fallstudie Webers wird deutlich, wie durch die sprachliche Performanz eines Vaters, der die Lehrkräfte davon überzeugen möchte, seinem Sohn eine Gymnasialempfehlung auszusprechen, Alltagstheorien und Einschätzungen seitens der Lehrer*innen über seinen Sohn zum Zusammenhang seiner zukünftigen Leistungsentwicklung und familiären Ressourcen aufgerufen werden. Aus dem gebrochenen Deutsch, das der Vater spricht, wird auf mangelhafte Unterstützungen seitens der Familie geschlossen, die aber notwendig seien, um die gymnasialen Anforderungen zu meistern.

[38] *Wie* das Wissen zur Unterscheidung aufgegriffen wird und mit welchen Effekten es in Praktiken zum Einsatz kommt, kann daher nur durch empirische Forschung beantwortet werden. Hier liegt ein enormer erziehungswissenschaftlicher Forschungsbedarf. Eine Analyse des *Heterogenitätsdiskurses* kann folglich nur beanspruchen, theoretisch zu plausibilisieren, welche Verknüpfungen strukturell möglich sind und welcher Logik sie folgen mögen. Sie kann aber nicht die empirische Rekonstruktion der schulpädagogischen Praxis durch die Analyse ersetzen.

rer davon ausgegangen werden kann, dass mit den in *Zuschreibungs*akten bezeichneten Gruppen tatsächlich auch *Real*gruppen zutreffend charakterisiert werden können. Welchen ontischen Stellenwert die aufgerufenen Kategorien für die Repräsentation von Gruppen aber überhaupt haben, ist empirisch und theoretisch fraglich und wird mit offenem Ausgang auch in der Bildungssoziologie diskutiert. Mit dieser Art eines pädagogisch interpretierten sozialwissenschaftlichen Realismus lässt sich schulisch dagegen sowohl Erfolg als auch Scheitern pädagogischer Zielsetzungen begründen. Hierin zeigt sich die Ambivalenz des *Heterogenitätstopos*. Wie das Wissen in schulischen Prozessen und Praktiken – z.B. Benotung oder Differenzierung – eingesetzt wird, ist dabei gänzlich offen. Das mit Heterogenität verbundene soziale Klassifikationswissen kann folglich in schulischen Differenzierungsprozessen zwar durchaus mit inklusiver Perspektive[39] eingesetzt werden, wie es eine positive Bezugnahme auf Differenz gern sähe. Doch lässt es sich ohne Weiteres auch unter umgekehrten Vorzeichen mit dem programmatisch ungewünschten Effekt der Exklusion einsetzen. Schulische Differenzierungspraktiken, die Schülerinnen und Schüler zu unterscheiden, erfüllten in diesem Fall dann relativ ungeschminkt Selektions- und Allokationsfunktionen der Schule, die im reformpädagogisch gestimmten Heterogenitätsdiskurs jedoch allzu oft und bereitwillig ausgeblendet werden.[40]

Gerade in Bezug auf die Kategorien *Ethnizität, Sprache* und *Kultur* liefern zwei, hier exemplarisch heranzuziehende Studien (Weber 2003[41]; Gomolla/Radtke 2009[3][42]) empirische Hinweise darauf, wie heterogenitätsrelevantes Unterscheidungswissen in Unterscheidungspraktiken[43] aufgegriffen wird. Sie zeigen beide, wenn auch unter verschiedenen grundlagentheoretischen Prämissen, wie seitens der Lehrkräfte aus Assoziationen von Zuschreibungen diverser *Kategorien sozialer und kultureller Her-*

---

39 Vgl. Annelore Prengel, Friederike Heinzel 2012 a.a.O.

40 Vgl. Trautmann/Wischer a.a.O.

41 Vgl. a.a.O.

42 Vgl. Mechthild Gomolla, Frank-Olaf Radtke: Institutionelle Diskriminierung. Die Herstellung ethnischer Differenz in der Schule, Wiesbaden, 2009.

43 Vgl. Thomas Geier: Grenzen auflösen, Grenzen ziehen: Unterscheidungswissen und Unterscheidungspraktiken in ihrer Bedeutung für soziokulturelle Bedingungen des Aufwachsens, Vortrag, unv. Manuskript, MLU Halle-Wittenberg, 2015.

kunft mit damit zu erwartenden Leistungsverläufen einerseits Schülerinnen- und Schülerkarrieren fremdselektiv mit diskriminierenden Effekten produziert werden, woraus andererseits benachteiligende Übergangsempfehlungen, Abschulungen oder Zurückstellungen resultieren. Neben der Beobachtung in beiden Studien, dass der Einfluss schulischer Strukturen auf mögliche und unmögliche Differenzierungsoptionen, die den Lehrkräften in Ausübung ihrer Tätigkeiten zur Verfügung stehen, deutlich wird, zeigt insbesondere die Untersuchung Institutionelle Diskriminierung von Mechthild Gomolla und Frank-Olaf Radtke[44], dass auch die bildungssoziologisch signifikanten Korrelationen zwischen *Migrationshintergrund* und *Bildungsbenachteiligung* mit Kausalität attribuiert werden können. Aus der erklärenden Klassifikation *Migrationshintergrund* wird *in praxi* also eine Begründung dafür, bestimmte Leistungen entweder gar nicht erst zu erwarten oder gleich davon auszugehen, dass diese nur erschwert, bzw. allenfalls mit besonderem Förderbedarf zu erreichen seien, woraus aber *de facto* Exklusionen der Schülerinnen und Schüler resultierten, die zu signifikanten Bildungsdisparitäten von Schülerpopulationen führten.

Exklusionseffekte durch den Einsatz klassifikatorischen Wissens hervorzurufen, mag dann zwar pädagogisch unerwünscht und unter meritokratischen Gesichtspunkten der Verteilung von Bildungsgütern illegitim sein. Doch können normativ aufgeladene pädagogische Wertsetzungen, wie sie sich im *Heterogenitätsdiskurs* sonst abzeichnen, an dieser Stelle nicht ausreichend davor bewahren, dass dies in der Praxis systematisch geschehen kann. Im Gegenteil ist zu vermuten, dass von außen an das schulische System herangetragene (Reform-)Erwartungen sich im eigenlogischen Vollzug[45] schulpädagogischer Praxis transformieren. Diesen Transformationsprozess gilt es aber, empirisch zu rekonstruieren statt ihn diskursiv zu kontrollieren, soll sich ein möglichst wirklichkeitsnahes Bild (schul-)pädagogischer Praxis ergeben.

Gegenüber einer – durchaus möglichen – kritischen Selbstreflexion und

44 Mechthild Gomolla und Frank-Olaf Radtke, a.a.O.

45 Vgl. insbesondere zur Eigenlogik pädagogischer Praxis Sandra Rademacher und Andreas Wernet: Struktur, Funktion und Eigenlogik. Schultheoretische Anmerkungen zum Verhältnis von Schule und Gesellschaft. In. Böhme, J. u.a. (Hrsg.): Schulkultur. Theoriebildung im Diskurs. Wiesbaden, 2015, S. 95–115.

einer systematischen empirischen Aufklärung eigenlogischer Vollzüge, treten im schulpädagogischen Diskurs an die Stelle, das eigene Beteiligtsein an Exklusionsprozessen zu analysieren, eine normative Aufladung von Heterogenität als solcher. Hierin spiegelt sich nicht nur, wie bereits konstatiert, die eigentümliche Gleichzeitigkeit von Diagnose und Lösung, sondern darin zeichnet sich eine weitere Besonderheit des Diskurses ab: Sobald in den Horizont der Aufmerksamkeit gerät, dass mit dem Verweis auf soziale Heterogenität auch Ausschlüsse verbunden sein oder bestehende Differenzordnungen schlicht bestätigt und reproduziert werden können, wird auf eine programmatische Ebene in der Argumentation gewechselt. Die Dialektik „soziale[r] Ungleichheit *im* und *durch* das Bildungswesen“[46] wird jedoch auf diese Weise stillgestellt. Das damit verbundene Problem aber im Diskurs bloß de-thematisiert.

3 Migrationsgesellschaftliche Reflexionspotenziale

Allerdings können derartige Prozesse rekonstruiert und auf diese Weise auch reflektiert werden. Selbstreflexion wäre dementsprechend in einer unverkürzten Thematisierung der (eigenen) pädagogischen Praxis zu suchen und zu realisieren. Dazu bedarf es einerseits empirischer Forschung[47] und andererseits begrifflicher Mittel zur kritischen Analyse, die sich nicht vorab bereits durch programmatische Normativität ihren Blick auf Praxis einschränken lässt, wie dies für den schulpädagogischen *Heterogenitätsdiskurs*, wie gesehen, kennzeichnend ist. Das begriffliche Instrumentarium dazu ließe sich aus einer *migrationsgesellschaftlichen Perspektive* auf Heterogenität als Differenzbegriff entwickeln. Sie resultiert aus der historischen Entwicklung, wie sie in einem Teil der sogenannten „Differenzpädagogiken“[48] bereits stattgefunden hat. Im engeren Sinne sind damit solche Pädagogiken gemeint, die eine über das Andere oder den/die Andere/n konstitu-

---

46 Marianne Krüger-Potratz, Helma Lutz:„Sitting at a crossroads – rekonstruktive und systematische Überlegungen zum wissenschaftlichen Umgang mit Differenzen“ in Tertium comparationis 8, Nr. 2, S. 81–92.

47 Vgl. Jürgen Budde u.a.: Männlichkeit und gymnasialer Alltag. Doing gender im heutigen Bildungssystem, Bielefeld, 2015.

48 Vgl. Marianne Krüger-Potratz 2005, a.a.O., S. 176.

ierte *kulturelle Differenz* thematisieren, verhandeln und zum Bezugspunkt des pädagogischen Handelns machen. Diese haben sich wesentlich in Folge der bundesdeutschen Gastarbeiter*innenmigration entwickelt. Im Laufe der Entwicklung dieser noch sehr jungen Fachdisziplin sind verschiedene Konzepte entstanden, die aus wechselseitiger Kritik an den Positionen der jeweiligen Vertreterinnen und Vertreter erfolgte. Die fachlichen Konzeptionen fasst Arnd-Michael Nohl[49] zusammen als *Assimilationspädagogik*, *klassische Interkulturelle Pädagogik* und *Antidiskriminierungspädagogik* sowie reflexive Weiterführungen *Interkultureller Pädagogik*, wie z.B. die *Migrationspädagogik*.

Im Kontext von Migration hat sich eine Pädagogik der Differenz zunächst als *Ausländerpädagogik* langsam und allmählich etabliert. Treffender zu deren Bezeichnung ist allerdings der Begriff *Assimilationspädagogik*. Darin spiegelte sich der gesellschaftliche Wandel durch Migrationsprozesse der Nachkriegszeit in Westdeutschland. Im Anschluss an den Anwerbestopp der sogenannten Gastarbeiterinnen und Gastarbeiter von 1973 und seine politisch nicht intendierte Folge eines verstärkten Familiennachzugs wurden deren Kinder und Jugendliche als spezifisches Klientel für die Pädagogik erst allmählich *entdeckt*; und dies, obwohl bereits seit 1961 die allgemeine Schulpflicht auch für ausländische Kinder mit gesichertem Aufenthaltsstatus galt. Die politische Strategie der damaligen Pädagoginnen und Pädagogen (prominent u.a. Ursula Boos-Nünning) bestand darin, die spezifischen Belange dieser Kinder sichtbar zu machen und sie damit zur Geltung zu bringen. Es wurde allerdings mit starken Defizitannahmen über deren differente kulturelle bzw. ethnische Herkunft (keine oder mangelnde Kenntnisse in deutscher Sprache und vormoderne Sozialisation) gearbeitet. Dem wurde mittels einer kompensatorischen Pädagogik, organisiert in dominant segregierten pädagogischen Organisationseinheiten begegnet – damals „Vorbereitungs-“ und eigenständige „National-“ oder „Ausländerklassen“[50].[51]

---

[49] Vgl. Arndt-Michael Nohl: Konzepte interkultureller Pädagogik. Eine systematische Einführung, Bad Heilbrunn, 2010.

[50] Heidrun Czock: Der Fall Ausländerpädagogik: Erziehungswissenschaftlich und bildungspolitische Codierung der Arbeitsmigration, Frankfurt a.M., 1993.

[51] Aktuell lassen sich solche segregativen Maßnahmen wieder im Zusammenhang mit der

Sowohl die Defizitorientierung als auch die sozialisationstheoretische Hypothese kulturell bedingter Modernitätsdifferenz wurden alsbald kritisiert. Darin kündigte sich ein *erster Reflexionsprozess* auf die eigene fachliche Perspektive an. Defizite ließen sich nur aufgrund eines Maßstabes feststellen. Maß genommen wurde am sakrosankten und paternalistischen normativ-kulturellen Selbstverständnis, das in den Institutionen von den Mehrheitsangehörigen gegenüber den Minderheitsangehörigen vertreten wurde – wenn auch mit den besten Absichten. Bildungspolitisch (so die KMK-Empfehlungen der 1970er Jahre) ging es um die Doppelorientierung an gesellschaftlicher Assimilation oder Rückkehr der Migrantinnen und Migranten. Dies konnte zu teils höchst widersprüchlichen Maßnahmen führen. Mit dem Erhalt der „Rückkehrfähigkeit" wurde zum einen das Angebot sogenannten muttersprachlichen Unterrichts für Migrantenkinder begründet, wie umgekehrt auch mangelnde Sprachkompetenzen in der deutschen Sprache stets zur Begründung schulischer Segregation herangezogen wurden.[52]

Die Vertreterinnen und Vertreter einer *Interkulturellen Pädagogik* (z.B. Georg Auernheimer, Wolfgang Nike) stellten in Folge der Kritik epistemisch und handlungsregulativ von Defizit auf Differenz um. Herkunftskulturen sollten zwar unterschiedlich, aber dennoch gleichwertig angesehen, anerkannt und auf dieser Grundlage pädagogisch adressiert werden. Kulturelle Differenz wurde durch diese politisch-normative Intervention, gestützt auf das Gesellschaftsmodell des Multikulturalismus, nun anders *bewertet*. Wiederum zeichnete sich eine, wenn auch ganz andere, doppelte Strategie ab: Die Interkulturellen Pädagoginnen und Pädagogen sollten einerseits die solidarische Anwaltschaft von Einwanderinnen und Einwanderern übernehmen und sie dadurch in ihren gesellschaftlichen Kämpfen um Anerkennung ihrer differenten kulturellen Identität unterstützen. Andererseits

---

Beschulung von Flüchtlingskindern in Form von Vorbereitungsklassen oder Willkommensklassen finden (vgl. zur nicht nur damit verbundenen Figur des *Seiteneinsteigers* Paul Mecheril, Saphira Shure: „Natio-ethno-kulturelle Zugehörigkeitsordnungen – über die Unterscheidungspraxis „Seiteneinsteiger" „ in Soziale Konstruktionen in Schule und Unterricht. Zu den Kategorien Leistung, Migration, Geschlecht, Behinderung, Soziale Herkunft und deren Interdependenzen, hrsg. von Karin Bräu, Christine Schlickum, 2015, S. 109–121.

52 Vgl. Birgit Zur Nieden und Juliane Karakayalı a.a.O.

sollten sie den Abbau von stereotypen Vorurteilen der nicht-migrantischen Bevölkerung gegenüber den Neuhinzugekommenen z. B. durch *Begegnung* pädagogisch initiieren. Migrationssoziologisch betrachtet, zeigt sich darin nicht zuletzt auch der politisch heftig umkämpfte Paradigmenwechsel von der Gastarbeiter- zur Einwanderungsmigration.

Seit dem Ende der 1980er Jahre zeichnet sich sodann ein durch weitere Selbstkritik angestoßener *zweiter Reflexionsprozess* über die eigenen Bezüge, und zwar *Kultur und Ethnizität* sowie *Inter- und Multikulturalität* ab. Die eine Stoßrichtung der Kritik betrifft die identifizierende Subsumtionslogik einer „Kategorisierung von Individuen als Angehörige kulturell und ethnisch gefasster Gruppen“[53]. Die andere Stoßrichtung problematisiert die doch erheblich unterkomplexe Reduktion von Ungleichheitsverhältnissen moderner Gesellschaften auf unterstellte Kulturkonflikte, mit der die ökonomischen, rechtlichen, sozialen und politischen Dimensionen ausgeblendet werden. Darin wurde das Risiko gesehen, bloß einen „pädagogisch halbierte[n] Anti-Rassismus“[54] zu betreiben. Die Kulturalisierungs- und Ethnisierungskritik trifft die fachliche Disziplin der *Interkulturellen Pädagogik* aber in ihrem sozialen Wirklichkeitsbezug, wie er sich kaum deutlicher als im dort verwendeten Kulturbegriff zeigte.[55] Trotzdem immanent zwar stets behauptet wurde, von einem dynamischen und flexiblen und damit prinzipiell offenen Kulturbegriff auszugehen[56], offenbarte die *Interkulturelle Pädagogik* doch *in praxi* hingegen deutlich, ihre Adressatinnen und Adressaten als kleine Vertreterinnen und Vertreter national-ethnisch ausgeformter Kulturen oder Subkulturen anzusehen und damit ethnische und kulturelle Differenzen kontraintentional zu verfestigen.

Auswege aus diesem Dilemma Interkultureller Pädagogik[57], zwar

---

[53] Markus Emmerich und Ulrike Hormel a.a.O., S. 132f

[54] Frank-Olaf Radtke: „Interkulturelle Erziehung. Über die Gefahr eines pädagogisch halbierten Anti-Rassismus“ in: Zeitschrift für Pädagogik, 41, S. 853–864.

[55] Ungeachtet dessen werden beide Topoi ausländerpädagogischer oder interkulturell pädagogischer Praxis dennoch ungebrochen bis heute vertreten.

[56] Georg Auernheimer: Einführung in die interkulturelle Pädagogik, Darmstadt, 2007.

[57] Isabell Diehm: „Interkulturelle Pädagogik: Die programmatische Antwort auf wachsende Heterogenität in Schule und Unterricht“ in: Heterogenität als Chance. Vom produktiven Umgang mit Gleichheit und Differenz in der Schule, hrsg. von K. Bräu, U. Schwerdt, Münster, 2005, S. 85–94.

stets von kulturellen Differenzen ausgehen zu müssen, sie dann aber in pädagogischer Praxis nicht länger mehr beachten zu sollen, lassen sich dann *erstens* innerhalb der *Antidiskriminierungspädagogik* finden. Systemtheoretisch informiert, stellen deren Vertreterinnen und Vertreter (Bukow/Llaryora 1988[58], Bommes 1999[59], Diehm/Radtke 1999[60]) epistemisch um von kultureller Differenz als einer *Wesens*kategorie auf eine *Beobachtungs*kategorie. Sie unterscheiden in der Analyse pädagogischer Praxis folglich zwischen Kultur als Beobachtung erster und zweiter Ordnung. Während Beobachtungen erster Ordnung nur zu unzulänglichen Kulturalisierungen führen können, lässt sich in der zweiten Ordnung der soziale „Gebrauch von Zuschreibungen" wie Kultur und Ethnie in askriptiven Prozessen beobachten.[61] Im Fokus stehen damit nun Untersuchungen von schulischen und außerschulischen, institutionellen und interaktionellen Diskriminierungsprozessen. Der/die Migrant/in, das „wandernde Individuum"[62] und seine ethnisch-kulturelle Differenz, wird, so betrachtet, allererst durch die Prozesse des Unterscheidens erzeugt. – Prozesse die sich auch der Eigenlogik schulischer Rationalität und pädagogischer Programmatiken verdanken!

Einen anderen Ausweg wählten *zweitens* Pädagoginnen und Pädagogen wie Franz Hamburger, in dem sie *Reflexivität* zur konstitutiven Bedingung der pädagogischen Arbeit mit einem nun tatsächlich dynamisierten Kulturbegriff als Grundlage machten. Oder sie gingen wie Paul Mecheril vor, der einer „Essenzialisierung kultureller Zugehörigkeit"[63] mit einer machttheo-

---

58 Wolf-Dietrich Bukow, Roberto Llaryora: Mitbürger aus der Fremde. Soziogenese ethnischer Minderheiten, Opladen, 1988.

59 Michael Bommes: Migration und Nationaler Wohlfahrtsstaat. Ein differenzierungstheoretischer Entwurf, Opladen/Wiesbaden, 1999.

60 Isabell Diehm, Frank-Olaf Radtke: Erziehung und Migration. Eine Einführung, Stuttgart/Berlin/Köln, 1999.

61 Vgl. auch Michael Bommes, Albert Scherr: Der Gebrauchswert von Selbst- und Fremdethnisierung in Strukturen sozialer Ungleichheit, Prokla 21. Heft 83, 1991, S. 291–316.

62 Frank-Olaf Radtke: Schulversagen. Migrantenkinder als Objekt der Politik, der Wissenschaft und der Publikumsmedien, https://mediendienst-integration.de/fileadmin/Dateien/Essay_FOR_Schulversagen_MDI_final.pdf, 2013.

63 Paul Mecheril: Einführung in die Migrationspädagogik, Weinheim/Basel, 2004.

retischen und rassismuskritischen Perspektive[64] auf „hybride Identitäten" und „natio-ethno-kulturelle Mehrfachzugehörigkeiten" begegnete. Hierbei spielen Einfluss und Rezeption der *cultural* oder *postcolonial studies* der Birmingham school (CCCS) eine gewichtige Rolle. Kultur und Ethnizität sind demzufolge keine sozialontologischen Tatsachen oder vorsozialen Eigenschaften von Individuen, sondern arbiträre Zeichen, die zur symbolischen Konstruktion und Imagination von Identitäten herangezogen und in einem machtförmigen Prozess in pädagogischen Praktiken ausgehandelt werden. *Reflexive interkulturelle Pädagogik* oder *Migrationspädagogik* basieren somit auf einer poststrukturalistischen Zeichentheorie und einer dekonstruktiven Identitätspolitik. Vor diesem Hintergrund treten dann auch die anerkennungstheoretischen Probleme der *Interkulturellen Pädagogik* insbesondere zu Tage. Denn: In einer Anerkennung inkommensurabel Differenter liegt stets die Gefahr, das Differente zu ontologisieren, muss doch zwangsläufig eine anerkennenswerte Identität irgendwie vorliegen, um sie anzuerkennen. Zudem droht in einem ohnehin asymmetrischen pädagogischen Verhältnis, den Anderen auf diese Identität festzuschreiben, die ihn eben zu diesem Anderen erst macht. Ein Prozess, der in den Postkolonialen Studien[65] als *othering*[66] bezeichnet wird.

4 Selbstreflexives Wissen um Heterogenität in pädagogischer Kasuistik

Die hier nun wiedergegebenen Selbstkritiken, wie sie innerhalb der Entwicklung der „mit Differenz befassten Pädagogiken"[67] entstanden und geübt wurden, lassen sich als ein Reflexionsangebot verstehen, das auch im schulpädagogischen Heterogenitätsdiskurs, wie er skizziert und analysiert wurde, durchaus angenommen werden kann. Denn ein solcher Selbstrefle-

64 Vgl. Stuart Hall: Rassismus und kulturelle Identität. Ausgewählte Schriften 2, Hamburg, 1994.

65 Vgl. María do Mar Castro Varela, Nikita Dhawan: Postkoloniale Theorie. Eine kritische Einführung. 2. Kompl. überarb. Aufl., Bielefeld, 2015.

66 Vgl. Edward Said: Orientalism. Western Representations of the Orient, London, 1978.

67 a.a.O.

xionsprozess steht für eine heterogenitätsorientierte Pädagogik noch weitgehend aus.

Das Angebot zur Reflexion anzunehmen, würde zum einen ermöglichen, den Wirklichkeitsgehalt heterogenitätsrelevanter Klassifikationen und Kategorisierungen, die in der pädagogischen Arbeit aufgegriffen und zugeschrieben werden, zu problematisieren. Dafür wäre es nicht unbedingt erforderlich, in Gänze einen sozialkonstruktivistischen Standpunkt einnehmen zu müssen. Denn selbst noch in dem Fall, in dem davon ausgegangen wird, dass es kulturell verschieden geprägte Dispositionen und Orientierungen gibt, werden diese in den pädagogischen Organisationen, wie der Schule, aufgegriffen, interpretiert und bearbeitet. Sie unterliegen also einem ständigen institutionellen Interpretationsprozess, in dem sie nicht länger dieselben wie zuvor bleiben. Dieser Interpretationsprozess konstruiert aber, wie sich mit Bezug zur Dekonstruktion der *Interkulturellen Pädagogik* vorangegangen zeigen ließ, diejenige *kulturelle Differenz* zuallererst, die dann auf die derart Interpretierten zurückweist. Sie müssen sich, einmal beschrieben, markiert und etikettiert, mit den Folgen dieser Askriptionen auseinandersetzen.

Daraus ergibt sich, die Frage danach zu stellen, welcher Gebrauch von sozialwissenschaftlichen Kategorien im Zusammenhang mit dem Heterogenitätstopos in pädagogischer Praxis gemacht wird und auf welche Weise die aufgerufenen Kategorien mit pädagogischer Relevanz ausgestattet werden. Aus rassismuskritischer Perspektive ist darauf hinzuweisen, dass ein besonderes Risiko für Schule darin liegt, Differenzkategorien zu *naturalisieren*. Aufmerksamkeit gebührt daher insbesondere pädagogischen Konzepten von Begabung, wenn sich diese mit dem *Heterogenitätstopos* verbinden.

Mit Blick auf Migrationspädagogik[68] wäre es jedoch nicht nur möglich, die Zugehörigkeit eines Individuums zu einer Gruppe (*groupism*[69]) aufgrund von Askriptionen sozialer Kategorien zu problematisieren, sondern es ließen sich die sozialen Logiken schulischer Praxis, sie zuzuschreiben, vor dem entwickelten Hintergrund als Eigenlogik institutionalisier-

[68] Paul Mecheril: Einführung in die Migrationspädagogik. Weinheim/Basel, 2004.

[69] Rogers Brubaker: Ethnicity without Groups, Cambridge, 2004.

ter pädagogischer Praxis auch als Diskriminierungen kritisieren und ihre Bedeutsamkeit damit in Frage stellen. In derartigen Zugehörigkeitslogiken kommen, wie gesehen, Verknüpfungen von sozialen Klassifikationen und ihrer pädagogischen Sinnzuschreibung zum Ausdruck. Die Lehrkräfte greifen auf diesbezügliches Deutungswissen zurück, das sich aus unterschiedlichen, nicht nur pädagogischen und erziehungswissenschaftlichen, sondern auch allgemeinen gesellschaftlichen, öffentlichen und medialen Diskursen über soziale Klassifikationen und Zugehörigkeiten (*Ausländer, Migrant/innen, Nichtherkunftsdeutschsprechende, Muslime, Bildungsferne* etc.) speist. Worauf je situativ unter institutionellen Bedingungen zurückgegriffen wird, unterliegt der Interpretation seitens der Professionellen und ihrer organisationalen Rahmung, wie es durch Bildungspläne, Curricula, Schulkultur, schulische Regeln, Normierungen, Gewohnheiten, Umfeld u.v.m. zum Ausdruck kommt. Das Deutungswissen und dessen interaktionslogische Aushandlungen gilt es, in schulpädagogischer Forschung empirisch zu heben und in der Lehramtsausbildung zum Gegenstand fallbezogener Analysen zu machen, soll eine professionsbezogene Reflexion stattfinden.

Um die selbstkritische Diskussion des *Heterogenitätstopos* empirisch zu fundieren, sind daher rekonstruktionslogische und praxeologische Studien aus der erziehungswissenschaftlichen Schulpädagogik heranzuziehen. Ziel dessen sollte eine kasuistische Empirie sein, mittels derer aufgeklärt werden könnte, wie das Wissen um Heterogenität in schulischen Praktiken zur Unterscheidung in (äußeren, inneren, latenten oder manifesten) Differenzierungsprozessen aufgerufen wird und sich fallbezogen ausformt: wie also durch bedeutsame Zuschreibungen, die von den Akteuren als sozial und pädagogisch relevant erachtet werden, Differenzen hervorgebracht werden und mit welchen Konsequenzen dies für die derart Zugeschriebenen geschieht; wie und wodurch letztlich Unterschiede gemacht werden, die einen Unterschied machen?[70]

---

70 Zu klären wäre: Was passiert in der Schule mit dem Wissen über Heterogenität? Wann wird auf welche Weise welcher Unterschied unter welchen Bedingungen gemacht? Welche Rolle spielen dabei die heterogenitätsrelevanten Askriptionen wie z.B. *Kulturelle Differenz, Ethnizität, Migrationshintergrund* oder *Gender*, die zur Unterscheidung herangezogen werden? Wie werden diese mit pädagogischem Sinn (Leistung, Förderung

Mit Blick auf Forschungsarbeiten etwa zu Unterrichtssettings[71] und weiteren pädagogischen Praktiken[72] oder in der Beobachtung hochschulischer Praktika[73], wird exemplarisch deutlich, dass damit verbundene Zugehörigkeitslogiken in ihrer Alltäglichkeit rekonstruiert werden müssen. Auch ließe sich an die vielen verschiedenen ethnographischen Arbeiten anknüpfen, wie sie zum Thema „(un-)doing-gender"[74] oder „(un-)doing-ethnicity"[75] entstanden sind. Schultheoretisch böten sich Bezüge zur Schulkulturtheorie von Werner Helsper[76] und zur strukturalistischen Professionalisierungstheorie pädagogischen Handelns[77] an. Die Spannung des mit dem *Heterogenitätstopos* benannten strukturellen Problems, wie es einerseits ermöglicht werden kann, die pädagogische Arbeit an denjenigen vielfältigen kollektiven Lebensweisen und Lebensformen auszurichten, welche die sozialen Voraussetzungen für die Lernenden bedeuten, und sich andererseits ebenso an der persönlichen Bildungsgeschichte des Individuums zu orien-

---

etc.) verknüpft? Wie werden diese ausgehandelt? Welche In- und Exklusionen sind damit verbunden?

71 Vgl. Thomas Geier: Interkultureller Unterricht. Inszenierung der Einheit des Differenten, Wiesbaden, 2011.

72 Vgl. Nadine Rose: „Differenz(en) aufrufen. Oder: wie ‚Migrationsandere' in der Schule erscheinen" in: Migration: Auflösungen und Grenzziehungen. Perspektiven einer erziehungswissenschaftlichen Migrationsforschung, hrsg. von Thomas Geier, Katrin U. Zaborowski, Wiesbaden, 2016.

73 Vgl. Thomas Geier, Astrid Messerschmidt: „Schulpraktika in alltagsrassistischen Dominanzverhältnissen" In: Erziehung und Wissenschaft. (i. E.)

74 etwa Jürgen Budde et al.: Geschlechtergerechtigkeit in der Schule. Eine Studie zu Chancen, Blockaden und Perspektiven einer gender-sensiblen Schulkultur, Weinheim/München, 2008.

75 z.B. Isabell Diehm, Melanie Kuhn, Claudia Machold: „Der Umgang mit ethnischer Heterogenität im Anfangsunterricht. Prämissen und Implikationen Interkultureller Pädagogik und ihr anhaltendes Empiriedefizit" in: Sachunterricht im Anfangsunterricht. Lernen im Anschluss an den Kindergarten. Baltmannsweiler, hrsg von E. Gläser, Baltmannsweiler, 2007, S. 177–191.

76 Vgl. Werner Helsper, Jeanette Böhme, Rolf-Torsten Kramer, Angelika Lingkost: Schulkultur und Schulmythos. Rekonstruktionen zur Schulkultur 1, Opladen, 2001.
Vgl. Jeantette Böhme, Merle Hummrich, Rolf-Torsten Kramer (Hg.): Schulkultur. Theoriebildung im Diskurs. Wiesbaden, 2015.

77 Vgl. Ulrich Oevermann: „Theoretische Skizze einer revidierten Theorie professionalisierten Handelns" in: Pädagogische Professionalität, hrsg. von Arno Combe, Werner Helsper, Frankfurt am Main, 1996, S. 70–182.

tieren, kommt mit den Antinomien von Subsumtion versus Rekonstruktion sowie Einheit/Gleichheit versus Differenz unverkürzt als pädagogisches Handlungsproblem in den Blick.[78] Diesen gilt es, diskriminierungstheoretisch[79] in reflexiver Absicht zu erweitern.

Einem subjektlosen systemtheoretischen Standpunkt, wie ihn Emmerich und Hormel in Bezug auf eine Theorie pädagogischer Praxis implizit vertreten, sollte, auch wenn dieser ein wichtiges Korrektiv von voluntaristischen Handlungstheorien in der Pädagogik darstellt, daher eine akteursbezogene Perspektive vorgezogen werden. Schule ist nicht allein aus der Systemautopoiesis interner Kommunikationen und selektiver Verknüpfungen beispielsweise von Differenzierungsstrukturen und Leistungssemantik vollständig zu beschreiben. In dieser Abstraktion läge selbst eine unzulässige gegenstandstheoretische Reduktion der pädagogischen Wirklichkeit, die dann folgend ausschließlich mit den Mitteln der systemtheoretischen Organisationstheorie bloß noch zu analysieren wäre. Die schulischen Pädagoginnen und Pädagogen sind nicht vollständig determiniert durch *ex ante* bereits feststehende Strukturen, standardisierte Rollen und Kommunikationsprozesse, denen sie bloß nachträglich noch mittels pädagogischer Semantiken Sinn zuschreiben. Auch wenn ihr Handeln umgekehrt ebenso wenig vollständig in ihren Intentionen aufgeht, sind sie nichtsdestoweniger als Akteure ihrer Praxis gerade in dieser relativen Freiheit ernst zu nehmen.

In der Lehramtsausbildung sollten angehende Lehrkräfte daher mit einer forschungsbasierten Heterogenitätskasuistik konfrontiert werden. Auf diesem Wege träten in der Analyse und Rekonstruktion von Fällen schulischer Praxis (etwa über Unterrichtstranskripte, Schulethnographien oder Interviews mit Lehrenden) alltagstheoretisches, gleichwohl relevantes migrationsgesellschaftliches Deutungswissen hervor, das auf diesem Wege re-

[78] Vgl. Werner Helsper: „Antinomien des Lehrerhandelns in modernisierten pädagogischen Kulturen: Paradoxe Verwendungsweisen von Autonomie und Selbstverantwortlichkeit" in: Pädagogische Professionalität, hrsg. von Arno Combe und Werner Helsper, Frankfurt a.M., 1996, S. 521–570. Vgl. Werner Helsper: „Pädagogische Professionalität als Gegenstand des erziehungswissenschaftlichen Diskurses" in: Zeitschrift für Pädagogik, Heft 3, Wiesbaden, 2004, S. 303–309.

[79] Vgl. Albert Scherr: Diskriminierung und soziale Ungleichheiten. Wie Unterschiede und Benachteiligungen gesellschaftlich hergestellt werden,. Wiesbaden, 2016.

flexiv zum Gegenstand der Lehrerinnen- und Lehrerbildung zu machen wäre.[80]

5 Ausblick auf Fachdidaktik Philosophie im Kontext sprachlicher Bildung

Für die fachdidaktische Diskussion über eine mehrsprachige Didaktik ergibt sich aus den vorgenannten Überlegungen folgendes. Die Sprachabhängigkeit des philosophischen Gedankens oder Sprache als Medium des Philosophierens in der Fachdidaktik zu diskutieren, wäre mit einem Blick auf die soziale Konstitution des Unterrichtens und des Unterrichts[81] im Zusammenhang mit Mehrsprachigkeit notwendiger Weise zu ergänzen.

Die hier umrissene Diskussion der Heterogenitätsdebatte liefert dazu zweierlei: zum einen eine Perspektive darauf, wie durch unterrichtliche Prozesse im Allgemeinen und damit auch im besonderen Falle des Philosophieunterrichts (sprachliche) Heterogenität als Unterscheidungswissen und –praxis prozessiert wird.[82] Sprache ist nicht ausschließlich als Medium fachlicher Kommunikation, sondern auch als Kennzeichen sozialer Unterscheidungen zu betrachten. Zum anderen liefert die Diskussion einen erziehungswissenschaftlichen Standard *migrationsgesellschaftlicher* Forschung, der für eine sprachsensible Fachdidaktik auch im Fach Philosophie als Reflexionsfolie unverzichtbar ist, soll die disziplinpolitisch erwünschte Verbindung aus Erziehungswissenschaft und Fachdidaktik weiter voran schreiten bzw. ausgebaut werden.

Fachdidaktik hat zwar gegenüber der allgemeinen Didaktik ihren Vorteil im fachspezifischen Bezug zur zu vermittelnden Sache. In der konkreten Vermittlung aber, die sich beispielsweise als Aufgabe einer wechselsei-

80 Vgl. Thomas Geier: „Reflexivität und Fallarbeit. – Skizze zur pädagogischen Professionalität von Lehrerinnen und Lehrern in der Migrationsgesellschaft“ in: Pädagogisches Können in der Migrationsgesellschaft, hrsg. von Yasemin Karakaşoğlu, Paul Mecheril, Aysun Doğmuş.Wiesbaden, 2016, S. 179–196.

81 Vgl. Thomas Geier, Marion Pollmanns (Hg.): Was ist Unterricht? Zur Konstitution einer pädagogischen Form, Wiesbaden, 2016.

82 Vgl. Geier 2015 a.a.O.

tigen Erschließung von Ich und Welt[83] oder, wenn man so will, von Person und Sache[84] stellt, kommt allerdings die Seite der Schülerinnen und Schüler in Bezug auf ihre sozialen, lebensweltlichen und gesellschaftlichen Voraussetzungen in den Blick. Diese sind im Vorangegangenen mit dem *Heterogenitätstopos* bezeichnet und diskutiert worden. Einer naiven Bezugnahme auf Kennzeichen *sprachlicher Heterogenität* wäre aus diskriminierungstheoretischer Sicht, wie zuvor entwickelt, vorzubeugen, damit Schule in ihrem Beitrag zur (Re-)Produktion sozialer Unterscheidungen und damit sozialer Ungleichheit zum Gegenstand einer reflexiven Analyse gemacht werden kann.

Darin ließe sich Mehrsprachigkeit bildungsbezogen als soziale, lebensweltliche und gesellschaftliche Bedingung der Möglichkeit für Unterrichtsprozesse im Kontext einer Migrationsgesellschaft verstehen. Sprachen oder Sprachpraxen auf Seite der Schülerinnen und Schüler zu identifizieren und ihre sprachlichen Fähigkeiten zu bilden, findet aber auch im Unterricht nicht jenseits ihrer gesellschaftlichen Vermitteltheit statt. Aus diesem Grunde müssen auch in der Fachdidaktik diejenigen Prozesse reflektiert werden, mit denen sprachliche Heterogenität eingeführt wird, womit wiederum Kulturalisierungen und Ethnisierungen potenziell einher gehen. Die fachdidaktische Perspektive auf die Sache der Philosophie, die hinsichtlich ihrer sprachlichen Bezüge zumeist im Vordergrund steht, ist also durch eine *migrationsgesellschaftliche* Perspektive auf die soziale Unterrichtspraxis zu ergänzen; die gesellschaftliche Situiertheit der fachdidaktischen Sache in Bezug auf soziale Zugehörigkeiten und Logiken, sie zuzuschreiben, ist zum Gegenstand auch der fachdidaktischen Analyse zu machen.

Das Fragezeichen, mit dem der Titel des Beitrages endet, verweist folglich auf eine dem *Heterogenitätstopos* gebotene Skepsis, da dieser unlösbar mit askriptiven Zugehörigkeiten und ihrer Logik, sie in schulischen Prozessen zuzuschreiben, verbunden ist. – Jenseits dessen liegt vielleicht nur die „Gemeinsamkeit unmöglicher Zugehörigkeit“, wie die Bildungsphilosophin Rita Casale dies zum Ausdruck bringt.

---

83 Vgl. Wolfgang Klafki: Neue Studien zur Bildungstheorie und Didaktik. Zeitgemäße Allgemeinbildung und kritisch-konstruktive Didaktik, Weinheim, Basel, 1991 [1963].

84 Vgl. Helsper 2004 a.a.O.

Bildung und Identität im philosophischen Gespräch. Interkulturelle Gespräche in sprachlich heterogenen Lerngruppen im Philosophieunterricht

Hans Friesen

Einleitung

In seinem Dialog *Phaidros* sowie in seinem sogenannten „Siebenten Brief" hatte bekanntlich Platon schon die Auffassung vertreten, dass die philosophische Wahrheit nicht einfach aufgeschrieben werden kann.[1] Sokrates und Platon haben nicht wie Aristoteles und Kant philosophische Traktate geschrieben, die systematisch und logisch eine bestimmte These entwickeln und begründen, sondern konkrete philosophische Gespräche geführt. Das ‚wahre Wissen' ist für sie nur im Gespräch selbst gegenwärtig, in dem verschiedene Standpunkte beispielsweise auch über das Gespräch vorgestellt und dann auf ihre Tragfähigkeit hin überprüft werden können.

Der zentrale Punkt dieser Vorüberlegungen zur Grundlegung eines selbstreflexiven philosophischen Unterrichtsgesprächs besteht in der These, dass die Erforschung des Gesprächs mit der Arbeit in einer Gesprächsgruppe zu beginnen wäre, d.h. in einem Gespräch das Gespräch zu thematisieren, um auf diese Weise nicht nur eine wirklich grundlegende und angemessene Diskussion über das Gespräch in Gang zu setzen, sondern auch

[1] Vgl. Platon: Der siebente Brief, übers. u. hrsg. v. Ernst Howald, Stuttgart, 1964. S. 34. Vgl. auch Hermann Gundert: Der Platonische Dialog, Heidelberg, 1968. Vgl. weiterhin Hermann Gundert: Dialog und Dialektik. Zur Struktur des platonischen Dialogs, Amsterdam, 1971. S. 4–12. Vgl. ebenfalls Rolf Geiger: Dialektische Tugenden. Untersuchungen zur Gesprächsform in den Platonischen Dialogen, Paderborn, 2006. Hans-Georg Gadamer: Platos dialektische Ethik, Hamburg, 2000.

eine überzeugende neue Bestimmung der Grundelemente des Gesprächs und ihrer Verhältnisse zu erzielen. In diesen Vorüberlegungen zum Thema der Erforschung des Gesprächs im Unterricht, das im Sinne eines Verfahrens der Selbstaufklärung des Gesprächs zu verstehen ist, sollte es vor allem auch um die Freilegung der Grundelemente *eines jeden* Gesprächs gehen. Nach meiner Auffassung bestehen diese Grundelemente in den Werten und Belangen von „Ich“ und „Wir“, die kulturell betrachtet heute allerdings sehr unterschiedlich gewichtet und verwendet werden. Diese kulturell unterschiedliche Verwendung der Personalpronomina Ich und Wir zeigt sich im Grunde darin, dass die westlichen Kulturen sich zum Wert des Individuums und seiner Freiheit bekennen, während sich die nicht-westlichen Kulturen auf den Wert der Gemeinschaft, in der für alle gesorgt wird, konzentrieren.[2] Obwohl man Hypostasierungen dieser kulturellen Konstellationen aus migrationspädagogischer Perspektive heute nicht mehr bedenkenlos anerkennt bzw. zurecht kritisiert[3], werden die in der Regel historisch entstandenen massiven kulturellen Unterschiede sowohl im „Westen“ (d.h. Abendland, Okzident, American Way of Life etc.) als auch im „Nicht-Westen“[4] (d.h. Morgenland, Orient, der Nahe Osten, der Ferne Osten etc.) oftmals unterschätzt; sie werden im Hinblick auf die gewohnten Verhaltens- und Handlungsweisen größtenteils nicht beachtet; nur in seltenen Fällen werden die eigenen und/oder fremden Handlungen in Bezug auf die jeweiligen kulturbedingten Voraussetzungen reflektiert. Dabei sind Kenntnisse über die eigenen und fremden kulturellen Wertorientierungen die ausschlaggebende Voraussetzung dafür, das interkulturelle Handeln wahrhaftig konsens- und/oder erfolgsorientiert gestalten zu können. Das gilt für Wirtschaft und Gesellschaft und freilich desgleichen für den Unterricht in der Schule.

---

2 Vgl. dazu allgemein Leopold von Wiese: Das Ich-Wir-Verhältnis, Berlin, 1962. Vgl. auch Heinz Kimmerle: Entwurf einer Philosophie des Wir. Schule des alternativen Denkens, Bochum, 1983.

3 Vgl. Paul Mecheril: Das Anliegen der Migrationspädagogik. In: Rudolf Leiprecht/Anja Steinbach (Hg.): Schule in der Migrationsgesellschaft. Ein Handbuch. Schwalbach, 2015, S. 25–53 sowie den Beitrag von Thomas Geier in diesem Band.

4 Zu dieser Einteilung vgl. etwa Amartya Sen: Die Identitätsfalle. Warum es keinen Krieg der Kulturen gibt, München, 2007, S. 96ff. Über die Unterscheidung „Westen“ und „Nicht-Westen“ hinausgehend benutzt Sen auch den Begriff „Antiwesten“, der hier aber nicht eigens thematisiert werden soll.

Vor allem der niederländische Kultur- und Sozialwissenschaftler Geert Hofstede hat wieder und wieder gezeigt, dass Menschen nicht-westlicher Kulturen bevorzugt ein der eigenen sozialen Gruppe gegenüber loyales Verhalten zeigen, ein sich perfekt in das Wertesystem der Harmonie einpassendes hohes Maß an Kooperationsbereitschaft besitzen und Verantwortung normalerweise auf ein Minimum reduzieren, während Menschen westlicher Kulturen sich vorwiegend auf sich selbst verlassen und insofern eher allein handeln, um möglichst ein hohes Maß an Unabhängigkeit und Kontrolle aufrechtzuerhalten.[5] Sicherlich sind diese Abgrenzungen, die heute gewiss bereits einige Ausnahmen in der Form von komplexen hybriden Identitätsentwürfen zulassen, nicht in jedem Fall sinnvoll. Denn auch innerhalb von Deutschland lassen sich stark unterschiedliche Kulturen ausmachen. Aber im Ländervergleich sind diese Unterschiede nicht immer so relevant, dass im internationalen Vergleich nicht von einer (tatsächlich multikulturell zusammengesetzten) „deutschen Kultur" gesprochen werden könnte.

Die Analyse dieser Verhältnisse und die Erwägung von Möglichkeiten einer interkulturellen Verständigung über diese Verhältnisse muss meiner Ansicht nach auch im Ethik- bzw. Philosophieunterricht auf der Ebene eines konkreten, d.h. real praktizierten Gesprächs einer multikulturellen Lerngruppe durchgeführt werden, um zu einer *vernunftorientierten* Vergewisserung[6] zu kommen. Das bedeutet an dieser Stelle, wenn wir es zunächst aus der theoretischen Perspektive betrachten wollen, dass die „Dass-Gewissheit" über das Gespräch noch um eine „Was-Gewissheit" ergänzt werden kann und muss. Aber während die „Dass"-Gewissheit, d.h. die Erkenntnis: „dass wir in einem Gespräch zusammen sind", im Vollzug eines realen Gesprächs gewonnen wird, muss die „Was"-Gewissheit, d.h. die Erkenntnis: „was wir in diesem Gespräch sind", nicht nur ‚theoretisch', sondern auch ‚empirisch', d.h. in der genauen Beobachtung und Beurteilung

---

5 Vgl. Geert Hofstede: Lokales Denken, globales Handeln. Kulturen, Zusammenarbeit und Management, München, 1997, S. 66.

6 Vgl. Ekkehard Martens: Dialogisch-pragmatische Philosophiedidaktik, Hannover, 1979. sowie Methodik des Ethik- und Philosophieunterrichts. Philosophieren als elementare Kulturtechnik, Hannover, 2003. Martens' Ansatz basiert auf dem philosophischen Dialog. Dieser gilt als der ursprüngliche Ort, in dem sich die Schülerinnen und Schüler durch vernünftiges Nachdenken aus ihrer eigenen Unmündigkeit befreien können.

der jeweiligen in den unterschiedlichen Kulturen vorherrschenden Konstellation in der Beziehung von Ich und Wir, Individuum und Gemeinschaft herausgearbeitet werden.

Durch den Versuch, diese empirische Ebene vor dem Hintergrund der theoretischen kritisch zu beurteilen, könnte das philosophische Gespräch dann mit dem Konsens über das Urteil, d.h. mit dessen gemeinsamer Anerkennung, ebenfalls zu einem exponierten Ort der Integration gemacht werden. Dies wäre beispielsweise in Schulen mit einer hohen kulturellen Diversität von großem Wert und könnte viele Konfliktsituationen entschärfen oder ganz zu verhindern helfen. So könnte es in den konkreten Gesprächen des Ethik- bzw. Philosophieunterrichts also vorzugsweise auch darum gehen, den Blick auf die jeweiligen Konstellationen von Ich und Wir zu werfen, wie sie bei denjenigen in Deutschland geborenen Schülerinnen und Schülern, deren Eltern aus nicht-westlichen Kulturen, also etwa aus arabischen, afrikanischen oder ostasiatischen Ländern kommen, vorhanden sind. Wenn man die Perspektive der unterschiedlichen Gewichtungen von Ich und Wir in verschiedenen Kulturen in das Gespräch aufnimmt und entsprechend behandelt, könnte wiederum gezielt nach Möglichkeiten interkultureller Verständigung gefragt werden. Wenn die Schülerinnen und Schüler aus nicht-westlichen Kulturen mit Migrationshintergrund zusammen mit den einheimischen das Gespräch beginnen[7], könnte die philosophische Frage, die hier unweigerlich gestellt werden müsste, beispielsweise lauten, warum gerade zum Erhalt der Verschiedenheit zwischen den kulturellen Positionen die Möglichkeit einer Vermittlung nicht vernachlässigt werden darf, in der Praxis jedoch fortgesetzt aufgeschoben oder mit einseitiger Assimilation verwechselt wird?

Die mit dieser Frage in Schule und Gesellschaft angeschnittenen Probleme sind keineswegs künstlich erzeugt.[8] Die Realität der deutschen

[7] Hierbei sind die in Deutschland geborenen und in den westdeutschen Großstädten die Mehrheit darstellenden Kinder ab der zweiten Migrantengeneration nach meiner Ansicht als „einheimisch" zu verstehen, sofern sie sich nicht selbst abgrenzen und sich in Fragen ihrer Identität nicht in erster Linie auf ihre kulturelle Herkunft berufen.

[8] Vgl. Georg Weißeno: Bürgerrolle heute. Migrationshintergrund und politisches Lernen, Bonn, 2010. Vgl. auch Brian Keeley: Humankapital. Wie Wissen unser Leben bestimmt, Bonn, 2010. Allgemein zum Thema Deutsche und Ausländer vgl. Dietrich Thränhardt: „Deutsche – Ausländer" in: Deutschland. Eine gespaltene Gesellschaft, hrsg. von Ste-

Schulklassen zeigt, dass dort die Situation unserer ethnisch multikulturell zusammengesetzten Gesellschaft *widergespiegelt* wird. Rund 30 Prozent aller Grundschülerinnen und Grundschüler werden mittlerweile von den Kindern und Enkeln von Gastarbeiterinnen und Gastarbeitern, Flüchtlingen sowie Aussiedlerinnen und Aussiedlern gestellt. In mehreren Großstädten soll die Zahl demnächst sogar, wie man in den deutschen Tageszeitungen immer wieder lesen kann, bis auf 50–90 Prozent und in einigen Städten auch darüber anwachsen.[9] In einigen Ruhrgebietsstädten und in Berlin ist das in etlichen Stadtteilen heute seit über 10 Jahren schon der Fall. Weil Kinder mit Migrationshintergrund vor der Einschulung häufig über vergleichsweise geringere Deutschkenntnisse verfügen, besteht für sie die Gefahr, in der Grundschule bereits enorme Lernprobleme zu bekommen. Sicherlich ist in den nicht ausreichenden Deutschkenntnissen ein ernstzunehmendes Problem zu sehen, das es zu lösen gilt; aber solche Sprachdefizite haben in Wirklichkeit nichts mit Lernbehinderungen zu tun als vielmehr mit einem deutlichen Mangel an Maßnahmen zur Sprachförderung und Sprachbildung in den Schulen.

Nach meiner Ansicht wäre das eine Aufgabe des Ethik- bzw. Philosophieunterrichts. Aber auch in einem philosophischen Unterrichtsgespräch über das Thema der Interkulturalität kann wenig erreicht werden, wenn der entsprechende sozial- bzw. sprachphilosophische Hintergrund hier nicht berücksichtigt wird. Sprachbildung im Philosophieunterricht heißt hier aber nicht, explizit Sprachphilosophie zu betreiben, sondern das kulturell unterschiedlich abgewogene Bezogensein auf den kulturell Anderen im Gespräch zu erforschen. Es geht in diesem Kontext *nicht nur* um das Problem des kulturellen *Fremdverstehens*, d.h. um die Frage des Erlernens der „Verstehensanforderungen“ der jeweils fremden Kultur der Gesprächspartnerinnen und Gesprächspartner, sondern *ebenso* um die Frage der Notwendigkeit und konkreten Handhabe-Möglichkeiten der kulturellen *Integration*. Dieser Begriff wird auch in der heutigen Pädagogik als Anerkennung und Berücksichtigung aller Mitglieder einer Gesellschaft, die *nicht*

---

phan Lessenich u. Frank Nullmeier, Bonn, 2006, S. 273–294.

9 Vgl. dazu die regelmäßig durchgeführten empirischen Untersuchungen der Landesämter für Datenverarbeitung und Statistik, deren Ergebnisse auch im Internet veröffentlicht werden, beispielsweise für Nordrhein-Westfalen unter www.lds.nrw.de.

auf „Homogenität" angelegt ist und in der daher die „Diversität" von ausschlaggebender Bedeutung ist, definiert. Das bedeutet, dass von Individuen mit Migrationshintergrund nicht eine einseitige Anpassungsleistungen, die zur Assimilation führt, erwartet werden darf, denn die Konzepte der Integration gehen stets von der Gleichberechtigung aller Individuen aus.[10] Dementsprechend wird in der Pädagogik „Heterogenität" ausdrücklich als *Grundlage* aller Erziehungs- und Bildungsprozesse gesetzt und kritisch bedacht.[11] Dabei sollte man sich stets im Klaren darüber sein, dass diese nur in *ausgewogener* Form[12] zugrunde gelegt werden kann, denn „unausgewogene Heterogenität" würde unmittelbar zum Konflikt führen, der sich in einem größeren Kontext sogar bis zu einem gefährlichen *Kampf der Kulturen* ausweiten könnte – um es mit dem amerikanischen Politikwissenschaftler Samuel Huntington zu sagen.[13] Um dies von Anfang an zu verhindern, wäre etwa ein entsprechendes „Diversity Management", das eine „Compliance-Dimension" enthalten könnte, angezeigt oder auf „Interkulturelles Konfliktmanagement" bzw. „Transkulturelle Mediation" zur Konfliktlösung zurückzugreifen.[14]

In Deutschland sind integrative Konzepte allerdings erst in Ansätzen entwickelt worden.[15] Die Politik, die die Probleme und Folgen „der Mi-

---

10 Vgl. dazu Kurt Möller: „Kohäsion? Integration? Inklusion? Formen und Sphären gesellschaftlicher (Ein-)Bindung" in: Aus Politik und Zeitgeschichte, 13–14/2013, S. 45. Vgl. auch Hartmut Esser: „Integration und ethnische Vielfalt" in: Bürgerrolle heute, a.a.O.

11 Vgl. Georg Zenkert: „Inklusion und Individualität" in: Inklusion und Individualität. Aspekte einer systematischen Spannung, hrsg. von Reinhard Mehring, Heidelberg, 2012, S. 124.

12 Vgl. Daniela de Ridder, Bettina Jorzik: Vielfalt gestalten. Kernelemente eines Diversity-Audits für Hochschulen, Essen, 2012, S. 16: „Die aktuelle gesellschaftliche und ökonomische Entwicklung zeigt, dass eine ausgewogene Heterogenität (nach sozialökonomischer und geografischer Herkunft, Geschlecht, soziokulturellem Hintergrund, Mentalität, Erfahrungshorizont, Religion, Alter etc.) vor allem zwei Effekte erzielen kann: einerseits Optimierung, Innovationsfähigkeit und Exzellenzgewinn durch die Einbeziehung unterschiedlicher Perspektiven und andererseits eine Zielgruppenorientierung, die die Relevanz bisher ausgeblendeter Personengruppen erkennt."

13 Samuel P. Huntington: Kampf der Kulturen. Die Neugestaltung der Weltpolitik im 21. Jahrhundert, München 2002.

14 Vgl. Dietmar Treichel, Claude-Helene Mayer: *Lehrbuch* Kultur. Lehr- und Lernmaterialien zur Vermittlung kultureller Kompetenzen, Münster, u.a. 2011, S. 336ff., 372ff.

15 Vgl. Hartmut Esser: „Integration und ethnische Vielfalt" in: Bürgerrolle heute, a.a.O.,

gration aus anderen – nicht-westlichen – Kulturen (...) bisher noch kaum verstanden" hat, reagiert in der Regel mit dem „Repertoire ökonomischer und ordnungspolitischer Eingriffe" und erkennt nicht, dass das Problem der Migration mittlerweile zum Thema einer „allerdings immer noch unangemessen verengt" geführten Auseinandersetzung geworden ist, die es als „kulturelles Problem"[16] behandelt. In einigen Städten werden integrative Konzepte zugegeben bereits mit großem Engagement realisiert, mancherorts beschränkt sich dieses Engagement aber lediglich auf eine bloße räumliche Zusammensetzung der Kinder mit unterschiedlich kulturellem Hintergrund. In diesen Klassen kann die Entwicklung des einzelnen Schülers / der einzelnen Schülerin mit seinen individuellen Bedürfnissen ebenso wenig in den Vordergrund treten wie das Erleben der Zusammengehörigkeit in einer Gruppe. Folglich werden diese Bildungseinrichtungen ihrem eigentlichen Zweck nicht gerecht. In den regionalen und überregionalen Zeitungen in Deutschland wird darüber in regelmäßigen Abständen berichtet, Verbesserungen werden angemahnt und Ablehnungen deklamiert. Vermutlich kann das „Lernen nebeneinander" sogar ohne offene interkulturelle Konflikte organisiert werden, indem allen Schülerinnen und Schüler ein gleichberechtigter Zugang zu den Ressourcen der Schule ermöglicht wird; aber wenn das erheblich wichtigere „Lernen mit- und voneinander" nicht stattfindet, werden die integrativen Vorhaben vereitelt und scheitern.[17] Für das Niveau der Schülerleistungen wird das schwerwiegende Folgen haben, denn Schülerinnen und Schüler in selektiven Bildungssystemen, dies hat die OECD-Schulleistungsstudie PISA eindeutig gezeigt, schneiden in der Regel schlechter ab als solche in integrativen Bildungssystemen, die mehr „Flexibilität" erlauben und daher die Schülerinnen und Schüler anhalten,

S. 65–81. Vgl. auch Andreas Lutter: „Zwischen Assimilation und Multikultur. Integrationskonzepte von Schülerinnen und Schülern" in: Unsere Wirklichkeit ist anders. Migration und Alltag, hrsg. von: Dirk Lange, Ayça Polat, Bonn, 2009, S. 52–61.

16 Vgl. Georg Römpp: Der Geist des Westens. Eine Geschichte vom Guten und Bösen, Darmstadt, 2009, S. 8.

17 Vgl. dazu Anette Scheunpflug: „Lehren angesichts der Entwicklung zur Weltgesellschaft" in: Politische Bildung in der Weltgesellschaft. Herausforderungen, Positionen, Kontroversen, hrsg. von Wolfgang Sander, Anette Scheunpflug, Bonn, 2011, S. 204–215. Vgl. darin ebenfalls Christel Adick: „Globalisierungseffekte im Schulsystem", S. 147–166.

„ihren Einsatz zu erhöhen".[18] Allerdings wird die hierzu notwendige schulstrukturelle Debatte in Deutschland bisher nicht wirklich ausreichend geführt.

1 Das neosokratische Gespräch

Die Konzeption der Interkulturalität verlangt gerade, dass ein auf Wechselseitigkeit eingestellter Zwischenraum oder eine Brücke zwischen der „eigenen" und der „fremden" Kultur gebildet wird, damit vor allem ihre Differenzen, aber auch vorhandene Übereinstimmungen, angemessen hinsichtlich eines anzustrebenden Konsenses reflektiert werden können. Im Vorfeld eines so verstandenen interkulturellen Gesprächs könnten im Ethik- bzw. Philosophieunterricht bereits folgende Fragen behandelt werden: Wie kommt es überhaupt dazu und was folgt daraus, dass in den ‚nicht-westlichen' Gesellschaften insbesondere ein ‚Wir-Primat' und in den ‚westlichen' vor allem ein ‚Ich-Primat' herrscht, d.h. von den Menschen geschaffen und vertreten wird?[19] Sicherlich könnte hier auch kritisch gefragt werden: Handelt es sich bei der Rede über Ich- und Wir-Primat evtl. nur um rein essentialistische Zuschreibungen? Könnte im neosokratischen Gespräch demzufolge nicht viel mehr darüber gesprochen werden, was es bedeutet, mit der essentialistischen Zuschreibung vom „Ich-Primat" und „Wir-Primat" leben zu müssen/sollen? Meine Antwort darauf lautet: Selbstverständlich sind auch solche Fälle kritisch zu diskutieren. Aber wenn wir diese Wertorientierungen gelegentlich nur so darstellen können, als ob sie essentialistische Zuschreibungen wären, heißt das aber nicht, wir würden behaupten, dass sie es tatsächlich sind. Uns geht es darum, sämtliche Hypostasierungen im kulturbedingten Verhältnis von Individuum und Gemeinschaft zu überwinden, um einen neuen Stil des zwischenmenschlichen Umgangs unter Schülern etablieren zu können, der später in die Lebenswelten von Familie und Arbeit ausstrahlen und diese entsprechend verändern

[18] Keeley, a.a.O., S. 76.

[19] Als geeignete Unterrichtsmaterialien sind folgende Werke zu empfehlen: Tzvetan Todorov: Die Angst vor den Barbaren. Kulturelle Vielfalt versus Kampf der Kulturen, Hamburg, 2010. Dirk Lange, Ayça Polat a.a.O sowie Olivier Ray: Der islamische Weg nach Westen, München, 2006.

könnte. Und was die überkommene Form der Schullandschaft in diesem Punkt betrifft, ist eine Wandlung der Unterrichtsgestaltung unabdingbar.

Am Ausgangspunkt dieser Thematik erfährt man häufig gewiss Folgendes: Von den Menschen anderer Kulturen wissen unsere Schülerinnen und Schüler oft nicht so recht, was sie glauben oder denken; und wenn ihre Überzeugungen bzw. Einschätzungen ihrer Mitschülerinnen und Mitschüler Hals über Kopf aus Vorurteilen entstehen, kommt es in der Praxis häufig zu grundsätzlichen kulturellen Kontrasten und zu Konflikten. Das heißt konkret: Über die unterschiedlichen Kulturstandards, die beispielsweise den Deutschen und den Chinesen nach kulturwissenschaftlichen Untersuchungen etwa von Alexander Thomas (1996)[20], Xiaoyun Geng (2006)[21] u.a. zugeschrieben werden können, wissen unsere Schülerinnen und Schüler leider ‚nicht die Bohne'. Will man einen daraus in Zukunft evtl. entspringenden Kampf der Kulturen vermeiden, tut man in der Schule in präventiver Hinsicht sicherlich heute bereits gut daran, fremde Kulturen und fremdes kulturelles Verhalten in interkulturellen kommunikativen Bildungsprozessen im Ethik- bzw. Philosophieunterricht zu studieren, zu erklären und zu verstehen. Dadurch kann verhindert werden, dass den Schülern ihre kulturelle Identität weiterhin von außen zugeschrieben wird. Es sollte ihnen aber im Gegensatz vielmehr darum gehen zu lernen, ihre Identität in regen gesprächlichen Aushandlungsprozessen selbst zu bestimmen.

Die besondere Leistung des philosophischen Gesprächs, die übrigens von keinem philosophischen Monolog erbracht werden kann, leitet sich aus dem besonderen Charakter der Situation des Gesprächs her, in dem nicht ein Subjekt mit seinen Problemen, sondern alle Subjekte des Gesprächs gerade in der konkreten Situation eben dieses Gesprächs auf dem Spiel stehen. Häufig ist behauptet worden, dass der, der philosophiert, einen Dialog „fingieren" würde.[22] Sicherlich kann diese Auffassung nicht bestritten wer-

---

[20] Alexander Thomas: „Analyse der Handlungswirksamkeit von Kulturstandards" in: Psychologie interkulturellen Handelns, hrsg. von ebd., Göttingen, 1996.

[21] Xiaoyun Geng: Interkulturelle Kommunikation am Beispiel der Beziehung zwischen Deutschen und Chinesen bei einem internationalen Unternehmen, Marburg, 2006.

[22] Zur philosophischen Bedeutung des Monologs als eigenständiges Gegengewicht zum Gespräch vgl. Gerhart Baumann: „Selbstgespräch – Selbstbewußtsein – Selbsterkenntnis. Gedanken zum Monolog" in: Gegenwart und Tradition. Strukturen des Denkens, hrsg. von Cornelio Fabro, Freiburg, 1969, S. 227–234.

den, aber die eigentümliche Leistung des philosophischen Gesprächs kann dennoch vom philosophischen Monolog nicht erbracht werden, weil nur im philosophischen Gespräch die dem philosophischen Monolog zugrunde liegende Bedingung einer „Besonderung" des Subjekts transzendiert werden kann. Wir führen unablässig philosophische Gespräche, aber über die Richtung, die diese Gespräche jeweils einschlagen, kann niemand allein bestimmen. Insofern führen nicht einzelne Philosophinnen und Philosophen die Gespräche, sondern die Gespräche führen diese insgesamt in eine Richtung, die sich in ihren Gesprächen erst ergibt. Die Dezentrierung des Sprechers in philosophischen Gesprächen darf nun aber nicht zu dem Irrglauben verleiten, dass das Gespräch selbst spricht, wie Heidegger oder einige französische Philosophen der zweiten Hälfte des 20. Jahrhunderts vielleicht gesagt hätten.[23] Es gibt weder ein absolutes Zentrum noch einen absoluten Rahmen des Gesprächs, sondern es wird bestimmt durch das Verhältnis der ersten Person des Singulars zur ersten Person des Plurals, d.h. durch das vom Ich zum Wir.

Der Sozialphilosoph Detlef Horster ist der Überzeugung, dass die Individuen der westlichen Gesellschaften sich immer mehr aus vorgegebenen Lebensformen herauslösen.[24] Das bedeutet, dass die Lebensformen ebenso wie die Handlungsformen der Menschen individuell verfügbar und entscheidbar werden. Doch diese Entwicklung ist nicht nur positiv, sie führt auch zu neuen Zwängen, denn aus der individuellen Verfügbarkeit über Lebens- und Handlungsformen ergibt sich ein ständiger Entscheidungszwang. In diesem Dilemma des modernen Individuums kann nach Horsters Auffassung gerade das „Neosokratische Gespräch" die notwendige Hilfestellung leisten. Denn Menschen, denen es nicht gleichgültig ist, wieso sie in einer bestimmten Situation gerade auf diese und nicht auf andere Weise geurteilt oder gehandelt haben, werden sich auch darum bemühen, die Dinge zu hinterfragen und sie nicht einfach als solche hinzunehmen. Was im schnelllebigen modernen Alltag aber ausgeschlossen ist, kann in einem „Neosokratischen Gespräch" durchaus praktiziert werden, dass man seine

---

23 Vgl. Martin Heidegger, „… dichterisch wohnet der Mensch … ", in: ders., Vorträge und Aufsätze, Stuttgart 1994, S. 183, 189.

24 Vgl. Detlef Horster: Postchristliche Moral. Eine sozialphilosophische Begründung, Hamburg, 1999, S. 32ff., 343ff., 376ff.

eigenen moralischen und ethischen Urteile im Gespräch genau betrachtet. Die Bewertung der eigenen Urteilsfähigkeit ermöglicht dann, diese entsprechend weiterzuentwickeln. Die Vorgehensweise ist bei einem „Neosokratischen Gespräch" immer methodisch streng geregelt. Zunächst berichtet ein Teilnehmer über ein Beispiel, das in Verbindung steht mit dem vereinbarten Thema. Mögliche Themen wären Begriffsklärungen für Gerechtigkeit im interkulturellen Kontext, Freiheit, Toleranz etc., Werte-Entscheidungen oder Abwägungen. Nachdem die ersten Eigenschaften des Begriffs gesammelt wurden, können weitere Erlebnisse von anderen Teilnehmerinnen und Teilnehmer berichtet werden. Die Aufgabe der jeweils anderen Personen im Gespräch besteht darin, die Eigenschaften aus diesen Berichten zu sammeln und diese später evtl. unter einem Oberbegriff zu zentralisieren. Sollte sich beim Sammeln nun herausstellen, dass es viele verschiedene Ansichten beispielsweise von Gerechtigkeit gibt, so würde das Horster zufolge nicht dazu führen, dass man sich auf einen Begriff davon einigen muss, denn es geht hier zunächst lediglich um die Bewusstmachung und Überprüfung der jeweils eigenen ‚moralischen Prioritätensetzung'.[25] So kann für den einen Gerechtigkeit die Gehälterangleichung zwischen Mann und Frau bedeuten, während ein Anderer es als gerecht empfindet, wenn die Ausländer für die gleiche erbrachte Leistung die entsprechend gleiche Belohnung bekommen würden wie die Inländer. Ein dritter könnte es beispielsweise als gerecht betrachten, wenn bei einem Lottospiel manchmal auch diejenigen gewinnen würden, die das Geld wirklich am dringendsten gebrauchen. Diese partikularen Auffassungen werden nach Horsters Methode dann, wenn es nicht mehr um die Überprüfung der jeweils eigenen moralischen Prioritäten geht, sondern um eine Begriffsklärung, durch „Trennung zwischen notwendigen und hinreichenden Eigenschaften" sowie „Abstraktion der akzidentellen (zufälligen) Eigenschaften" für einen weiteren und letzten Schritt bearbeitet bzw. vorbereitet, so dass die abschließende „Erarbeitung der wesentlichen Kriterien" erfolgen kann, die als Resultat eine „begriffliche Wesensbestimmung" der Gerechtigkeit ergeben soll.[26] Obwohl also die Eigenschaften in den jeweils sehr unterschiedlichen Beispielen durch Abstraktion letztlich

[25] Vgl. a.a.O., S. 547ff.

[26] Vgl. Detlef Horster: Das Sokratische Gespräch in Theorie und Praxis, Opladen, 1994, S. 58ff.

erfolgreich auf die angezielte Wesensbestimmung gelenkt werden, geht es in dieser Konzeption der Sokratischen Methode allerdings weder darum, eine „gemeinsame Wir-Intentionalität" innerhalb des Gesprächs zu erringen, noch darum, für deren Bestimmung die Bedeutung der Gesprächsgemeinschaft als solche zu ergründen und zu nutzen.

Blickt man dagegen mit dem Philosophen Jürgen Mittelstraß[27] auf das ursprüngliche Verständnis des philosophischen Gesprächs bei Sokrates zurück, stellt sich schnell heraus, dass die theoretische Intention der individuellen Wissensbildung bei Sokrates immer mit einer praktischen verbunden worden ist.[28] Was in einem so verstandenen philosophischen Gespräch auf dem Spiel steht, sind nicht nur die Subjekte der philosophischen Wissensbildung, sondern auch die Gemeinschaft, die durch die Subjekte des Gesprächs gebildet wird. In einem philosophischen Gespräch geht es also nicht nur darum, das Selbstverständnis der Teilnehmenden zu befördern, sondern vor allem um ein existentielles und essentielles Situationsverständnis der Gesprächsgruppe selbst.

Die eigentliche Intention des philosophischen Gesprächs wird verfehlt, wenn man es lediglich als Medium (d.h. als Mittel zur Erreichung eines bestimmten Zwecks) benutzt, beispielsweise um bestimmte Fragen der praktischen Philosophie oder der konkreten Lebenspraxis zu erörtern und zu beantworten; sie wird erst erkannt, wenn man darüber hinaus in eben einem solchen Gespräch das Gespräch selbst zum Thema macht. In einem gewöhnlichen Alltagsgespräch müssen drei Dimensionen unterschieden werden: die erste Person Singular, die erste Person Plural und die Sache, d.h. der Gesprächsgegenstand oder das gemeinsame Thema. Diese Zusammensetzung wird aber in einem gewöhnlichen Gespräch nicht eigens thematisiert. Treten wir dagegen in ein philosophisches Gespräch über das Gespräch ein, werden die ersten beiden Dimensionen gerade zum Thema des

---

27 Jürgen Mittelstraß: „Versuch über den sokratischen Dialog" in: Das Gespräch, hrsg. von K. Stierle, Rainer Warning, München, 1984, S. 11–27, hier S. 11.

28 Darauf weist übrigens auch Horster ausdrücklich hin. Er zieht daraus aber nicht die Konsequenz, auf eine sowohl ontologische als auch sozialphilosophische Selbstbetrachtung des Gesprächs hinzuwirken, sondern konzentriert sich auf die Verfahrensfrage, um damit eine Anleitung für das Leiten von Sokratischen Gesprächen zur Verfügung zu stellen. Vgl. D. Horster, a.a.O., S. 9 sowie Kapitel III.

Gesprächs erhoben. Auf dieser Ebene kann der Inbegriff des philosophischen Gesprächs erkannt werden – nämlich die Dialektik, d.h. die Gegebenheit, dass ich mit den anderen Teilnehmerinnen und Teilnehmern etwas, also dieses aktuelle Gespräch, bespreche – oder, dass wir über unser gegenwärtiges Gespräch in Rede und Gegenrede sprechen, um über Existenz und Wesen des Gesprächs mehr bzw. überhaupt Gewissheit zu erlangen. Im Unterschied zur philosophischen Meditation im Sinne von Descartes etwa geht es in der philosophischen Selbstaufklärung des Gesprächs nicht nur darum, an der Konstitution eines Subjekts zu arbeiten, sondern darüber hinaus auch darum, im Rahmen von Wissensbildungsprozessen die Singularität des Anderen ebenso wie die eigene zur Aufhebung in der Gemeinschaft des Gesprächs zu bringen. Insofern ist das philosophische Gespräch niemals nur eine Argumentationsform, sondern zugleich ebenfalls eine Lebensform. Die Intention einer solchen Struktur des Gesprächs besteht in einer wechselseitigen Beförderung und Bindung von Ich und Wir, d.h. Individuum und Gemeinschaft des Gesprächs.

Wenn wir eine Selbstaufklärung des philosophischen Gesprächs anstreben, müssen wir allerdings bis an die Grenzen seiner Möglichkeiten gehen. Nach meiner Meinung bedeutet das zunächst, sich die Frage zu stellen, wie man zur Gewissheit hinsichtlich unserer Existenz im Gespräch kommen kann. Während die Existenzgewissheit im Singular (in der Form „ich bin") – wie Descartes bewiesen hat – nur im selbständigen monologischen Denken erworben werden kann, kann die Existenzgewissheit im Plural (in der Form „wir sind") nur im Gespräch selbst gewonnen werden. In meinen Überlegungen kommt es nun jedoch darauf an, die Frage nach der Gewissheit meiner bzw. unserer Existenz und meines bzw. unseres Wesens nicht nur ontologisch, sondern auch sozialphilosophisch, d.h. formal und inhaltlich zu stellen. An dieser Stelle möchte ich mich auf den formalontologischen Aspekt der Existenzgewissheit im Singular und Plural konzentrieren. Beides muss miteinander verknüpft werden. Eine isolierte, sozusagen asoziale Singularität ist ebenso widersinnig wie eine Pluralität, in der die Existenz des Einzelnen untergeht. In einem Gespräch über das Gespräch ist es möglich, sich selbst zugleich in der ersten Person des Singulars und des Plurals zu erkennen. Damit können aber nicht in erster Linie logische Wahrheiten, sondern im Gegenteil vor allem praktische, d.h. solche, die eine gemeinschaftsbildende Funktion erfüllen, erworben werden. Aus diesem Grunde geht die Selbstvergewisserung des Gesprächs über die Möglichkeiten eines Monologs hinaus, denn der Monolog, auch wenn er als innerer Dialog vollzogen wird, konstituiert zwar eine fiktive Ich-Du-Beziehung, verbleibt aber dennoch im Singular. Insofern bleibt der Monolog immer hinter dem Gespräch zurück, denn in einem philosophischen Gespräch geht es gerade darum, die Ich-Du-Beziehung in den Plural aufzuheben. Unter dem Begriff der Aufhebung sollte in diesem Kontext aber nicht ein „Vernichten" verstanden werden, sondern im Gegenteil ein „Aufbewahren". Das bedeutet, dass die „Iche", die am Prozess der Selbstvergewisserung des Gesprächs beteiligt sind, in einem „Wir" aufbewahrt, freigehalten bzw. sichergestellt werden. Der Unterschied zwischen dem philosophischen Gespräch und dem Monolog ist also grundlegend.

Die Grenzen einer Selbstvergewisserung der Gesprächsgemeinschaft liegen dort, wo die Bereitschaft der Teilnehmenden fehlt, die gemeinschaftliche Arbeit des Gesprächs fortzusetzen. Die Bereitschaft der Teilnehmerinnen und Teilnehmer ist es also, worauf im Gespräch letztendlich gebaut werden kann und muss. Zum Gespräch gehören jedoch nicht nur die einzelnen Schülerinnen und Schüler, sondern auch die Lehrkräfte, die im neosokratischen Gespräch nicht ‚dozierend' auftreten, sondern sich mit ihrer eigenen Meinung möglichst zurückhalten und sich ‚unwissend' stellen sollen. Dennoch erkundigt sich der Lehrkörper nicht nur darüber, welche Äußerungen der Teilnehmerinnen und Teilnehmer als klar und deutlich akzeptiert werden können, sondern gibt auch die entscheidenden Anstöße für die Anstrengung eines weiteren Gesprächs, denn nur damit und darin kann erreicht werden, dass die beiden verschiedenartigen kulturellen Wertdimensionen und Grundvollzüge des menschlichen Lebens (Individualismus und Kollektivismus) nicht mehr länger gegeneinander ausgespielt, sondern miteinander vereinigt werden können, ohne sie dabei als solche zu vernichten.[29]

---

[29] Vgl. dazu Amitai Etzioni: Die Verantwortungsgesellschaft. Individualismus und die Moral in der heutigen Demokratie, Berlin, 1999.

2 Das Gespräch über das Gespräch im Philosophieunterricht

Was bedeutet das alles nun konkret für die Durchführung eines Gesprächs über das Gespräch im Ethik- bzw. Philosophieunterricht? Zur Beantwortung dieser Frage möchte ich im Folgenden einen Unterrichtsplan entwerfen. Die aufgeklärten und wahrscheinlich selbstbewussten Teilnehmerinnen und Teilnehmer des hier *fiktiv* vorgestellten Unterrichts können und wollen sicherlich keine/n übergeordnete/n Lehrer/in in Anspruch nehmen. Andererseits werden sie letzten Endes auch nicht auf eine solche Instanz völlig verzichten können. Also werden sie abwechselnd jeweils einen Teilnehmer / eine Teilnehmerin ihrer Gruppe diese notwendige Funktion des Lehrers / der Lehrerin, die hier allerdings im Sinne eines Impulsgebenden des Gesprächs, d.h. als *opinionleader*, verstanden werden muss, übernehmen lassen. Diese/r Impulsgeber/in ist insofern als *primusinterpares* zu betrachten, der/die von der Gesprächsgruppe selbst gewählt wird. Für das Gespräch folgt daraus, dass die bei der Wahl ihres Leiters / ihrer Leiterin noch gleichen Teilnehmerinnen und Teilnehmer für die Dauer des laufenden Gesprächs nicht mehr gleiche Teilnehmende sein werden und diese Situation auch akzeptieren. Der Grund dafür ist, dass die Gruppe vornehmlich die Aufgabe hat, die vom jeweiligen Leiter / von der jeweiligen Leiterin in das Unterrichtsgespräch eingebrachte Vorgabe zu diskutieren, d.h. diese zu überprüfen, zu kritisieren bzw. weiterzudenken. Trotz dieses asymmetrischen Verhältnisses zwischen dem Leiter / der Leiterin und der Gruppe, das sich aus den unterschiedlich von beiden zu übernehmenden Funktionen ergibt, können und sollen sich letztendlich die Impulse des Leiters / der Leiterin und das anschließende Überdenken der Gruppe gegenseitig ergänzen. Um einen Streit hinsichtlich der Kompetenz des Leiters / der Leiterin innerhalb der Gruppe zu vermeiden, sollte bei diesem Verfahren angestrebt werden, dass jede/r Teilnehmende der Gruppe – aufgrund einer durch den/die Lehrer/in einzubringenden aufklärenden Einführung in den Ablauf eines solchen Projekts – mehr oder weniger in der Lage ist, von sich aus die weitere Arbeit der gesamten Gruppe festzulegen und zu befördern. Ein solches Gespräch kann nach meiner Meinung jedoch immer nur einen Teil des gesamten Philosophieunterrichts ausmachen. Den notwendigen anderen Teil bildet der textgebundene Philosophieunterricht.[30] Ohne einen gewissen Vorrat an Tatsachenwissen und Traditionswissen wird jedes Philosophieren zwangsläufig in einem gewöhnlichen Alltagsgespräch ohne Abstraktionspotential enden. Das muss aber im Philosophieunterricht auf jeden Fall vermieden werden.

Der Leiter / die Leiterin des hier vorgestellten Gesprächs sollte seine Aufgabe leisten können in dem eigens dafür vorgesehenen Prozess eines individuellen Impulsgebens im möglichen weiteren Verlaufs dieses Gesprächs. Dabei kann und soll er/sie sich an den von der Gruppe in Zusammenhang mit dem/der Lehrer/in vorab festgelegten Grundlagen eines solchen produktiven Philosophieunterrichts im Gespräch orientieren. Ausgangspunkt für die Bestimmung solcher Grundlagen ist das Vorhandensein eines Konsenses innerhalb einer Gruppe von Gleichen. Der Monolog eines jeden muss mit dem Dialog aller Mitglieder in das Verhältnis einer wechselseitigen Befruchtung und Beförderung eintreten. Dabei ist die Grenze zwischen einer monologischen und einer dialogischen Ebene aufrecht zu erhalten. Während auf der monologischen Ebene ein individuelles Vordenken angesetzt wird, muss auf der dialogischen Ebene ein diskursives Nachdenken in Form eines intensiven Mit-Denkens aller Teilnehmerinnen und Teilnehmer der Gruppe erfolgen, das mit einer kritischen Überprüfung der aufgestellten Thesen endet. Das heißt: bezogen auf den angesetzten Selbstklärungsprozess der Gesprächsarbeit wird im Prozess des individuellen Impulsgebens eines Teilnehmers / einer Teilnehmerin eine Hypothese über die Logik und die Dialektik des Gesprächs aufgestellt. Diese muss anschließend in einem Gespräch in der Gruppe überprüft werden, und zwar durch die sorgfältige Herausarbeitung des größten Gegensatzes bezogen auf den abgezielten Selbstklärungsprozess des Gesprächs. Denn die eigentlichen Möglichkeiten einer jeden Position findet man erst an der ihr entgegen gesetzten. Die Position soll in Spannung gehalten werden, dadurch, dass sie in Beziehung zur jeweils anderen gesetzt wird, oder aus dieser resultiert. Es geht hier darum, auf dem Weg über Rede und Gegenrede zu einem Ziel zu kommen. Ein solches Gespräch erreicht sein Ziel aber nur, wenn sein ganzer Verlauf so angelegt ist, dass sich in ihm das Wesentliche des Ge-

[30] Vgl. Vanessa Albus: Kanonbildung im Philosophieunterricht. Lösungsmöglichkeiten und Aporien, Dresden, 2013. Vgl. auch das von V. Albus herausgegebene Themenheft „Kanon" der Zeitschrift für Didaktik der Philosophie und Ethik, 3/13.

gensatzes auch zeigen kann. Deswegen ist der Gegensatz nicht nur als die Form des Gesprächs zu wählen, sondern muss zugleich zu dessen Inhalt gemacht werden. Nur so ist die Selbstbestimmung des Gesprächs im Gespräch erfolgreich durchzuführen. Von Platons *Parmenides* bis zu Hegels *Wissenschaft der Logik* wurde stets angenommen, dass das Selbe bzw. das Eine nur dann das Selbe bzw. das Eine sein kann, wenn es ins Gegenüber zum Anderen bzw. zum Vielen gestellt wird.[31] Vor diesem Hintergrund kann gezeigt werden, dass der eigentliche Gegensatz des Gesprächs der von Ich und Wir ist. Die miteinander Sprechenden erkennen sich selbst nämlich zugleich in der ersten Person des Plurals und in der ersten Person des Singulars. Dieser Gegensatz innerhalb des Gesprächs begründet zugleich denjenigen zum Anderen des Gesprächs, d.h. dem Monolog eines einzelnen Ich. Ich und Wir wären auf diese Weise als die Relata des größten Gegensatzes des Gesprächs bestimmt worden.

Insofern könnte die das Unterrichts-Gespräch insgesamt dominierende Fragestellung konkret folgendermaßen lauten: Wie lässt sich jenseits der beiden problematisierten Weltanschauungen, in denen zum einen ein Ich-Primat und zum anderen ein Wir-Primat behauptet wird, eine Vermittlung von Ich und Wir im Gespräch denken, die nicht mehr jene angesprochenen Widersprüche produziert, sondern vielmehr, insbesondere auch vor dem Hintergrund einer globalen Gesellschaft, als „komplementärer Gegensatz", d.h. als Verhältnis wechselseitiger Befruchtung und Beförderung von Ich und Wir in der konkreten Situation des Gesprächs, dargestellt werden kann?

3 Das interkulturelle Gespräch im Philosophieunterricht

Im Zuge der Beantwortung dieser Frage wird sich im Philosophieunterricht herausstellen, dass es die in den verschiedenen ethnischen Kulturen unterschiedlich vorgenommenen und den jeweiligen kommunikativen Bildungsprozessen damit zugrunde liegenden Hierarchisierungen im System der Personalpronomina sind, aus denen sowohl die Prozesse der Individu-

31 Vgl. dazu Rudie Trienes: „Die Dialektik des Einen und Vielen. Hegels Logik von 1804/5 im Vergleich zu Platons Parmenides" in: Perspektiven der Philosophie. Neues Jahrbuch, hrsg. v. R. Berlinger u.a., Bd. 20, 1994, S. 179–197.

ierung als auch die der Vergemeinschaftung der Menschen hervorgehen, und dass die unumgängliche Voraussetzung gegenseitigen Verstehens das Geschick im Verständnis dieser kulturellen Unterschiede, ihrer Ursprünge und ihrer Folgen ist. Es gilt also zu verstehen, dass es ‚unterschiedliche Kulturtypologien' gibt, d.h. in bestimmten Verhaltens- und Handlungsweisen, wie dem Umgang mit Zeit, der verlässlichen Einhaltung von Absprachen oder der Einschätzung des Wertes der Familie, zeigen sich in der Regel historisch gewachsene ‚typische Unterschiede' bei Angehörigen unterschiedlicher Kulturgemeinschaften.[32] Solche Besonderheiten lassen sich beispielsweise auch auf die in unterschiedlichen Kulturen unterschiedlich geltenden und verschiedenartig verhaltensprägenden Wertdimensionen von Individualismus und Kollektivismus zurückverfolgen.[33] Insbesondere aufgrund der Globalisierung werden diese kulturellen Unterschiede zunehmend relevant. Die einzelnen Mitglieder der mannigfachen Kulturen wollen sich nicht auf unterschiedlichen bzw. ungleichen Ebenen begegnen, denn das Ungleichgewicht der kulturellen Wertdimensionen könnte zu einem erheblichen Ungleichgewicht des gegenseitigen Verständnisses führen. Dies würde zu einer wuchernden Hypostasierung der Unterschiede beitragen.

Während westliche, also vor allem europäische und nordamerikanische Sprachkulturen, die das „Ich (bin, will …) x etc., Du (bist, willst …) y etc." akzentuieren, die Identität und Persönlichkeit des Einzelnen deutlich hervorheben und eine Entwicklung favorisieren, die im Westen seit der Aufklärung in Richtung einer breit angelegten auf Autonomie setzenden „Individualisierung"[34] steuert, ist es bei fernöstlichen, arabischen und afrikanischen Sprachkulturen, die vom „Wir (sind, wollen …) z etc." ausgehen, umgekehrt so, dass die Identität des Kollektivs vor der des Individuums klar in den Vordergrund gerückt und dadurch, zumindest in der in

[32] Vgl. dazu vor allem Geert Hofstede, a.a.O., Kapitel 3.

[33] Insgesamt zählt Hofstede vier unterschiedliche Paare von Wertdimensionen auf: Individualismus versus Kollektivismus, niedrige Machtdistanz versus hohe Machtdistanz, wenig Unsicherheitsvermeidung versus hohe Unsicherheitsvermeidung und feminin versus maskulin.

[34] Vgl. dazu Norbert Elias: Die Gesellschaft der Individuen, Frankfurt a. M., 1987.

vielen Ländern Ostasiens immer noch lebendigen Kultur des „Konfuzianismus"[35], eine ‚Gesellschaft universeller Harmonie' angestrebt wird.

Diese unterschiedlichen Akzentuierungen sind sprach- und sozialphilosophisch zwar hinreichend aufgearbeitet worden[36], der gesellschaftliche Widerstreit zwischen ihnen wurde bisher allerdings philosophiedidaktisch noch nicht angemessen thematisiert. Hierbei gilt es zu beachten, dass die Verwendung der Personalpronomina in der Regel in einem engen Zusammenhang mit dem soziokulturellen Hintergrund einer Person steht.[37] Das Verhältnis von Ich und Wir bzw. von Individuum und Gemeinschaft wird sich aus diesem Grunde unter den Menschen in westlichen und nicht-westlichen Gesellschaften recht unterschiedlich, wenn nicht sogar als völlig *gegensätzlich* darstellen. Diese Gegensätzlichkeit ist an sich nichts Ungewöhnliches und insofern als Normalität zu werten, problematisch sind ausschließlich Vereinseitigungen, die Extreme hervorrufen. Im Folgenden sollen die beiden ins Sozio-Pathologische gehenden Extreme des Verhältnisses von Ich und Wir kurz umrissen werden.

Auf der Ebene des Wir-Primats wird das Ich als relativ abhängiges und daher schwaches Element fest in eine reale Traditionsgemeinschaft integriert, die in nicht-westlichen bzw. hier *antiwestlichen* Kulturen[38] vor allem als eine streng religiös motivierte substantielle Einheit aufgefasst wird, in der bestimmte gemeinschaftserhaltende Werte und Ziele eindeutig favorisiert werden. Aus diesem Grunde wird sie fundamentale Glaubens- und Lebensstildifferenzen, die für moderne pluralistische Gesellschaften kennzeichnend sind, nicht gelten lassen können. Dies kann in westlichen Gesellschaften zu erheblichen Konflikten auf der interkulturellen Ebene führen, wenn man die Absicht hat, die eigenen religiösen und ethnisch-kulturellen

---

[35] Vgl. Volker Zotz, Der Konfuzianismus, Wiesbaden, 2015.

[36] Vgl. beispielsweise Marcel Tshiamalenga Ntumba: „Das Wir-Apriori und das Apriori der Argumentationsgemeinschaft. Eine Gegenüberstellung" in: Diskurstheorie und Sokratisches Gespräch, hrsg. von Dieter Krohn u.a., Frankfurt am Main, 1996, S. 75–102. Vgl. darin auch M. Iser: „Im Spannungsfeld zwischen Individuum und Gemeinschaft. Eine diskurstheoretische Antwort auf Marcel Tshiamalenga Ntumba", S. 121–142.

[37] Eine Ausnahme von dieser Regel könnte sicherlich im Kontext eines mehrsprachigen Spracherwerbs entstehen und dann im interkulturellen Gespräch gezielt entfaltet werden.

[38] Vgl. dazu Amartya Sen, a.a.O., S. 96ff.

Besonderheiten mit allen Mitteln vor einer Assimilation zu bewahren. In der Folge entstehen dann zwangsläufig, wie es in westlichen Gesellschaften immer wieder beobachtet werden konnte, die sogenannten Parallelgesellschaften, in denen sich beispielsweise fundamentalistische Gruppierungen nicht nur aus der muslimischen Gemeinschaft etwa in Deutschland, sondern auch aus der multikulturellen Gesamtgesellschaft ausgrenzen und sich auf diese Weise der staatlichen Kontrolle entziehen. Derartige Spannungsfelder ereignen sich des Öfteren selbst innerhalb von Familien zwischen Eltern, deren gesamtes Leben von den Geboten der Religion in der muslimischen Gemeinde bestimmt ist, und deren Töchter, die sich für einen westlichen Lebensstil entschieden haben und insofern auch nicht auf sexuelle Kontakte (etwa mit jungen deutschen Männern) vor der Verlobung verzichten wollen. Der Konflikt ist dann vorprogrammiert, weil der Staat rechtsfreie Räume und Selbstjustiz in Form von rituellen Tötungsakten, beispielsweise um die ‚Familienehre' wiederherzustellen, auf keinen Fall dulden kann. Die „generelle oppositionelle Haltung der Neo-Salafisten gegenüber dem deutschen Staat und dem politischen System führt dazu, dass alle staatlichen Integrationsmaßnahmen bereits im Ansatz abgelehnt werden. Die lediglich als vorgeschoben empfundene Religionsfreiheit und die liberale Haltung des deutschen Staates werden als ein Schritt im Gesamtplan einer untergründigen Assimilationspolitik aufgefasst."[39]

Auf der Ebene des Ich-Primats wird das kommunikative Handeln des modernen autonomen Subjekts auf der kontrafaktischen Unterstellung einer idealen Argumentationsgemeinschaft gegründet, wodurch es der Philosophie jedoch nicht gelingt, trotz aller Bemühungen von Apel und Habermas[40], die Bewusstseinsphilosophie in Sprachphilosophie zu transformieren, das sukzessive Zurückdrängen der eigentlich symbolischen zwischenmenschlichen Beziehungen, in denen man sich gegenseitig noch etwas bedeutet, abzuwenden und zu verhindern, dass die Gemeinschaft in „atomisierte Iche" zerfällt, die der Soziologe Alain Ehrenberg als „kranke Gesun-

---

[39] Rauf Ceylan: Die Prediger des Islam. Imame – wer sie sind und was sie wirklich wollen, Freiburg im Breisgau, 2010, S. 169.

[40] Vgl. dazu Jürgen Habermas, Theorie des kommunikativen Handelns, Bd. 1, Frankfurt a. M., 1981, Kapitel IV: „Von Lukács zu Adorno: Rationalisierung als Verdinglichung".

de"[41] bezeichnet hat. Zu den Schattenseiten von Individualisierung und Autonomie gehören folglich narzisstische Persönlichkeitsstörungen und depressive Erkrankungen, die mittlerweile zu Volkskrankheiten mutiert sind, weil in der westlichen Welt immer mehr Menschen an dem zum normativen Ideal erhobenen selbstbestimmten Leben scheitern oder zu scheitern drohen.[42] Insofern kann die zweistöckige Architektur von Faktizität und Kontrafaktizität in der Theorie des kommunikativen Handelns auch weiterhin nicht verhindern, dass sich in posttraditionellen Gesellschaften die reale Kommunikationsgemeinschaft als eine Summe einzeln auftretender Iche darstellen wird, die ihre Primärinteressen gegenüber den anderen nicht mehr zu rechtfertigen vermögen werden. Aus diesem Grunde lassen sich in den pluralistisch konditionierten Gesellschaften moralische Konflikte auch nicht wirklich angemessen lösen, d.h. ein von allen widerstreitenden Parteien akzeptierbarer, rational motivierter Konsens kann nicht mehr gefunden werden, so dass das Allgemeininteresse letztlich dem jeweils *angesagten* Partikularinteresse untergeordnet wird.

Auf beiden Ebenen können also erhebliche Probleme identifiziert oder sogar Pathologien des Sozialen diagnostiziert werden, welche die genauere Bestimmung der Relation, in der sich die Relata Ich und Wir befinden, als gesellschaftlichen Widerspruch unvermeidbar macht. Dieser Widerspruch in der Relation von Ich und Wir muss meiner Auffassung nach unumgänglich aufgehoben werden. Mit den Fragen der Bestimmung und Begründung der Relation wird sich also auch das im Philosophieunterricht anvisierte Gespräch intensiv auseinanderzusetzen haben, um auf diesem Wege die Möglichkeiten der Aufhebung des Widerspruchs[43] zu erörtern. Zugleich

---

41 Vgl. Alain Ehrenberg: Das erschöpfte Selbst. Depression und Gesellschaft in der Gegenwart, Frankfurt a. M., 2008, Kapitel 6 und 7.

42 Vgl. a.a.O., S. 14f.: „Die Karriere der Depression beginnt in dem Augenblick, in dem das disziplinarische Modell der Verhaltenssteuerung, das autoritär und verbietend den sozialen Klassen und den beiden Geschlechtern ihre Rolle zuwies, zugunsten einer Norm aufgegeben wird, die jeden zu persönlicher Initiative auffordert: ihn dazu verpflichtet, er selbst zu werden. (...) Der Depressive ist nicht voll auf der Höhe, er ist erschöpft von der Anstrengung, er selbst werden zu müssen."

43 Auf keinen Fall sollte die „Aufhebung des Widerspruchs" in einer *Assimilation* der Schüler aus nicht-westlichen Kulturen enden. Die Lösung, die hier vorgeschlagen wird, läuft auf eine *Emanzipation* von westlichen und nicht-westlichen Kulturen hinaus.

wird diese Aufklärungsarbeit die Identität der Schülerinnen und Schüler mit neuen kulturellen Aspekten ausstaffieren und dadurch in sozialer Hinsicht stärken. In der Schule könnte man diese kulturgesellschaftliche Problematik ebenfalls auf einer politischen Ebene behandeln: Der Politikwissenschaftler Herfried Münkler hat in seinem 2010 erschienenen Buch *Mitte und Maß* gezeigt, dass die Bilanz der Weimarer Republik, die außerordentlich negativ ausfällt, darauf zurückzuführen ist, dass sie als eine „Republik der Extreme" agierte und geradeso „buchstäblich zwischen den politischen Extremen zerrieben" wurde. Dagegen stellt er zurecht die neue Berliner Republik und favorisiert sie als eine „Republik der Mitte".[44]

Die entscheidenden philosophischen Fragestellungen[45] im Hinblick auf die in westlichen Gesellschaften festzustellende Gewichtung der Werte von Ich und Wir lauten: Wie lässt sich eine wechselseitige Vermittlung des modernen autonomen Individuums mit einer Wir-Gemeinschaft denken und begründen, die nicht die Form der atomisierten Argumentationsgemeinschaft in einer globalisierten Informationsgesellschaft annimmt? Weitere Fragen lauten: Wie können die egozentrischen Pathologien der modernen Medienkultur abgewendet werden? Welchen Beitrag könnte ein Wiedererstarken des Wir-Gefühls hierzu leisten? Kann ein solches Wiedererstarken des Wir-Gefühls in der westlichen Demokratie überhaupt noch wirkungsvoll angeregt werden? Welche Rolle spielt der Individualismus in den nichtwestlichen Gesellschaften? Wie sieht die Zukunft von Individualismus und Kollektivismus aus?[46] Bei der Beantwortung dieser Fragen sollte vor allem das „Neosokratische Gespräch" zum Einsatz kommen, denn ebenso wie bereits im Altertum bei der philosophischen Erörterung der Dialog bevorzugt wurde, kann man mit dem Gespräch meines Erachtens auch heute noch, wie mit keinem anderen Medium, die Darstellung philosophischer Probleme im Unterricht anschaulich und lebendig machen.

---

44 Vgl. Herfried Münkler: Mitte und Maß. Der Kampf um die richtige Ordnung, Berlin, 2010, Kapitel 4.

45 Vgl. dazu Amitai Etzioni, a.a.O., etwa S. 26.

46 Zur Frage der Lösung von Konflikten in interkulturellen Begegnungen sowie zum Überleben in einer multikulturellen Welt vgl. auch Geert Hofstede, a.a.O., Kapitel 8–10.

Mehrsprachigkeit zwischen Einheit und Differenz – Eine Fallrekonstruktion im interkulturellen Philosophieunterricht[1]

Thomas Geier

1 Zum pädagogischen Versprechen Interkultureller Pädagogik

Die pädagogische Diskussion der 1990er Jahre bezog sich im Kontext einer Interkulturellen Pädagogik auf Leggewies These, universalistische politische Vernunft mit kulturrelativistischer Gemeinschaftsorientierung zu vermitteln[2]. Es ging keinesfalls bloß darum, dem folkloristischen Schlagwort eines Multikulturalismus naiver Völkerverständigung das Wort zu reden, sondern im Gegenteil die kulturell verschiedenartig orientierten Vergemeinschaftungen, an denen alle Gesellschaftsmitglieder je auf ihre Weise teilhaben, ganz unabhängig davon, ob sie nun zu Eingewanderten oder Alteingesessenen gehörten, im Sinne einer „republikanischen Integration der Verschiedenheit"[3] miteinander in der alltäglichen Praxis zu vermitteln. Multikulturalität stellte dabei sowohl den Ausgangs- als auch den Endpunkt eines sozialen Miteinanders dar. Das Leben in einer multikulturellen Gesellschaft beinhalte, so Leggewie, nicht allein die adorierbare Vielfalt ver-

---

1 Der vorliegende Beitrag ist eine leicht überarbeitete und aktualisierte Version einer Fallrekonstruktion, die bereits an anderer Stelle veröffentlicht wurde. Vgl. Thomas Geier: „Ihr müsst (...) sprachlich homogene Gruppen bilden" – Eine Fallstudie zur Interkulturellen Bildungspraxis. In: Pädagogische Korrespondenz, 45, Frankfurt, 2012, S. 74–91. Für anregende Hinweise zur Überarbeitung gilt der Dank Magnus Frank.

2 Vgl. Claus Leggewie: Multikulti – Spielregeln für die Vielvölkerrepublik, 2.Aufl., Salzhemmendorf, 2011.

3 a.a.O. S. 8

schiedenartiger Lebensentwürfe, sondern auch deren liberale Kontingenz. Den Gesellschaftsmitgliedern stehe somit offen, frei für die ein oder andere Lebensweise zu optieren und diese, einmal für sich gewählt, zu kritisieren und auch wieder abzulegen. Somit könne der Multikulturalismus durch die Subjekte gestaltet werden.

Die Interkulturelle Pädagogik nahm eine solche Offerte nicht nur deswegen so bereitwillig an, weil sie hoffte, die bis dato unverbunden nebeneinander existierenden, vielzähligen pädagogischen Strömungen etwa der Friedens- oder Konfliktpädagogik auf eine gemeinsame theoretische Basis stellen zu können[4]. Sondern sie konnte auf diese Weise lebensweltliche Orientierungen in ihrer Veränderbarkeit deutlich machen, um Hand in Hand damit ihren unbewussten, im Alltag verdunkelten und dadurch oftmals vorurteilsnahen Status als fraglose Gewissheiten ins Bewusstsein zu heben und somit zu einem vernunftgeleiteten sozialen Umgang miteinander innerhalb einer multikulturellen Gesellschaft zu erziehen. Dies waren nicht gerade bescheidene normative Ansprüche Interkultureller Pädagogik, die z.B. mit Wolfgang Niekes „Interkultureller Erziehung und Bildung“ einhergingen[5].

Durch eine konzeptuelle Umstellung hatte sich die pädagogische Disziplin von einer spezifischen Klientelpädagogik zu einer Interkulturellen im Sinne einer allgemeinen Pädagogik entwickelt. Sie bezog sich also nicht länger ausschließlich auf diejenigen Kinder, die durch Familiennachzug der „Gastarbeiter“ in die Schulen kamen, sondern richtete sich fortan an alle. Wechselseitig sollten migrierte Kinder oder die Nachfahren von Migrantinnen und Migranten sowie nicht migrierte Kinder voneinander lernen. Sprachliche und kulturelle Differenzen aller Schülerinnen und Schüler galt es, in allen pädagogisch relevanten Belangen zu berücksichtigen. Unterschiede sollten weniger als Defizite, sondern als differente Stärke hervorgehoben und entsprechend gefördert werden[6].

Aber auch diese Konzeption Interkultureller Pädagogik stand rasch in der Kritik, die tendenziell zwei Stoßrichtungen aufwies. Entweder wurden

---

[4] Vgl. Arndt-Michael Nohl: Konzepte Interkultureller Pädagogik. Eine systematische Einführung, 2.Aufl. Bad Heilbrunn 2010.

[5] Vgl. Wolfgang Nieke: Interkulturelle Erziehung und Bildung, 1.Aufl., Opladen 1995.

[6] Vgl. Georg Auernheimer: Einführung in die Interkulturelle Pädagogik, 5.Aufl., Darmstadt 2007.

die intendierten interkulturell pädagogischen Maßnahmen als folgenlos eingeschätzt, weil die gesellschaftlichen Probleme, bedingt durch sprachliche Benachteiligungen und ethnische Diskriminierungen der Migrantenkinder, eben nicht allein durch Erziehung, Kommunikation und einen gesamtgesellschaftlichen Bewusstseinswandel zu lösen seien, sondern struktureller Veränderungen in Schule und Gesellschaft bedürften. Kritisiert wurde, dass innerhalb der Interkulturellen Pädagogik system- und organisationsbezogene Strukturen eher vernachlässigt und folglich deren sozialisierende Wirkungen übersehen werden[7]. Oder die Interkulturelle Pädagogik wurde, gemessen an ihren Zielen, als kontraproduktiv eingeschätzt, weil in Folge ihrer differenzsensiblen Programmatik drohe, kulturelle Differenzen zu dramatisieren und Probleme, die aus einer systematischen, sozialen und sprachlichen Schließung der Bildungsinstitutionen resultierten, zu kulturalisieren und somit Gruppen zu ethnisieren. Eine Kritik, die seitens der Vertreter Interkultureller Pädagogik in Teilen aufgenommen wurde. Immanent kritisch zu reflektieren, wurde fortan gefordert, welche nicht beabsichtigten unterschwelligen, bisweilen systematischen Kulturalisierungen und Ethnisierungen, die mit der interkulturell-pädagogischen Praxis einhergehen, sie bedingen, und dadurch wirksam werden[8].

Die Wiederaufnahme der bildungssoziologischen und bildungspolitischen Debatten um soziale Ungleichheit, die u.a. in Folge des dauerhaften nationalen und internationalen Bildungsmonitorings, sei es seitens des PISA-Konsortiums der OECD oder der internationalen oder nationalen Bildungsberichterstattung, geführt werden, blieb auch für die Interkulturelle Pädagogik nicht folgenlos. Seit nunmehr 15 Jahren wird stabil der signifikante Zusammenhang von sozialer Herkunft und Partizipation an Bildung belegt und dokumentiert. Im Sinne eines erweiterten theoretischen Konzepts werden ganz verschiedene Differenzlinien wie Schicht, Kultur, Ethnie, Geschlecht, Sprache u.a. gezogen und deren Wechselwirkungen bzw. kumulativen Effekte im Zusammenspiel mit den (schulischen) Institutio-

---

7 Vgl. Frank-Olaf Radtke: Interkulturelle Erziehung. Über die Gefahr eines pädagogisch halbierten Anti-Rassismus, in: Zeitschrift für Pädagogik, 41. Jg., 1995, S. 853–864.

8 Vgl. Franz Hamburger: Zur Tragfähigkeit der Kategorien „Ethnizität" und „Kultur" im erziehungswissenschaftlichen Diskurs, in: Zeitschrift für Erziehungswissenschaft, 2. Jg., 1999, S. 167–178.

nen, etwa der schulstrukturellen Selektivität, untersucht. Ziel ist es, ein möglichst komplexes Bild sozialer Disparitäten, Benachteiligungen und Diskriminierungen zu erhalten, das als empirisch valide gelten kann. Die empirischen Befunde sollen das soziale Ungleichheit produzierende bzw. reproduzierende Bildungssystem bildungspolitisch skandalisieren.

Während optimistische Stimmen vollmundig „Heterogenität als Chance"[9] ausrufen und damit versprechen, allein im Ergreifen der Chance liege schon die Lösung der Probleme schulstrukturell bedingter Homogenisierungen[10], fragen andere[11] analytisch schärfer, wie aus individuellen Unterschieden der Schülerinnen und Schüler, vermittelt über pädagogische Mikroprozesse, soziale Ungleichheiten werden, die in Folge dauerhaft über deren gesellschaftliche Inklusion entscheiden.[12]

Im Verlauf ihrer relativ kurzen Geschichte wurde der Gegenstand Interkultureller Pädagogik schrittweise dekonstruiert.[13] Infolgedessen werden dort, wo nicht grundlegend ein Abschied von der Interkulturellen Pädagogik[14] gefordert wird, in Konzepten von Migrationspädagogik[15] oder einer Pädagogik kollektiver Zugehörigkeiten[16] Alternativen zu ihr gesucht.

Dem ungeachtet fehlt es weiterhin an systematischen Erkenntnissen darüber, welchen Stellenwert sie in pädagogischer respektive schulischer Praxis (noch) genießt. Was in der erziehungswissenschaftlichen Theoriebildung als längst überholt gelten kann, muss deswegen in pädagogischer Praxis lange noch nicht aufgegeben worden sein. Im Gegenteil ist mit Blick beispielsweise auf innerschulische Prozesse wie Unterricht und dessen cur-

---

9 Karin Bräu und Ulrich Schwerdt (Hg.): Heterogenität als Chance, Münster 2005.

10 vgl. kritisch Tilmann, Klaus-Jürgen: Viel Selektion – wenig Leistung. Der PISA-Blick auf Erfolg und Scheitern in deutschen Schulen, in: Böllert, Karin (Hrsg.): Von der Delegation zur Kooperation, Wiesbaden 2008, S. 47–66.

11 Vgl. Isabell Diehm und Frank-Olaf Radtke: Erziehung und Migration, Stuttgart 1999.

12 In diesem Zusammenhang ist auf die Fortschritte in der Erziehungswissenschaft hinzuweisen, die durch ethnographische Forschungen zu Differenzverhältnissen gemacht werden konnte. Vgl. Michael Göhlich und AnjaTervooren: Ethnographie der Differenz. Einführung in den Thementeil. In: Z.f.Päd. (59): H.3. S. 2013, 639–643.

13 Vgl. den weiteren Beitrag von Geier in diesem Band

14 Vgl. Franz Hamburger: Abschied von der Interkulturellen Pädagogik. Plädoyer für einen Wandel sozialpädagogischer Konzepte, Weinheim/München 2009.

15 Vgl. Paul Mecheril: Einführung in die Migrationspädagogik, Weinheim/Basel 2005.

16 Vgl. Nohl 2010.

riculare Gestaltung eher zu vermuten, dass Konzepte Interkultureller Pädagogik in alltäglicher schulischer Praxis mittlerweile breiter denn je zum Tragen kommen. Rekonstruierte man also beispielsweise die pädagogische Unterrichtspraxis, dann könnte sich folglich auch ein einigermaßen realistisches Bild ergeben, was schulische Akteure tun, wenn sie interkulturell pädagogische Konzepte in ihrer alltäglichen Praxis umsetzen (müssen)[17]. Zwar sind in letzter Zeit empirische, auch rekonstruktive, Forschungsprojekte zum schulischen Umgang mit Heterogenität[18] durchgeführt worden, doch fehlen bislang etwa didaktische Analysen zum Unterricht, die systematisch rekonstruieren, wie vermittelt über schulische Inhalte im Unterricht, Konzepte der Interkulturellen Pädagogik praktisch werden.

Für die Perspektive des vorliegenden Bandes auf Sprachliche Bildung im engeren Sinne des Philosophieunterrichts lässt sich von solchen rekonstruktionslogischen Forschungen eine systematische Aufklärung über die Thematisierung von Mehrsprachigkeit im Interkulturellen Unterricht im Fach Philosophie erwarten. Denn umfasste Interkulturalität nicht nur in konzeptioneller Weise die (mehr-)sprachigen Lebenswelten der Schülerinnen und Schüler, sondern im empirischen Sinne, könnte sich auf diesem Wege ein realistisches Bild von Philosophieunterricht ergeben.

2 Fallrekonstruktion Interkulturellen Unterrichts im Fach Praktische Philosophie

Im Folgenden soll daher eine sequenzanalytische Rekonstruktion[19] einer

---

17 Thomas Geier: Interkultureller Unterricht. Inszenierung der Einheit des Differenten, Wiesbaden 2011.

18 Matthias Trautmann und Beate Wischer: Heterogenität in der Schule. Eine kritische Einführung, Wiesbaden 2011.

19 Das den Rekonstruktionen zugrunde liegende Wissenschaftsverständnis folgt methodologisch demjenigen einer Erziehungswissenschaft als hermeneutischer Wirklichkeitswissenschaft. Vgl. Andreas Wernet: Hermeneutik – Kasuistik – Fallverstehen. Stuttgart: Kohlhammer, 2006. In forschungsmethodischer Hinsicht sind die folgenden Ausführungen der Objektiven Hermeneutik verpflichtet. Vgl. Ullrich Oevermann: Die Methode der Fallrekonstruktion in der Grundlagenforschung sowie der klinischen und pädagogischen Praxis. In: Klaus Kraimer (Hg.): Die Fallrekonstruktion. Sinnverstehen in der sozialwissenschaftlichen Forschung. Frankfurt a. M.: Suhrkamp 2000, S. 58–156.

Unterrichtssequenz aus dem Fach Praktische Philosophie der Jahrgangsstufe 9 eines Gymnasiums in NRW vorgestellt und deren Ergebnisse im fallspezifischen Kontext präsentiert werden. Das Fach auszuwählen, bot sich nicht zuletzt auch deswegen heuristisch an, weil dessen Curriculum sowohl interkulturelle Inhalte aufweist, als auch auf die kulturelle und sprachliche Verschiedenheit der Lernenden abhebt. Zudem ist es für diejenigen Schülerinnen und Schüler eingerichtet worden, die entweder den konfessionsgebundenen Religionsunterricht aus Gewissensgründen abwählen oder für deren Religionszugehörigkeit in der staatlichen Regelschule bis dahin kein eigenständiges Fach eingerichtet worden war. Bei der hier ausgewählten Miniatur handelt es sich sequenzlogisch um den Beginn eines neuen didaktischen Arbeitsschrittes innerhalb einer Schulstunde zum Thema „Weltbürgerrecht von Immanuel Kant“. Die Frage soll gestellt und materialnah beantwortet werden, wie Kants Weltbürgerrecht als Unterrichtsinhalt in Zeiten der von Leggewie postulierten Vielvölkerrepublik didaktisch umgesetzt wird, welche bildungsbezogenen An- und Aufschlüsse dadurch ermöglicht werden und welche erzieherisch relevanten Dimensionen der Unterricht hat. Auf welche Art wird hier welche Form von Interkultureller Pädagogik überhaupt praktisch? Wie wird diese innerhalb der widersprüchlichen Einheit von Bildung, Didaktik und Erziehung des Unterrichts[20] vermittelt? Auf welche Weise wird dabei etwaige Heterogenität aufgegriffen und welche Dimensionen von Differenz bearbeitet? An der rekonstruierten Unterrichtssequenz lässt sich fallbezogen zeigen, wie per Gruppenarbeit Differenz und Heterogenität im Unterricht in Bezug zu Herkunft und Sprache bzw. zum Konstrukt Herkunftssprache eingeführt wird, welche Strukturprobleme daraus fallspezifisch folgen und wie diese dann sinnlogisch bearbeitet werden.

Was ist im untersuchten Unterrichtsverlauf bis zur zu rekonstruierenden Sequenz passiert? Zuvor sind die Grundthesen zum Weltbürgerrecht aus einem journalistisch aufbereiteten, fiktiven kurzen Interview mit Immanuel Kant, das im Umfang von einer halben Seite an alle Schülerinnen und Schüler im Kurs verteilt wurde, von ihnen in Gruppen erarbeitet worden. Während zwei Schülerinnen noch damit beschäftigt sind, die Arbeitsergebnisse,

20 Andreas Gruschka: Auf dem Weg zu einer Theorie des Unterrichtens. Die widersprüchliche Einheit von Erziehung, Didaktik und Bildung in der allgemeinbildenden Schule, Frankfurt/M. 2005.

die zuvor gemeinsam gesammelt wurden, an die Tafel zu schreiben, werden die anderen mit den folgenden Worten aufgerufen:

Lm: So, und ihr müsst in der Zwischenzeit sprachlich homogene Gruppen bilden [...]

Vom Lehrer wird ein verbindlicher Arbeitsauftrag erteilt und anfangs sprachlich angezeigt, den vorherigen Verlauf schließen zu wollen („So“). Forschungsmethodisch gesehen handelt es sich formal um eine interaktionsabschließende und -eröffnende Sequenz. Warum große Eile geboten ist und nicht gewartet werden kann, bis die beiden Schülerinnen ihre Tafelanschrift beendet haben, bleibt offen.

Das Kriterium, mittels dessen die Gruppen gebildet werden müssen, soll in ihrer sprachlichen Homogenität bestehen. Ob es sich dabei um Gruppen von Dingen oder von Personen handelt, kann an dieser Stelle des Sequenzverlaufs noch nicht entschieden werden. Gruppen von Dingen oder Personen sind aber dann homogen, wenn sie sich – in einer eher konventionellen Lesart von Homogenität – gleichen. Sie sind in der wortwörtlichen Bedeutung homogen, wenn die so bezeichneten Dinge oder Personen gleichen Ursprungs sind.

Der Wortlaut, „sprachlich homogene Gruppen“ zu „bilden“, erscheint für die unterrichtliche Kommunikation mit Schülerinnen und Schüler der Jahrgangsstufe 9 auffällig unüblich, was die Frage aufwirft, wieso hier im abstrakt planenden Stil formuliert wird? Ein solcher ließe sich doch eher in Formulierungen eines Unterrichtsentwurfs vermuten als in der Sprache alltäglicher Unterrichtspraxis. Vielleicht darf aber auch vom Lehrer nicht genau expliziert werden, was unter sprachlicher Homogenität denn genau verstanden werden soll. Dieser Lesart zufolge bestünde geradezu ein Verbot, die in Rede stehenden Dinge oder Personen beim Namen zu nennen. Abstrakt zu formulieren, hätte den Vorteil, nicht ganz konkret werden zu müssen und dadurch die befürchteten Folgen vermeiden zu können. Sollte sich diese Lesart bestätigen, wäre vom weiteren Verlauf zu erwarten, dass eine politisch korrekte Ausdrucksweise schließlich noch eingeführt wird, weil sonst der Eindruck von Geheimniskrämerei entstünde.

Allenthalben ergibt sich aber auch die Notwendigkeit zu explizieren, was die Schülerinnen und Schüler unter sprachlicher Homogenität zu verstehen haben. Da der Begriff nicht so ohne weiteres verständlich ist, muss ihnen dies im Unterricht deutlich gemacht werden. Denn andernfalls könnten sie dem Arbeitsauftrag des Lehrers nicht folgen und wüssten nicht, wie sie das, was sie tun sollen, auch tun können. Wie lässt sich also der Arbeitsauftrag, „sprachlich homogene Gruppen" zu „bilden", verstehen? Pragmatische Geltungsbedingungen wären beispielsweise dann erfüllt, wenn Schülerinnen und Schüler etwa im Kontext von Sprachunterricht einzelne Wörter zu etymologisch bestimmten gleichartigen Wortgruppen etwa nach der Wortfeldtheorie ordnen. Sprachliche Homogenität kennzeichnete dann solche Wortgruppen. Daraus ergäbe sich allerdings zwangsläufig, plausibilisieren zu müssen, weshalb ein solcher Arbeitsauftrag gerade im Philosophieunterricht erteilt wird. Alternativ lässt sich auch daran denken, dass die Schülerinnen und Schüler dazu aufgefordert werden, sich selbst hinsichtlich ihrer eigenen sprachlichen Eigenheiten, Fähigkeiten oder Kenntnisse zu gruppieren. Homogenität beträfe dann also ihre sprachlichen Voraussetzungen. Beispielsweise könnte es darum gehen, sie dazu aufzurufen, ihren philosophieunterrichtlich relevanten Sprachstand selbst einzuschätzen, damit sie nicht in einem vom Lehrer gesteuerten sondern in einem selbstgesteuerten Prozess sich selbst differenzieren. Das allerdings würde auf Seiten der Schülerinnen und Schüler voraussetzen, ihre eigenen Fähigkeiten beurteilen zu können, und auf Seiten des Lehrenden ein hohes Maß an Bereitschaft, eine seiner Hauptaufgaben, ihre bereits erlernten Fertigkeiten einzuschätzen, an die Lernenden abzugeben. In diesem Zusammenhang ließe sich vielleicht an neuere Didaktiken denken, deren Programmatiken im Sinne des selbst organisierten Lernens Selbstevaluationen und -differenzierungen beinhalten, die seitens der Lernenden im Unterricht selbst unternommen werden. Sprachliche Homogenität könnte aber auch die Sprachen, die lebensweltlich in den verschiedenen Gruppen der Schülerinnen und Schüler gesprochen werden, betreffen. In diesem Zusammenhang wäre an Dialekte, Soziolekte, sog. Fremd-, Zweit- oder Familiensprachen, die sich gleichen, zu denken.

Den Kurs oder die Unterrichtsinhalte in mehrere sprachlich homogene Gruppen einzuteilen, setzt aber strukturlogisch in allen bisher angenommenen Kontexten sprachliche Heterogenität voraus. Schließlich soll es sich um mehrere verschiedene Gruppen handeln, die in sich homogen sein sollen. Im lehrerseitigen Aufruf, „sprachlich homogene Gruppen“ zu „bilden“, steckt implizit also die Annahme von Heterogenität, weil es selbstredend nur dann sinnvoll sein kann, in solche Gruppen aufzuteilen, wenn entweder die formalen Fähigkeiten der Schülerinnen und Schüler, ihre materialen Kenntnisse oder eben die Dinge, die sie zu ordnen haben, auch tatsächlich unterschiedlich sind.

Im Falle sprachlicher Vielfalt der Akteure im Kurs kann jedoch das Extrem eines babylonischen Sprachgewirrs, in dem niemand mehr den anderen versteht, ausgeschlossen werden. Denn der Lehrer geht offenbar davon aus, dass er verstanden wird. Es handelt sich bei der Verkehrssprache seines Unterrichts um die deutsche Sprache. Andernfalls hätte er seinen Arbeitsauftrag gleich zu Beginn in andere Sprachen übersetzen müssen, was aber selbst mit Blick auf den übrigen protokollierten Unterricht nicht der Fall war. Alle Schülerinnen und Schüler müssen folglich, wenn unterrichtliche Kommunikation zustande kommen soll, zumindest über so viele für das Fach Philosophie relevante Deutschkenntnisse verfügen, dass sie dem Lehrer inhaltlich folgen können. Die hier zum Gruppenbildungsprozess Aufgerufenen verstehen also alle eine gleiche Sprache und stellen folglich unter diesem Aspekt betrachtet insgesamt bereits eine homogene Gruppe dar.

Aufgrund des hohen sachbezogenen Explikationsbedarfs der Sequenz lässt sich für den weiteren Fortgang des Unterrichts vor allem erwarten, dass konkretisiert wird, was sprachliche Homogenität genau bedeutet und welche Unterschiede zwischen den Gruppen, die gebildet werden müssen, bestehen. An die vorausgegangene Sequenz schließt der Lehrer mit dem folgenden Wortlaut an:

> *[...]; das heißt: eine Gruppe, in der türkisch gesprochen, eine Gruppe, in der russisch gesprochen und mehrere Gruppen, in denen deutsch gesprochen wird. [...]*

Sprachlich homogen ist demzufolge eine Gruppe, wenn sie sich durch eine jeweils gleichartige Sprachpraxis im Türkischen, Russischen oder Deutschen auszeichnet. In der unterschiedlichen je homogenen Sprachpraxis sollen sich die Gruppen voneinander unterscheiden. Da es um die soziale Praxis Sprechender geht, kann die vorherige Lesart, es könnte sich hier um eine linguistische Übung handeln, in der Wortgruppen zu bilden sind, ausgeschlossen werden. Ebenso braucht die Variante, es könne sich um eine ethisch-moralisch bedingte Regelung der Unterrichtskommunikation im Sinne von *‚political correctness‘* handeln, damit etwaige Etikettierungen und Stigmatisierungen vermieden werden, nicht weiterverfolgt werden.

Der Lehrer führt hier, wie vermutet, neben Homogenität auch Heterogenität ein, indem er den Kurs in verschiedene Gruppen aufteilt, in denen jeweilig homogen eine Sprache „gesprochen wird“. Damit gerät seine Einteilung sinnlogisch aber latent in ein Spannungsverhältnis dazu, dass im Kurs doch eine homogene Sprachpraxis bereits herrscht. Das von ihm gewählte Kriterium darf als etwas unscharf eingeschätzt werden, die Gruppen einzuteilen, denn es „wird“ doch bereits homogen deutsch „gesprochen“. Es wäre somit vollkommen plausibel anzunehmen, dass die Schülerinnen und Schüler sich allesamt den „Gruppen, in denen deutsch gesprochen wird“, zuordnen, da sie doch ausnahmslos über deutschsprachige Kenntnisse verfügen, wie es sich bereits herausgestellt hat. Dies kann aber allein schon deswegen nicht geschehen, weil sie damit nur einen Teil des verbindlichen Arbeitsauftrages erfüllten. Offenbar scheint es aus Sicht des Lehrers aber Lernende zu geben, die sich auch der türkisch und russisch sprechenden Gruppe zuordnen können, und sich auch auf diese Weise angesprochen fühlen, obwohl sie nicht mit ihren persönlichen Namen angeredet werden.

Aus welchen Gründen aber lässt sich plausibilisieren, dass der Lehrer davon ausgehen kann? Entweder sprechen die Schülerinnen und Schüler bereits Türkisch und Russisch zusätzlich zur deutschen Sprache oder sie wollen diese Sprachen erst noch zusätzlich lernen. Beides müsste der Lehrer über seine Schülerinnen und Schüler wissen. Zwar lässt der bisherige Wortlaut noch offen, ob die verschiedenartige Sprachpraxis bereits aus ihren Fertigkeiten resultiert oder mit der Gruppeneinteilung ihren Wünschen, eine bestimmte Sprache erst noch sprechen zu wollen, entsprochen werden soll. Doch wäre dann zum einen erklärungsbedürftig, warum das Angebot gerade aufs Türkische und Russische begrenzt wird, und zum anderen vollkommen unplausibel, warum sich die Lernenden wünschen, ausgerechnet die Sprache, die sie bereits sprechen, lernen zu wollen. Es kann folglich nur darum gehen, dass einige unter ihnen die türkische und russische Sprache bereits erlernt haben.

Wann wäre es aber im (Philosophie-)Unterricht aus didaktischen und bildungsbezogenen Gesichtspunkten überhaupt sinnvoll, in verschiedene Gruppen einzuteilen, in denen unterschiedliche Sprachen bereits gesprochen werden? Doch nur dann, wenn durch die vom Lehrer angenommene Sprachvielfalt wechselseitig etwas gelernt werden kann, was sich sonst auf andere Weise nicht lernen ließe. Dies könnte beispielsweise dann der Fall sein, wenn es darum ginge, dass das, was gelernt werden soll, erst aus Übersetzungen in jeweils andere Sprachen entstünde. Da es offenbar nicht so ist, für Übersetzungen deshalb Sorge tragen zu müssen, weil zu befürchten wäre, einige Schülerinnen und Schüler könnten etwas in der deutschen Sprache nicht verstehen und damit dem Unterricht nicht weiter folgen, muss der didaktische Zweck der Sprachexpertise ein anderer sein. Er kann zudem nur in einer Übersetzung ins Russische bzw. Türkische und nicht ins Deutsche liegen, da alle im Kurs bereits der deutschen Sprache mächtig sind. Wenn die Gruppen aber distinkt voneinander unterschieden sein sollen, bedeutete dies, dass das Resultat der Übersetzung ins Türkische und Deutsche nicht von allen in der gleichen Weise verstanden werden kann. Worin könnte dann aber der bildende Gehalt einer Übersetzung liegen, die nur ein Teil des Kurses verstehen kann?

Noch etwas ist auffällig. Der Lehrer scheint davon auszugehen, dass es sinnvoll ist, die fachliche Expertise durch die Sprecher und Sprecherinnen der jeweiligen Sprache und nicht etwa durch seine eigene fachliche Kompetenz einzuholen oder aus der Fachliteratur zu entnehmen. Dies wäre aber doch ein möglicher Weg gewesen, den er, wenn es ums Übersetzen gehen soll, durchaus hätte wählen können. Der fallspezifische objektive Sinn kann folglich nicht nur rein fachlicher Natur sein, sondern muss mit den Schülern selbst zu tun haben. Die Lernenden, die zusätzlich zur deutschen noch die türkische und russische Sprache sprechen, scheinen offenbar als persönliche Experten in ihrer mindestens und zugleich höchstens zweisprachigen Kompetenz gefordert zu sein. Auf diese Weise werden sie als besondere Schüler und Schülerinnen im Unterricht hervorgehoben. Sie in dieser Weise hervorzuheben, muss wohl, so lässt sich schließen, sinnvoll sein, weil sie eine Expertise und Kompetenz in den Unterricht einbringen können, worüber die anderen, den Lehrer inbegriffen, offenbar nicht verfügen. Da bereits deutlich wurde, dass alle im Kurs aber deutsch sprechen, ist zu fragen, worin der unterrichtliche Zweck bestehen kann, noch zusätzlich in mehrere deutschsprachige Gruppen einzuteilen? Als Experten, die über ein spezifisches Wissen verfügen, werden sie nicht gelten können, weil alle im Kurs der deutschen Sprache mächtig sind. Hebt der Lehrer die einen aber in der Differenz zu den anderen als Besondere hervor, muss er deutlich machen, worin das Besondere auch der anderen steckt. Eine solche Erklärung ist also sequenzlogisch für den weiteren Verlauf zu erwarten. Bliebe sie aus, verletzte der Lehrer das schulische Gleichbehandlungsgebot. Mit der Anerkennung, Russisch und Türkisch in den Unterricht einbringen zu dürfen, drohte sonst die Aberkennung derjenigen, die bloß über sprachliche Expertise in der Sprache, die alle sprechen, verfügen. Bislang können die unterrichtlich adressierten Deutschsprachigen aber nur das Publikum der Übersetzung der türkisch- und russischsprachigen Gruppe darstellen. Es ist also zu vermuten, dass sie im weiteren Verlauf noch einen anderen Auftrag erhalten werden, der auch ihre Kompetenzen würdigt. Wie wird der Lehrer im weiteren Unterrichtsverlauf das Problem zwischen Betonung von Differenz und Gleichbehandlungsgebot lösen, das sich hier strukturell abzeichnet?

Es lassen sich weitere Überlegungen anstellen. Auf welche Weise wurde eigentlich die sprachpraktische Expertise seitens der Schülerinnen und Schüler überhaupt erworben? Eine zunächst naheliegende Erklärung könnte darin bestehen, die Sprachen seien in der Schule erlernt worden. Immerhin sind zumindest in migrantisch geprägten Regionen durchaus sprachliche Angebote in Russisch und Türkisch an Schulen nicht ausgeschlossen. Fraglich bleibt dann allerdings, warum nicht etwa auch das Englische oder Französische hier als Expertensprache gefragt ist, die doch ebenso zum schulischen Angebot eines Gymnasiums gehören. Wenn die Sprachpraxis also nicht innerschulisch erworben wurde, dann vielleicht im außerschulischen bzw. familiären Umfeld. Diese Lesart kann aber nicht erklären, wie es sich mit den deutschsprachigen Gruppen verhält. Zieht man jedoch noch einmal die wortwörtliche Bedeutung von Homogenität heran, so lässt sich vermuten, dass der Lehrer davon ausgeht, in den Gruppen werde die jeweilige Sprache aus Gründen ursprünglich gleicher Herkunft der Gruppenmitglieder gesprochen. Damit wäre dann tatsächlich ein herkunftskulturelles interkulturelles Szenario zwischen deutschsprachigen und nicht nur deutschsprachigen Gruppen aufgebaut. Gleicher Ursprung bedeutet dieser

Lesart des Homogenitätsbegriffes zufolge die gleiche Herkunft der Schülerinnen und Schüler. Für die türkischen und russischen Sprachpraktikerinnen und Sprachpraktiker hieße das der Logik zufolge, ursprünglich eine andere Sprache als die deutsche Sprache gesprochen zu haben, die wiederum die deutschsprachigen aber ursprünglich, also herkunftskulturell, sprechen. Die vom Lehrer derart Angerufenen folgen, weil sie wissen, als wer sie im Rahmen des Herkunftskonzeptes zu gelten haben. Nur auf diesem Wege kann rekonstruktionslogisch überhaupt plausibel werden, warum die offenbar im Kurs mindestens bilinguale Sprachpraxis nicht im weiteren Verlauf des Unterrichts dazu führt, dass sich alle den deutschsprachigen Gruppen zuordnen und der Lehrer nicht über sein eingeführtes Kriteriums selbst stolpert. Es steht nämlich, so lässt sich daraus schließen, den Lernenden gar nicht frei, sich zuzuordnen, weil die türkischen, deutschen und russischen Sprachpraktikerinnen und -praktiker die jeweilige Sprache durch je gemeinsame, gleiche und in diesem Sinne homogene Herkunft sprechen. Über seine Herkunft lässt sich nun mal nicht entscheiden.

[...] Maximal vier Gruppen, in denen Deutsch gesprochen wird ...

Sm: ... Ja....

Lm: ... Ja? [...]

Der Lehrer legt eine Höchstgrenze der Gruppenanzahl fest. Es wird an dieser Stelle nicht deutlich, warum die Anzahl der Gruppen einem Maximum unterliegen muss und dies bei vier liegt. Ein Schüler äußert sich zeitgleich zur Lehrerrede, der er wohl positiv zuzustimmen scheint. Der Lehrer verlangt augenscheinlich Zustimmung. Sprachlich wird dies in eine als Frage formulierte Antwort gekleidet. Kontrastiert man „ja?" mit nein? wird deutlich, inwieweit in die Frage eine seitens des Sprechers vermutete oder erwartete Antwort eingeht: „Ja?" fordert positive Zustimmung, nein? erwartete Ablehnung. Die erwartete Zustimmung kann sich darauf beziehen, die didaktische Instruktion der Gruppenbildung als solche verstanden zu haben oder auf das Einverständnis seitens der Schülerinnen und Schüler beziehen, anschließend damit zu beginnen, die Gruppen sprachlich homogen zu bilden. Der zugemutete Artikulationsrahmen ist jedoch vom Lehrer äußerst knapp gehalten. Und doch scheint es für ihn einen Grund zu geben, sich bei den Schülern zu versichern. Die protokollierte Schüleräußerung eilt, so betrachtet, ihrerseits mit der positiven Zustimmung der versichernden Nachfrage seitens des Lehrers bereits voraus. Wie auch umgekehrt der Lehrer den Lernenden keinen zeitlichen Raum gibt, auf die Frage zu reagieren. Bruchstückhaft und sprachlich rudimentär zeigt sich in dieser Sequenz, dass es zur Strukturlogik pädagogischer Praxis grundsätzlich gehört, ein Arbeitsbündnis zu stiften. Hier gewinnt der Leser des Protokolls eher den Eindruck, es ginge lediglich darum, den vom Lehrer instruierten Gruppenbildungsprozess von den Schülerinnen und Schülern noch abnicken zu lassen. Dies wird von einem von ihnen in vorauseilender Zustimmung gleichsam quittiert. Die Lehrperson rechnet anscheinend ebenso nicht damit, es könne Klärungsbedarf geben, denn sonst müsste sie den Schülerinnen und Schülern auch Zeit gewähren, sich dazu zu äußern und nach Erklärung zu verlangen. Das Ganze dieser fallspezifischen Praxis scheint von einem gegenseitigen Einverständnis zwischen Lehrer und Lernenden getragen zu sein. Der Lehrer schließt daher ohne signifikante Pause und ohne auf die Äußerung des Schülers zu reagieren, an seinen bisherigen Wortlaut folgendermaßen an:

[...] Und die, ähh, und die russisch bzw. türkisch sprechenden Gruppen haben dieselbe Aufgabe, nämlich diese Sätze ins Russische bzw. Türkische zu übersetzen und dann aufzuschreiben, ja? [...]

Der Lehrer erklärt nun, was die Gruppen tun sollen. Die zuvor rekonstruierte Vermutung, der didaktische Sinn der Gruppenaufteilung müsse in der unterschiedlichen Expertise der Lernenden liegen, ins Türkische und Russische zu übersetzen, wird nun expressis verbis bestätigt. Auffällig ist zunächst, dass die russisch bzw. türkisch sprechende Gruppe „*dieselbe Aufgabe*“ haben, obwohl „ins Russische bzw. Türkische zu übersetzen“, für sich genommen doch zwei verschiedene Tätigkeiten sind, da es sich doch um zwei unterschiedliche Sprachen handelt. Wieso wird sie dann als identische Aufgabe bezeichnet? Es wird offenbar als gar nicht entscheidend betrachtet, in welche Sprache genau übersetzt wird, sondern es geht schlicht darum, überhaupt zu übersetzen. Während also die türkisch und russisch Sprechenden übersetzen, tun die deutschsprachigen Gruppen vermutlich etwas anderes. Deren Tätigkeit dürfte dann allerdings keinesfalls darin bestehen, auch zu übersetzen, denn sonst machte die Aufteilung keinen Sinn mehr. Die türkisch und russisch sprechende Gruppe, die zuvor noch durch ihre verschiedenartige Sprachexpertise voneinander unterschieden wurde, werden nun durch diese sich abzeichnende Arbeitsteilung mit Blick auf ihre identische Aufgabe im Gruppenbildungsprozess wieder zusammengenommen. Die zugeschriebene Differenz, durch die sie sich von den deutschsprachig adressierten Gruppen unterscheiden sollen, bleibt jedoch aufrecht erhalten. Es bleibt abzuwarten, wie diese inhaltlich bestimmt wird.

Was bedeutet es, im Unterricht eine „Aufgabe“ zu „haben“? Aufgaben, etwa mathematische Rechenaufgaben u.a., bekommen Schülerinnen und Schüler im schulischen Kontext, um sie zu lösen. Der didaktische Sinn von Aufgaben erteilen ist etwa der, Probleme in Lösungen zu überführen und auf diesem Weg etwas zu lernen. Oder auf dem Weg zur Lösung eines Problems und dessen Erarbeitung könnte es sinnvoll sein, den Arbeitsprozess in verschiedene Aufgaben zu zergliedern und arbeitsteilig vorzugehen. Entweder werden Aufgaben von Lehrenden an Lernende verteilt oder in Gruppenarbeiten verteilen sie die Aufgaben unter sich selbst. Der Wortlaut der vorliegenden Sequenz ist aber ungewöhnlich formuliert. Der Lehrer kündigt nicht an, dass die Gruppen eine Aufgabe bekommen, wie es üblicherweise zu erwarten wäre, sondern dass sie eine „haben“. Unterrichtspraktisch liegt zunächst die Erklärung nahe, dass sie ihre Aufgabe bereits vom Lehrer erhielten und deswegen schon „haben“. Dies war aber nicht der Fall, wie es ein Blick auf den protokollierten Gesamtverlauf der Unterrichtsstunde deutlich macht. Generell aber gilt, wer eine Aufgabe hat, dem ist sie irgendwann einmal zuteil geworden oder erteilt worden. Wie ist dann aber die Lehrerrede wohlgeformt zu verstehen, wenn den Gruppen die Aufgabe gerade erst erteilt wird?

Knüpft man an dieser Stelle noch einmal an das bereits Rekonstruierte zur sprachlichen Herkunft und Homogenität an, lässt sich damit auch der Sinn der vorliegenden Sequenz entschlüsseln. Dem bisherigen Wortlaut ließ sich ein herkunftskulturelles Konzept von Sprachpraxis entnehmen. Dessen Logik kann folgendermaßen reformuliert und auf den Begriff gebracht werden: Wenn es sich um Sprachpraktiker und Sprachpraktikerinnen gleicher Herkunft handelt, geht damit einher, dass sie über eine quasi naturwüchsige Expertise und Kompetenz verfügen. Sie haben ihre Expertise qua Herkunft, sind kompetent von sich aus, und da sich über seine Herkunft nun einmal nicht entscheiden lässt, gehört es, dieser Lesart zufolge, zu ihren persönlichen Eigenschaften, die jeweilige Sprache – türkisch, russisch, deutsch – zu sprechen. In der Deutung des Lehrenden verdanken sie ihre sprachlichen Kompetenzen ihrer Herkunft und nicht ihren erlernten Fähigkeiten, die ebenso Resultat des Unterrichts sein könnten. Die hier also angesprochenen Schülerinnen und Schüler „haben" die Aufgabe, zu übersetzen, weil sie qua Herkunft dazu bestimmt sind, ins Türkische und Russische zu übersetzen. Ihr Expertentum ist bloß vermeintlich erworben, so wird es an dieser Stelle deutlich, weil sie quasi von Natur aus als kompetent gelten.

Des weiteren wird nun im Sprechakt benannt, was ins Türkische und Russische übersetzt werden soll. Gegenstand der Übersetzung sollen „diese Sätze" sein. Der Lehrer verweist damit auf die von zwei Schülerinnen in der Zwischenzeit an die Tafel geschriebenen Sätze, die in einer vorherigen Gruppenarbeit aus dem Textmaterial eines fiktiven Interviews mit Immanuel Kant zu seiner philosophischen Konzeption des Weltbürgerrechts erarbeitet wurden. Zusätzlich dazu, sie zu übersetzen, besteht eine weitere Aufgabe darin, sie aufzuschreiben. Da die Sätze allerdings schon in deutscher Sprache an der Tafel geschrieben stehen und als Ergebnis der vorherigen Gruppenarbeit auch in den Heften bereits festgehalten wurden, kann es sich wiederum nur um das ins Türkische und Russische noch zu Übersetzende handeln, das festgehalten werden soll. Das würde aber wiederum bedeuten, einige Lernende schrieben etwas in Sprachen auf, die sie bis auf die wenigen übertragenen Sätze nicht verstehen! Wenn allerdings im Unterricht etwas aufgeschrieben werden soll, wird damit den Schülerinnen und Schülern signalisiert, es sei wichtig, diese Sache festzuhalten und sie dürfe nicht vergessen werden. Etwas aufzuschreiben, verleiht also dem Aufgeschriebenen ein besonderes symbolisches Gewicht. Bei der Sache, um die es geht, kann es sich folglich nicht um etwas Flüchtiges handeln, sondern muss etwas Bedeutendes sein, was die Dignität besitzt, festgehalten zu werden. Andernfalls träten Geste und Sache, Proposition und propositionaler Gehalt, auseinander und es entstünde der Eindruck der Lächerlichkeit.

In gleicher Weise, wie schon zuvor, versichert sich der Lehrende auch zum Abschluss dieses Sprechaktteils noch einmal mit „ja?" Wiederum unterbricht die versichernde Rückfrage nicht seinen Wortfluss. Nahtlos schließt der Lehrer an seinen bisherigen Wortlaut an, ohne den Adressierten die Möglichkeit zu geben, darauf zu reagieren.

[...] Die Deutschen kriegen die Aufgabe, diese Sätze ins Englische zu übersetzen, ja? Und dazu habe ich euch Wörterbücher mitgebracht. Pro Gruppe ein Wörterbuch.

Nun wird ausgesprochen, worin die Aufgabe für die anderen Gruppen besteht. Auffällig ist an dieser Stelle zunächst, dass der Lehrer die Gruppen, die bisher noch keine Aufgabe bekommen hatten, nun anders als zuvor benennt. Wurden sie vorher als „Gruppen, in denen Deutsch gesprochen wird", bezeichnet, werden sie jetzt summarisch mit „die Deutschen" betitelt. Damit wechselt der Lehrer die Bezeichnung von ihrer gemeinsamen, homogenen, im fallspezifischen Kontext folglich herkunftskulturellen Sprachpraxis zur Nationalität. Dies bedeutet allerdings einen grundlegenden Kategorienwechsel, der wiederum seine spezifischen zuordnungslogischen Probleme aufweist. Während die türkisch und russisch sprechenden Gruppen über die Unterschiede ihrer sprachdifferenten Praxis, ins Türkische bzw. Russische zu übersetzen, hinweg über ihre identische Aufgabe zusammen genommen wurden, werden die vier deutschsprachigen Gruppen unter dem Begriff „die Deutschen" zusammengefasst.

Offenbar soll hier geradezu eine Differenz zwischen der türkisch- und russischsprachigen Gruppe auf der einen und den deutschsprachigen Gruppen auf der anderen Seite eingeführt werden. Erhalten die einen eine identische Aufgabe, werden die anderen nationalstaatlich etikettiert. Durch die nun gewählte Bezeichnung „die Deutschen" werden in der Sinnlogik des vorliegenden Falls die anderen Gruppen zwar unausgesprochen, aber nichtsdestotrotz latent zu Nichtdeutschen. Bemerkenswert ist, zu sehen, dass offenbar die logisch eigentlich naheliegende begriffliche Opposition zwischen Deutschen und Nichtdeutschen offenbar sprachlich vermieden werden soll. Selbstverständlich wäre eine solche Bezeichnung der Gruppen auch vollkommen unzutreffend. Zumal dann, wenn man sich die einwanderungsrechtlichen Bestimmungen des Staatsbürgerschaftsrechts, die mit der nun getroffenen Bezeichnung des Lehrers den Kontext des Falles bilden, vor Augen führt.

Bleiben wir in der Lesart nationalgesellschaftlicher Zugehörigkeit, dass wir es im vorliegenden Fall im nationalstaatlichen Sinne mit Türken, Russen und Deutschen zu tun haben, dann könnten nur Letztgenannte über die deutsche Staatsbürgerschaft verfügen. Der Blick auf die tatsächliche Migrationswirklichkeit der Schülerinnen und Schüler verdeutlicht aber, dass auch die anderen Gruppen deutsche Staatsbürger sein können. Bei den Russisch-Sprechenden handelt es sich vermutlich um Migrierte oder Kinder von Migrierten aus den ehemaligen Sowjetrepubliken, die einwanderungsrechtlich zu den (Spät-)Aussiedlern zählen. Ihnen wird die deutsche Staatsbürgerschaft, wenn sie eine den deutschen Behörden akzeptierte abstammungsgeschichtliche Herkunft nachweisen können, erteilt, sobald sie nach Deutschland migrieren wollen. Für Migranten und Migrantinnen aus der Türkei und deren Nachkommen liegt der Fall anders. Sind sie beispielsweise in Deutschland geboren, hatten zum Zeitpunkt der Unterrichtsstunde ein Optionsrecht, mit ihrer Volljährigkeit ihre nach 2000 erteilte vorläufige deutsche Staatsbürgerschaft anzunehmen, wenn ihre Eltern mehr als 8 Jahre in Deutschland gelebt und gearbeitet haben. Wenn sie sich für die deutsche Staatsbürgerschaft entschieden, mussten sie allerdings auf die türkische verzichten.[21]

Es wird also eine spezifische Differenz zwischen den Gruppen vom Lehrer verbal eingeführt, doch gleichzeitig in wortwörtlicher Weise verschwiegen. Bei aller vermeintlichen Präzision, die Gruppen unterscheiden zu wollen, die man dem Wortlaut entnehmen kann, sind die benutzten Begrifflichkeiten auf der manifesten Ebene unlogisch, schief und sachlich unzutreffend. Als Ausdrucksgestalt verweisen sie jedoch auf den latenten sozialen Sinn, welcher mit der didaktischen Instruktion einhergeht: Offenbar sollen offen ausgesprochene Alienisierungen der Schülergruppen vermieden werden, doch werden diese dadurch keinesfalls interaktions- und

---

[21] Diese Optionspflicht hat sich erst mit dem am 20. Dezember 2014 verabschiedeten „Zweiten Gesetz zur Änderung des Staatsangehörigkeitsrechts" geändert. Als ausländische Staatsbürger geborene und später die deutsche Staatsangehörigkeit angenommene Kinder und Jugendliche, die sich bei Vollendung ihres 21. Lebensjahres mindestens acht Jahre in Deutschland aufgehalten oder sechs Jahre eine Schule besucht haben, müssen sich aktuell nicht mehr für einen der beiden Pässe entscheiden. Inzwischen ist die Debatte darum neu entfacht.

sinnlogisch aufgehoben, sondern strukturieren auch als Unausgesprochenes weiter latent die schulische Praxis.

Augenscheinlich geht es also nicht ausschließlich darum, im Medium von Übersetzungen etwas über das Weltbürgerrecht Kants zu lernen, sondern es soll mit der didaktischen Instruktion ebenso ein soziales und herkunftskulturelles Lernarrangement getroffen werden. Denn ginge es nur um die Sache verschiedenartiger Sprachen, wäre es doch viel naheliegender, in drei und nicht in zwei verschiedene Gruppen einzuteilen, da doch auch in drei unterschiedene Sprachen – Russisch, Türkisch, Englisch – übersetzt werden soll. Mit dem Lernarrangement, so zeigt es die sequenzlogische Rekonstruktion, gehen spezifische Strukturprobleme einher.

Da das Expertentum der deutschsprachigen Gruppen keinesfalls darin liegen konnte, ins Deutsche zu übersetzen, „kriegen" sie hiermit nun die Aufgabe, „ins Englische zu übersetzen". Daran ist besonders auffällig, dass „die Deutschen" eine Aufgabe „kriegen" und nicht wie die beiden anderen Übersetzergruppen eine Aufgabe „haben". Hierin bestätigt sich nun der zuvor extrapolierte Zusammenhang des sinnlogischen Unterschieds, eine Aufgabe entweder zu bekommen oder zu haben. Dieser Sprechakt bestätigt in deutlicher Weise das systematische Deutungsmuster, wonach es offenbar zur sozionatürlichen Eigenschaft der türkisch- und russischsprechenden Gruppen gehört, zu übersetzen. Dabei fällt jedoch unter den Tisch, dass Mehrsprachigkeit durchaus eine Fertigkeit ist, die erarbeitet werden muss. Schließlich müssen alle Sprachen erlernt werden. Die Schülerinnen und Schüler aber sollen sie gewissermaßen wie eine Dienstleistung einbringen, die für das didaktische Setting zwar benötigt, aber nicht gewürdigt wird. Im Gegenteil: Ihre spezifische Leistung, ihre Mehrsprachigkeit, mindestens zwei Sprachen zu beherrschen und von einer in die andere zu übersetzen, wird als solche sogar aberkannt. Ganz so, als gehöre es sowieso zu ihren alltäglichen Tätigkeiten oder ihrer Natur, zu übersetzen.

Dies wird vor allem über den Kontrast zur Aufgabe, welche die Deutschen „kriegen", nämlich die bereits erwähnten Sätze ins Englische zu übersetzen, deutlich. Für sie wird Englisch augenscheinlich als eine Fremdsprache konstruiert. Es ist folglich eine Sprache, die es zu erarbeiten gilt, denn sonst hätte der Lehrer kaum Wörterbücher mitgebracht, ginge er nicht davon aus, dass diese zur Erarbeitung der Übersetzung benötigt werden.

Für die anderen Sprachgruppen gibt es keine Wörterbücher. Folglich muss er davon ausgehen, dass sie keine brauchen, sondern quasi naturwüchsig in die jeweilige Sprache übersetzen können. Die „Deutschen" bekommen eine Aufgabe, die anderen *haben* ihre Aufgabe.

3 Interpretation der Fallrekonstruktion im Kontext der gesamten Unterrichtsstunde

Die fallspezifische Antwort auf die Frage, worin der didaktische Sinn besteht, die deutschsprachigen Sätze von der Tafel ins Türkische, Russische und Englische zu übersetzen, verdeutlicht, in welchem sinnlogischen Zusammenhang die Übersetzungen zum Inhalt des Kantischen Weltbürgerrechts stehen. Zunächst konnte der/die aufmerksame LeserIn des Unterrichtsprotokolls hierüber nur Vermutungen anstellen. Die naheliegende Lesart, die Schüler benötigten eine Übersetzung, um die Sätze aus dem „Weltbürgerrecht" zu verstehen, ließ sich gleich zu Beginn der Rekonstruktion schon ausschließen, da alle Schülerinnen und Schüler über ausreichende Deutschkenntnisse verfügen. Dennoch muss sich in fachdidaktischer Perspektive etwas philosophieunterrichtlich Relevantes durch die Übersetzung ergeben, was nicht schon im Sinngehalt des deutschsprachigen Textes zum Weltbürgerrecht selbst steckt. Ansonsten wäre die Übersetzung didaktisch ein bloßer Umweg, der nichts zum sachlichen Verständnis des Unterrichtsgegenstandes beitrüge. Vermutungsweise hätte es darum gehen können, auf spezifische Schwierigkeiten bei der Übersetzung hinzuweisen. Da es sich um ein universalistisch konzipiertes Recht handelt, das in seine jeweiligen Kontexte einzubetten wäre, könnte die Notwendigkeit, zu übersetzen, darin bestehen, das universelle Recht kulturspezifisch besser verstehen zu lernen.

Der Lehrer wählt aber für seinen Unterricht eine ganz andere Variante. Die Schülerinnen und Schüler sollen nämlich im Anschluss an ihre Übersetzungen Plakate erstellen, auf die sie die Thesen des Weltbürgerrechts in den verschiedenen Sprachen Deutsch, Türkisch, Russisch und Englisch schreiben. Die Plakate werden dann in der folgenden Stunde außerhalb des Kursraumes auf den Gängen und in der Empfangshalle der Schule aufgehängt. Das Unterrichtsgeschehen mündet also letztlich in eine symbolische

Geste. Hier soll offenbar etwas der Schulöffentlichkeit der Schule gezeigt und präsentiert werden. Der fallspezifisch didaktische Zweck, die Schülerinnen und Schüler übersetzen zu lassen, erschöpft sich darin. die Thesen des Weltbürgerrechts quasi werbewirksam und schulöffentlich in Szene zu setzen. Wohlmeinend lässt sich dies allenfalls als Beitrag zu einer Schulkultur verstehen, durch den sich die Schule nach innen multikulturell zeigen will. Aber auch hier zeigt sich wiederum, dass selbst dies nicht konsequent zu Ende gedacht wurde. Einmal in die unterschiedlichen Sprachen übersetzt, lassen sich die Begriffe auf den Plakaten nicht mehr von der gesamten Schulöffentlichkeit gleich gut verstehen. Sie können von nicht türkisch- und russischsprachigen Leserinnen und Lesern eben nicht als philosophische Einsichten, sondern nur als leere Sätze in fremden Sprachen bestaunt werden. Ein Exotismus nicht-deutscher Sprachen droht, in dem die Rollen der Fremden und der Nicht-Fremden klar ausgemacht sind. Der schulisch sakrosankte Maßstab, die deutsche Sprache zu sprechen, bleibt erhalten und die nicht-deutschen Sprachen werden auf ihre Plätze als bestaunte fremdartige Ausdrucksformen verwiesen.

Die latente Strukturproblematik von Unterricht und deren mögliches didaktisches Bearbeitungsmuster werden hier fallspezifisch deutlich. Statt die Sachlogik des Weltbürgerrechts zu entfalten und sie methodisch geleitet gemeinsam mit den Schülerinnen und Schülern aufzuschließen, stellt der Lehrer letztlich auf eine symbolisch-ästhetische Geste ab. Der Lehrer nimmt sich nicht des didaktischen Problems an, wie der Gegenstand bildend erschlossen werden könnte, sondern umgeht es dadurch vielmehr. So werden den Schülerinnen und Schülern keine Wege in die Gründe der Sache aufgezeigt, sondern lediglich ein Resultat präsentiert. Das aus einem fiktiven Interview mit Kant Extrahierte wird von den Lernenden bloß ins plakative Bild gesetzt und ihnen damit ein Ergebnis, das sich im buchstäblichen Sinne festhalten lassen und Aussagekraft haben soll, suggeriert. Auf diese Weise droht jedoch, das noch nicht Erschlossene von ihnen bloß unverstanden reproduziert zu werden. Die weltbürgerrechtlichen Sätze, die eingangs an die Tafel geschrieben wurden, werden für die Inszenierung von sprachlicher Multikulturalität bloß instrumentalisiert. Deren ursprünglich politischer Gehalt wird ästhetisch zu einer hohlen Geste aufgeblasen. Zu einem Verständnis der philosophischen Sache, die didaktisch im Medium des Weltbürgerrechts etwa das geltungstheoretisch interessante Thema von Universalismus und Relativismus und dessen soziale Implikationen im Kontext von Mehrsprachigkeit hätte verhandeln können, wird dies wohl kaum führen. Denn die didaktische Instruktion richtet sich gar nicht inhaltlich auf irgendeine Sache, sondern bleibt ihr rein äußerlich. Ironischerweise könnte aber allein der umgekehrte Weg dazu führen, sogar eine multikulturelle Dimension des Gegenstandes Weltbürgerrecht zu erarbeiten. Schließlich ließen sich doch aus seinen normativen Gehalten, beispielsweise keiner Person vorschreiben zu dürfen, wo sie zu leben habe, oder aus dem unbedingten Gebot allgemeiner Hospitalität, ohne große Umstände sinnvolle Bezüge zur Multikulturalitätsdebatte, wie sie einleitend skizziert wurde, herstellen.

Statt aber sowohl die Schülerinnen und Schüler als Bildungssubjekte im Unterricht ernst zu nehmen als damit auch den philosophischen Gehalt des Unterrichtsgegenstandes zu würdigen, werden sie durch die didaktische Instruktion des Lehrers eher zum dienstleistenden Personal einer Unterrichtsinszenierung multikultureller Sprachpraxis. Wer anfänglich die Hoffnung hegte, vielleicht durch andere Sequenzen desselben Unterrichts noch eines Besseren belehrt zu werden, wird auch durch das weitere empirische Material bitter enttäuscht. An keiner Stelle im gesamten Protokoll des Unterrichtsverlaufs gewinnt der Leser den Eindruck, den Lernenden werde zugemutet oder gar ermöglicht, den Sinngehalt des Weltbürgerrechtes zu erschließen. Es kann sich auch gar kein Interesse an der Sache artikulieren, da die Schülerinnen und Schüler dauernd damit beschäftigt sind, sich selbst in Gruppen zu organisieren. Schon die Wahl des Lehrers, auf ein präpariertes fiktives Interview mit Immanuel Kant als Ersatz für die Originalquelle zurückzugreifen, verbirgt die Sache hinter einer Form, die ihrerseits eher noch zu zusätzlichen Missverständnissen führt, denn zur sachlichen Klärung des zweifellos von sich aus durchaus schon anspruchsvollen Kantischen Textes beiträgt. Eine eigenständige Rekonstruktion hierzu könnte dies sicherlich belegreich illustrieren.

Die logisch und semantisch verwirrenden, aber doch mit großem Aufwand betriebenen Gruppendifferenzierungsprozesse können, wie es die rekonstruierte Miniatur gezeigt hat, folglich keinesfalls zur Erschließung des Unterrichtsgegenstandes führen, sondern wirken wie eine dem Gegenstand bloß äußerliche Veranstaltung. Der Gegenstand wird in dieser Art didaktischer Instruktion vielmehr austauschbar. Nicht der Sinn des Spiels wird erklärt, sondern es werden vielmehr dauernd neue Spielregeln eingeführt, wie es der weitere Verlauf des Unterrichts zeigt. Dabei wird der Schein, die Gruppenbildungsprozesse seien auf einen didaktischen Zweck, einen Spielsinn, bezogen, stets aufrecht erhalten. Die Sprache des Falles, die abstrakt planenden Formulierungen und vermeintlich um Exaktheit bemühte Begriffswahl suggeriert jedoch bloß eine sinnvolle Gruppeneinteilung, deren latente Struktur sich rekonstruieren ließ. Eine soziale Form wird ohne Rücksicht auf ihren materialen Inhalt durchexerziert.

In Ermangelung einer Didaktik also, welche die Lernenden fragend mit den Ansprüchen der Sache verwickelt, um sie auf diese Weise je individuell in den Unterricht zu integrieren, versucht der Lehrer, ihre – von ihm attestierte – sprachliche Expertise für den Unterricht zu nutzen. Ihre sprachlichen Kompetenzen zu würdigen und infolgedessen im Sinne der curricularen Anforderung des Faches Praktische Philosophie im Sinne einer Interkulturellen Pädagogik differenzsensibel die kulturelle Verschiedenheit der Schülerinnen und Schüler anzuerkennen, verstrickt sich jedoch, wie gesehen, in strukturelle Widersprüche pädagogischer Praxis, zwischen Gleichheit und Differenz vermitteln zu müssen.

Gleich sind die Schülerinnen und Schüler, so lässt sich das Deutungsmuster des Lehrers zuspitzen, darin, eine herkunftskulturell verschiedene Sprache zu sprechen, für die eben nicht gefragt werden muss, ob, wie und wie gut sie erlernt wurde. Das herkunftssprachliche Konzept von Multilingualität dient im Fall letztlich dazu, zwischen sogenannten allochthonen und autochthonen zu unterscheiden und damit eine nationalgesellschaftliche Binnendifferenz in „Deutsche“ und „Nichtdeutsche“ einzuführen. Im semantischen Unterschied, „eine Aufgabe“ zu „haben“ und „eine Aufgabe“ zu „kriegen“, geht es schließlich nämlich ums Ganze dieser kulturell produzierten Unterschiede. Während die einen eine Aufgabe bekommen, eignet es gewissermaßen den anderen qua Natur, sie zu erfüllen. Dies führt strukturlogisch in die Paradoxie, vermeintlich differenzsensibel verschiedene Sprachpraxen zum erziehenden Zwecke ihrer Wertschätzung einführen zu wollen und doch mittels dessen die Sprache auf den Leib zuzuschreiben und sie damit als anerkennenswerte Leistung geradezu abzuwerten. Der semantische Unterschied zwischen „haben“ und „kriegen“ zeigt diese Naturalisierung ganz deutlich in der Rekonstruktion an.

Das Konzept der Herkunftssprache als Erstsprache bricht sich aber bereits schon an der Migrationswirklichkeit der Schülerinnen und Schüler. Gehört die russischsprachige Gruppe in der untersuchten Schule zu den noch selbst migrierten Lernenden, handelt es sich bei den türkisch Sprechenden um Eingewanderte der zweiten und dritten Generation, die nicht selbst migriert sind. Während also in der ersten Gruppe tatsächlich im Herkunftskontext der Sprecher und Sprecherinnen russisch gesprochen wurde, ist das für die zweite Gruppe nicht mehr so klar zuzuordnen, was überhaupt sogenannte Erst- und Zweitsprache, geschweige denn Herkunftssprache ist. Zudem gab es Schülerinnen im Kurs, die sich, auch wenn sie türkische Sprachkenntnisse besitzen, als Kurdinnen verstehen und dennoch, wie so häufig, über Sprache mit den Türken zu einer Gruppe gezählt wurden. Da sie über dieselbe Aufgabe sprachlich vereinheitlicht werden, wird deutlich, welche stereotypen Auffassungen in Bezug auf den Zusammenhang von Migration, Einwanderung und Zwei- bzw. Mehrsprachigkeit das Deutungsmuster des Lehrers beinhaltet. Die Schülerinnen und Schüler werden als kleine Vertreter nationalgesellschaftlicher Staaten angesehen. Sie haben bereits, das bringt der rekonstruierte Fall ebenso ans Licht, längst ein Verständnis davon, als wer sie im Rahmen des herkunftskulturellen Sprachkonzepts zu gelten haben. Daher ordnen sie sich brav den zugewiesen Gruppen zu.

4 Fazit

Das nationalgesellschaftliche Denken bleibt – und das zeigt die Rekonstruktion des Falles deutlich – auch dann noch erhalten, wenn durch Migrationsphänomene deren Zuordnungen und Differenzen obsolet geworden sind. Der rekonstruierte Unterricht spiegelt ein Konzept Interkultureller Pädagogik wider, das sich – wie so oft – überhaupt nicht von seinen ausländerpädagogischen Anfängen konzeptuell verabschiedet hat, obwohl sich deren gesellschaftliche Ursachen vollkommen verändert haben. Trotzdem werden, wie im vorliegenden Fall, die Schülerinnen und Schüler weiterhin ungebrochen als Vertreter von nationalgesellschaftlich ausgeformter und distinkter Kulturen betrachtet. In der rekonstruierten Unterrichtsstunde sind es Herkunft und Sprache, deren unterrichtliche Inszenierung genau so wenig mit der Realität der Einwanderungsgesellschaft zu tun haben, wie das Gesellschaftsbild abgeschlossener Kulturen immer schon unzutreffend war, worauf die historische Migrationsforschung aufmerksam machen kann.

Zwar lässt sich die Interkulturelle Pädagogik aus normativen Gründen zutreffend verabschieden, doch sollte kritisch an ihrer Empirie festgehalten werden, insbesondere in solchen Fallminiaturen wie der vorliegenden die schulische interkulturelle Praxis aufzuzeigen und darüber in Bezug zu ihren pädagogischen und didaktischen Zielsetzungen aufzuklären. Denn: Die Kritik an fallspezifischen Formen pädagogischer Praxis, die rekonstruiert, wie Einheit und Differenz in der Schule praktisch werden, hält der theoretischen Idee in der Frage die Treue, wie sich „ohne Angst, verschieden zu sein“[22] leben ließe.

22 Theodor W. Adorno: Minima Moralia, Frankfurt a.M. 1951.

Wie sokratisch ist das „sokratische Gespräch"?

Caroline Heinrich

Einleitung

Das Gespräch über Philosophie ist ein wesentlicher Bestandteil des Philosophieunterrichts. In der Philosophiedidaktik wird das Thema „Gespräch im Philosophieunterricht" primär in Konzepten des „sokratischen Gesprächs" aufgearbeitet.

Zwei Fragen sind für diesen Aufsatz leitend:

1. Sind diese Konzepte gemessen an der ursprünglichen sokratischen Praxis überhaupt als sokratische zu bezeichnen? Und
2. Kann ein Gespräch über Philosophie im Unterricht überhaupt an die sokratische Praxis anknüpfen?

Um diese Fragen zu beantworten, erfolgt in Kapitel 1 eine Auseinandersetzung mit Konzepten des „sokratischen Gesprächs" (Nelson, Heckmann, Raupach-Strey). Es wird dargestellt, was diese Konzepte beinhalten und welches Philosophieverständnis ihnen zugrunde liegt, sie werden auf ihren Umgang mit der ursprünglichen sokratischen Praxis hin untersucht, und es wird diskutiert, ob sie sich als Anknüpfungspunkte für das Gespräch über Philosophie im Unterricht eignen.

In Kapitel 2 wird zunächst die Art des Sprechens im Philosophieunterricht als eine „Praxis des Wahrsprechens" (Foucault) charakterisiert, wodurch „Parrhesia" über den Primat der Konsensfindung gestellt wird. Um die Frage zu beantworten, ob für die Praxis des Wahrsprechens an die sokratische Praxis des Wahrsprechens angeknüpft werden kann, werden anschließend die Untersuchungsergebnisse Foucaults dargestellt, in denen er die sokratische Praxis als eine besondere Form des Wahrsprechens kenntlich macht, deren Besonderheit aus dem Verhältnis zu anderen Formen antiken Wahrsprechens resultiert und von Foucault als „ethische Parrhesia" bezeichnet wird. Im Anschluss an diese Auseinandersetzung soll zuletzt die Frage beantwortet werden, ob die sokratische Praxis ethisch-parrhesiastischen Wahrsprechens für das Gespräch im Philosophieunterricht leitend sein kann und wenn nicht, an welchen Modus des Wahrsprechens angeknüpft werden kann.

1 Die sokratische Methode (Nelson)

Nelsons Vorstellung vom Philosophieunterricht ist, dass die Schülerinnen und Schüler ausschließlich lernen, von Einzelurteilen über besondere Erfahrungen und zufällige Begebenheiten zu abstrahieren, um in der Abstraktion vom Besonderen allgemeine Vernunftwahrheiten zu erkennen. Um diese Vernunftwahrheiten zu erkennen, sei die Unterrichtsmethode des reinen Lehrervortrags nicht geeignet. Was nämlich im Falle des mathematischen Vortrags noch möglich sei, dass „ein Lehrer dem selbstständigen Forschen des Schülers vor[greift], indem er [die] Grundsätze [der Mathematik] vorträgt", und der diese Grundsätze verstehen kann, „selbst wenn er den erfinderischen Weg zu ihnen hin nicht selbst durchläuft"[1], sei im Falle des philosophischen Vortrags unmöglich, da die philosophischen Grundsätze im Vergleich zu den mathematischen nicht unmittelbar einleuchtend seien.[2] Den beschwerlichen Weg der Abstraktion selbst zu gehen, um allgemeine Vernunftwahrheiten ins Bewusstsein zu heben, könne darum den Schülerinnen und Schülern nicht erspart werden[3]: „Jene allgemeinen Wahrheiten [der Philosophie] lassen sich [...] zu Gehör bringen", werden aber „darum keineswegs eingesehen. Einsehen kann sie nur derjenige, der von ihrer

1 Leonard Nelson: „Die sokratische Methode", in: Das sokratische Gespräch, hrsg. von Dieter Birnbacher und Dieter Krohn, Stuttgart, 2002, S. 34.

2 Vgl. a.a.O., S. 30.

3 „Wer im Ernst philosophische Einsicht vermitteln will, kann nur die Kunst des Philosophierens lehren wollen. Er kann seine Schüler nur anleiten, selbst den beschwerlichen Rückgang anzustellen, der allein die Einsicht in die Prinzipien gewährt. Soll es also überhaupt so etwas wie philosophischen Unterricht geben, so kann es nur Unterricht im Selbstdenken sein, genauer: in der selbstständigen Handhabung der Kunst des Abstrahierens." a.a.O., S. 34/35.

Anwendung ausgeht in Urteilen, die er selbst fällt, und der dann, indem er selbst den Rückgang zu den Voraussetzungen dieser Erfahrungsurteile vollzieht, in ihnen seine eigenen Voraussetzungen wiederkennt."[4] Diesen Rückgang zu den Voraussetzungen der Erfahrungsurteile, den Rückgang „von den Folgen zu den Gründen" bezeichnet Nelson als „regressive Methode der Abstraktion".[5]

Nelson sieht in Sokrates den Begründer und Verfechter dieser Methode. Sokrates' Interesse am Alltag der Athener habe vor allem das methodische Interesse zugrunde gelegen, seine Schüler ausgehend von Alltagsbeobachtungen zur Erkenntnis ethischer Wahrheiten gelangen zu lassen. Es sei falsch, zu behaupten, „daß in der Anknüpfung an die Angelegenheiten des täglichen Lebens nur das praktische Interesse des Sokrates an der sittlichen Aufrüttelung seiner Mitbürger zum Ausdruck komme", da Sokrates, „wäre [er] mehr Naturphilosoph gewesen als Ethiker", „seine Spekulationen in der gleichen Weise eingeleitet"[6] hätte.

Die Tatsache, dass Sokrates seine Schüler kein bestimmtes Wissen gelehrt hat, sondern ihnen den Weg zu diesem Wissen aufgewiesen habe, erklärt Nelson damit, dass Sokrates sich der Tatsache bewusst war, dass wahres Wissen grundsätzlich „selbst geborenes" Wissen sein müsse. Die Tatsache, dass Sokrates die Methode der Regression nicht dazu verwendet habe, ein System des ethischen Wissens aufzubauen, erklärt Nelson damit, dass Sokrates die methodische „Vorfrage [...]: *Wie* gelange ich zum Wissen über die Tugend?"[7] nicht losließ.

Nelson geht es darum, mit Hilfe der regressiven Methode der Abstraktion aus der Philosophie eine Wissenschaft zu machen und damit das unvollendet gebliebene Projekt Sokrates' zu vollenden. Ist es „das Ziel jeder Wissenschaft, die ihr vorliegenden Urteile zu begründen durch Zurückführung auf allgemeinere Sätze, die ihrerseits gesichert werden müssen, um dann, von diesen Grundsätzen aus vorwärtsschreitend, mit Hilfe logischer Folgerungen das System der Wissenschaft aufzubauen"[8], so sollen die durch

4 a.a.O., S. 33/34.

5 a.a.O., S. 33.

6 a.a.O., S. 40.

7 a.a.O., S. 26.

8 A.a.O., S. 29.

die regressive Methode einsichtig gemachten Vernunftwahrheiten das Fundament abgeben, auf dem das System der philosophischen Wissenschaft errichtet werden kann.

Nelson wird dabei nicht müde, angesichts des chaotischen Zustands, in dem sich die Philosophie befindet, auf die Dringlichkeit dieser Aufgabe hinzuweisen. Er kritisiert, dass die Philosophie aus dem „Stadium des Herumtappens“[9] noch nicht herausgefunden habe, sie sich noch im „Jugendstadium“[10] ihrer Entwicklung befinde, ihre Gegenstände nicht einheitlich seien[11] und die Philosophinnen und Philosophen weder verbindliche wissenschaftliche Kriterien erarbeitet noch die Notwendigkeit, Einigkeit in der Methodenfrage zu erzielen, überhaupt eingesehen hätten.[12] Würde überhaupt eine Methode in Anspruch genommen, würde diese von den Nachfolgenden „von vornherein als zeitlich oder individuell bedingte“ angesehen. Fehler einer Methode würden nicht „zum Ansatzpunkt [gemacht], um die Mängel in der gleichen Richtung zu überwinden, sondern [...] zu Konstruktionsfehlern gestempelt, die völlig neuen Konstruktionen weichen müssen [...].“[13]

Die Anwendung der sokratischen Methode im Philosophieunterricht soll diesem Spuk ein Ende bereiten. Die Philosophie soll nach dem Vorbild der Mathematik in „wohlgeordnete und gesetzliche Zustände“[14] der Wissenschaft überführt werden. Die regressive Methode im Philosophieunterricht dient dazu, „das Denken der Philosophen unter ihre Regeln [zu] zwing[en]“[15], damit der „Zustand der Anarchie“ beendet wird, wo „jeder sich selbst Gesetz und Regel gibt [...].“[16]

---

9 A.a.O., S. 25.

10 A.a.O., S. 24.

11 In Übereinstimmung mit Windelband erklärt Nelson: „Diese Feststellung [der Nicht-Übereinstimmung in Fragen der Methode] erscheint umso betrübender, als er [Windelband] vorher zugestehen muß, daß nicht einmal für den Gegenstand der philosophischen Untersuchungen ein gleichbleibendes Merkmal festgestellt werden kann.“ A.a.O.

12 Vgl. a.a.O., S. 23 und 25.

13 A.a.O., S. 24.

14 A.a.O., S. 72.

15 A.a.O., S. 31.

16 A.a.O., S. 24.

1.1 Kritik an der sokratischen Methode

Nelsons sokratische Methode ist nicht nur im Hinblick auf die adäquate Abbildung des sokratischen Gedankens problematisch (siehe Kapitel 1.3), sondern auch im Hinblick auf das mit seiner Methode verknüpfte Ziel, Philosophie in Wissenschaft zu überführen, sowie die damit verbundene Auffassung von „Philosophie" und „Philosophieren".

Problematisch ist, dass Nelson der Philosophie nur unter der Voraussetzung, Wissenschaft zu sein, einen Wert zuerkennen kann, was ihn dazu zwingt, (fast) die gesamte Tradition philosophischen Denkens herabzuwürdigen („Stadium des Herumtappens"). Dabei erörtert Nelson nicht, welcher Stellenwert einem System der wissenschaftlichen Philosophie zukommen soll: Soll die wissenschaftliche Philosophie die Grundlagen aller anderen Wissenschaften begründen und klären? Soll sie die Gesamtheit der Einzelwissenschaften unter ihrem Dach (wieder) versammeln?

Nelson macht mit dem erklärten Ziel der Verwissenschaftlichung der Philosophie deutlich, dass er die „Anarchie der Philosophie" nicht hinzunehmen bereit ist, zeigt damit aber letztlich, dass er die Philosophie als solche nicht hinzunehmen bereit ist. Denn da jeder große Philosoph ein Problem entdeckt, das niemand vor ihm so gesehen hat, ist es unabdingbar, dass er sich, um das Problem zu lösen, „selbst Gesetz und Regel" gibt. Die Vorstellung, dass es das einzige, gleichbleibende Merkmal in der Geschichte der Philosophie sein könnte, dass jede Konstruktion notwendig einer neuen weichen muss, da die Erkenntnisse an eine besondere Frage und das Subjekt, das sie stellt, gebunden sind, ist für Nelson unannehmbar.

Nelsons Begriff des Philosophierens als „Kunst des Abstrahierens"[17] schließt daher das Wesentliche der philosophischen Tätigkeit – Probleme zu finden und individuelle Wege und Begriffsbestimmungen und Begriffsverbindungen zu ihrer Lösung zu erfinden[18] – aus. Nelson: „Philosophieren ist [...] nichts anderes, als mit Hilfe des Verstandes [die] abstrakten Vernunftwahrheiten zu isolieren und in allgemeinen Urteilen auszusprechen"[19],

[17] A.a.O., S. 35.

[18] Siehe dazu: Gilles Deleuze und Félix Guattari: Was ist Philosophie?, Frankfurt a. M., 2000.

[19] Nelson 2002, a. a. O., S. 33.

„Philosophieren“ heißt, die Regeln der regressiven Methode zu befolgen.[20] Die regressive Methode stellt so das geeignete Verfahren dar, um dem anarchischen Treiben der Philosophen ein Ende zu bereiten.

Nelsons Begriff der Philosophie umfasst konsequenterweise auch nicht die Gesamtheit philosophischer Fragestellungen und ihrer Lösungen und die Gesamtheit ihrer Gegenstände und Methoden. Nelson versucht vielmehr, den Begriff der Philosophie von den unter den Philosophen unstrittigen Resultaten aus zu bestimmen: „Die großen philosophischen Wahrheiten sind im Grunde seit jeher das Gemeingut aller bedeutenden Denker gewesen.“[21] „Philosophie“ ist für Nelson der „Inbegriff [...] allgemeine[r] Vernunftwahrheiten“.[22]

Die Fragwürdigkeit dieser Auffassung, nach der „allgemeine Vernunftwahrheiten“ („Philosophie“) nach „eindeutigen, die Willkür ausschließenden Regeln“[23] („Philosophieren“) erkannt werden sollen, soll im Folgenden an zwei von Nelson angeführten Beispielen verdeutlicht werden.

In einem ersten Beispiel versucht Nelson zu zeigen, dass der „Satz von der Beharrlichkeit der Substanz“ (Kant) eine allgemeine Vernunftwahrheit ist und für jedes Urteil, das sich auf einen Einzelfall bezieht, bestimmend ist. Selbst ein Skeptiker, der einen Gegenstand verloren hat, würde diesen nämlich suchen, da er von der „allgemeinen Wahrheit“ ausginge (auch wenn sie ihm verborgen wäre), dass der Gegenstand nicht zu Nichts werden könnte, und er somit „den metaphysischen Satz von der Beharrlichkeit der Substanz“[24] anwendet (auch wenn er ihn bestreitet).

Hier rächt es sich, dass Nelson den Kontext von philosophischer Frage und Antwort ausklammert und sich so ungewollt über Kant hinwegsetzt. Denn Kants Frage ist nicht, ob es Substanz gibt oder nicht, sondern wie apriorische Erkenntnis möglich ist. „Substanz“ ist bei Kant ein Schema des Verstandes, durch das in der Zeit Bleibendes von dem in der Zeit Wechselnden unterschieden wird, was notwendig ist, um Erfahrungserkenntnis

---

20 Vgl. a.a.O., S. 35.

21 A.a.O., S. 25.

22 A.a.O., S. 33.

23 A.a.O., S. 25.

24 A.a.O., S. 32. Nelson selbst bezeichnet sein Beispiel als trivial (a.a.O.). Aber nicht das Beispiel ist trivial, sondern die „Vernunftwahrheit“, für die es stehen soll.

in Bezug auf die Erscheinungen der Dinge möglich zu machen.[25] „Metaphysisch“ ist der Satz von der Beharrlichkeit der Substanz für Kant also gerade nicht in einem dogmatischen Sinne (es gibt Substanz oder es gibt sie nicht), sondern in einem transzendentalen Sinne, als Bedingung der Möglichkeit von (Erfahrungs-)Erkenntnis. Transzendentale Erkenntnis ist dabei nicht, wie Nelson meint, der Beobachtung von „Daten“ beigeordnet[26], sondern muss als Ermöglichungsgrund für die Einsicht in die Ordnung von Beobachtetem überhaupt angenommen werden.

Dadurch, dass Nelson die zur Antwort gehörende Frage Kants ausklammert, drückt das Beispiel keine „Vernunftwahrheit“ aus, sondern eine triviale empirische Tatsache: *Gegenstände lösen sich nicht in Luft auf*. In philosophischer Hinsicht ist mit Nelsons allgemeiner Vernunftwahrheit darum nichts gewonnen. Es handelt sich nicht um eine Wahrheit, bei der die Philosophie ankommt, sondern um eine, bei der die philosophischen Schwierigkeiten überhaupt erst beginnen.

An einem zweiten Beispiel versucht Nelson zu zeigen, dass „Rechtsidee“ und „ethische Wahrheiten“ allgemeingültig und für jedes Urteil, das sich auf einen Einzelfall bezieht, bestimmend sind. Selbst ein Skeptiker, der dies bestreitet, würde sich nämlich über Landwirte, die zum Zweck eines höheren Gewinns die Auslieferung von Getreide hinauszögern, was zur Folge hat, dass das Brot gestreckt werden muss, empören und die Landwirte der Wucherei bezichtigen. Durch seine Empörung würde dieser Skeptiker nun allerdings anzeigen, dass er „faktisch die metaphysische Voraussetzung der Gleichheit des Anspruchs [von Produzenten und Konsumenten] auf Interessenbefriedigung, unabhängig von der Gunst oder Ungunst der persönlichen Lage, anerkennt.“[27]

Auch dieses Beispiel drückt keine „Vernunftwahrheit“ aus, sondern bezeichnet eine triviale empirisch-anthropologische Wahrscheinlichkeit: *Wer*

---

25 Immanuel Kant: Kritik der reinen Vernunft, hrsg. von Jens Timmermann, Hamburg, 1998, II. Buch, 1. Hauptstück, A 144, S. 244 und II. Buch, 2. Hauptstück, A. 182–189, S. 280–286.

26 „In jedem einzelnen [...] Urteile liegt neben den einzelnen Daten, wie sie die Beobachtung liefert, in der Form der Beurteilung selbst eine Erkenntnis verborgen, die nur nicht als solche gesondert aufgefaßt wird [...].“ Nelson 2002, a. a. O., S. 32.

27 A.a.O., S. 33.

einen Nachteil aufgrund des Vorteils eines anderen erleidet, wird das wahrscheinlich ungerecht finden. In philosophischer Hinsicht ist auch hier nichts gewonnen: Das Beispiel hinkt nicht nur, da der, der sich über den Wucher empört, damit nicht gleichzeitig gleiches Recht anerkennen muss, sondern sich faktisch auch nur in seinem Recht verletzt sehen kann, ohne die Idee gleichen Rechts entwickelt zu haben. Sondern Nelsons allgemeine Vernunftwahrheit „Allgemeingültigkeit von Rechtsidee und ethischer Wahrheit“ ist insgesamt fragwürdig. Warum werden „Rechtsidee“ und „ethische Wahrheit“ in einem Atemzug genannt? Werden juridisches und moralisches Gesetz nicht differenziert? Wird der Unterschied zwischen Selbstgesetzgebung – so zu handeln, dass die der Handlung zugrundeliegende Maxime allgemeines Gesetz werden könnte (Kant) – und allgemein geltender Rechtsordnung vielleicht nicht reflektiert? Und: Ist die Gleichheit der Geltung von Recht und Gesetz nicht zweischneidig? Bedeutet sie nicht Unterschiedliches, wie Anatole France mit dem Satz *„Sie verbieten es Armen und Reichen gleichermaßen, unter Brückenbogen zu nächtigen“*[28] ironisch kommentiert? Wäre also angesichts einer miserablen Lage der Landwirte die Verteuerung des Brotes nicht vielleicht ein Grund zur Freude?

Das Problem ist, dass die „allgemeinen Vernunftwahrheiten“, die Nelson mit den Beispielen verdeutlichen will, durch Abstraktion von besonderen Fragestellungen und Problemen den kleinsten gemeinsamen Nenner an Wahrheiten bezeichnen. Dieser kleinste gemeinsame Nenner beinhaltet jedoch keine philosophischen Einsichten mehr, sondern Trivialitäten wie *Gegenstände lösen sich nicht in Luft auf* und *Wer einen Nachteil aufgrund des Vorteils eines anderen erleidet, wird das wahrscheinlich ungerecht finden.* Der Denkweg, um auf sie zu stoßen, kann darum kein philosophischer sein. Das System des Wissens, das auf ihnen aufbaut, kann nicht philosophischer sein als sein unphilosophisches Fundament.

[28] Zit. in: Walter Benjamin: „Zur Kritik der Gewalt“, in: ders.: Zur Kritik der Gewalt und andere Aufsätze, Frankfurt a. M., 1965, S. 58.

1.2 *Kritik an der Fortsetzung der sokratischen Methode (Heckmann, Raupach-Strey)*

Nelsons Einführung der sokratischen Methode im Philosophieunterricht ist vor dem Hintergrund, Philosophie in Wissenschaft zu überführen und den „Zustand der Anarchie“ in der Philosophie zu beenden, konsequent. Nur vor diesem Hintergrund wird der ausschließliche Einsatz der regressiven Methode, die nach Nelson keine neuen Erkenntnisse erzeugt und Erkenntnisse nicht „schöpferisch vermehr[t]“[29], verständlich, und damit auch verständlich, warum Nelson den Lehrervortrag über Philosophie nicht durch das Gespräch zwischen Schülern und Lehrer über Philosophie ersetzt. Denn so richtig es natürlich ist, dass im Lehrervortrag vorgestellte Gedanken darum nicht automatisch seitens der Schüler verstandene Gedanken sind, so falsch wäre es, daraus den Schluss zu ziehen, auf diese im Unterricht ganz zu verzichten. Zu bedenken wäre lediglich, dass kein fremder Gedanke zum eigenen – und damit verstandenen – Gedanken werden kann, wenn er nicht im eigenen Denken, wie Wygotski sagt, neu erschaffen[30], oder, wie Sokrates sagt, selbst „geboren“ worden ist.[31] Schüler außerdem dazu zu bewegen, „über die Gründe jeder Behauptung Rechenschaft abzulegen“[32], sie mit Gegenfragen: „Was meinen Sie mit Ihren Worten?“[33] zu löchern, ihnen zuzumuten, „das, was man sagen will, auch wirklich zu sagen“[34] oder sie ihre Denkschritte kritisch beurteilen zu lassen[35], lässt sich gleichermaßen praktizieren an ersten Aussagen der Schüler, an ihren Aussagen über das Denken anderer wie zuletzt an denjenigen, in denen fremde Gedanken zu eigenen geworden sind. Schülern hingegen die Konfrontation mit unterschiedlichen Philosophien vorzuenthalten, wie es Nelsons sokratische Methode vorsieht,

29 Nelson 2002, a. a. O., S. 31.

30 Siehe: Lew Semjonowitsch Wygotski: Denken und Sprechen, Frankfurt a. M., 1988, S. 333–350.

31 Siehe: Platon: Theätet, übersetzt von Friedrich Schleiermacher, überarbeitet von Alexander Becker, Bd. 9, Frankfurt a. M., 2007, 148d-151d, S. 30–41.

32 Nelson 2002, a. a. O., S. 39.

33 A.a.O., S. 49.

34 A.a.O., S. 50.

35 A.a.O., S. 53.

hieße, ihnen den Einblick in die Tätigkeit der Philosophen und ihre unterschiedlichen Fragen und Erkenntnisse zu verweigern.

Da nun der von Nelson gezogene Schluss, auf den reinen Lehrervortrag zugunsten der regressiven Methode zu verzichten, nur vor dem Hintergrund seiner Absicht, das chaotische Treiben der Philosophen zu beenden, verständlich ist, ist es umso unverständlicher, dass an dieser Methode auch nach Nelson von Heckmann, Raupach-Strey und anderen festgehalten wird.

Heckmann, der Regeln für die Durchführung eines sokratischen Gesprächs ausgearbeitet hat, und Raupach-Strey, die sich u. a. mit Gemeinsamkeiten und Unterschieden zur Habermasschen Diskurstheorie beschäftigt hat, stellen zwar das mit der Methode verbundene Ziel Nelsons in Frage. Heckmann relativiert den Anspruch auf Erkenntnis allgemeiner Vernunftwahrheiten, führt stattdessen den Konsens als Gesprächsziel ein und hält fest, dass die intersubjektiv als gültig anerkannten Aussagen den Status vorläufiger Wahrheiten besäßen, jeder erzielte Konsens somit „den Charakter: bis auf weiteres"[36] besäße. Raupach-Strey erklärt, dass „zugunsten des Denkprozesses [...] auf zusammenhängende, systematische Fixierung [verzichtet]"[37] werde, der „Anspruch auf ein *Gesamtsystem* philosophischer Erkenntnisse [...] aufgegeben"[38] sei, und zur „heutigen Auffassung vom Sokratischen Paradigma [...] nicht mehr Nelsons strenges Wissenschaftsideal [gehöre], wohl aber die Option auf *strenge Rationalität.*"[39]

Heckmann und Raupach-Strey stellen aber nicht Nelsons Methode überhaupt in Frage. Stattdessen wird, wie Birnbacher feststellt, Nelsons Unterrichtsmethode von Heckmann „zum Medium der Philosophie schlechthin", zur Praxis der Philosophie überhaupt erklärt. Die Methode wird „nicht mehr nur als Weg, sondern [als] eigenständiges Ziel"[40] ver-

---

36 Gustav Heckmann: „Lenkungsaufgaben des sokratischen Gesprächsleiters", in: Das sokratische Gespräch, hrsg. von Dieter Birnbacher und Dieter Krohn, Stuttgart, 2002, S. 79.

37 Gisela Raupach-Strey: „Das Sokratische Paradigma und die Diskurstheorie", in: Das sokratische Gespräch, hrsg. von Dieter Birnbacher und Dieter Krohn, Stuttgart, 2002, S. 113.

38 A.a.O., S. 124.

39 A.a.O., S. 116.

40 Dieter Birnbacher: „Philosophie als Sokratische Praxis", in: Das sokratische Gespräch, hrsg. von ders. und Dieter Krohn, Stuttgart, 2002, S. 150/151.

standen. Raupach-Strey führt diese Unternehmung fort. Sie betrachtet das sokratische Gespräch als ein „redliches“ Philosophieren, da es „wirkliche Erfahrungen und die Erfahrung der Wirklichkeit ernst“[41] nehme, als ein demokratisches Philosophieren, da alle nach „Erkenntnis der Wahrheit über ein philosophisches Problem“ suchten und nach einem „konsensfähigen Urteil“[42] strebten, als ein partizipatorisches Philosophieren, da jeder „Mensch qua Vernunft die Fähigkeit [habe], zur Wahrheitserkenntnis beizutragen“[43], als eine Praxis also, in der das „einsame Denken überwunden“[44] wird und die Werte der westlichen Welt in gleichberechtigten, vorurteilslosen, offenen und toleranten Menschen verwirklicht sind.

Nur: Wenn das Philosophieren sein soll, wie wäre dann die Tätigkeit der Philosophen von Platon bis Baudrillard zu bezeichnen? Wären sie nicht am weitesten von der Wahrheit entfernt, wenn „ein vernünftiger Konsens der Wahrheit im allgemeinen näher kommt als nicht konsensfähige Aussagen“[45]? Wären die Philosophen nicht eigentlich überflüssig, da sie untereinander einen „Wahrheits-Konsens“[46] nie zustande gebracht haben? Oder hätte Kant die *Kritik der reinen Vernunft* vielleicht einfach nicht geschrieben, wenn er zusammen mit Hume sokratisch philosophiert hätte?

Das Problem besteht hier darin, dass aus der Philosophie eine „Demokratie der Wahrheit“ gemacht wird, die sie nicht ist. Die Demokratie kann sich auf den Konsens stützen (und sollte es tun), die Philosophie kann es nicht. Der Primat von Diskurs (Habermas) oder Gesprächskonsens (Heckmann, Raupach-Strey) widerstreitet dem Wahrheitsanspruch der Philosophie.

1.3 Kritik am Umgang der Nelsonschule mit dem ursprünglichen sokratischen Projekt

Nelson beansprucht für seine Methode, dass diese im Interesse von Sokrates liege und er die Methode des antiken Sokrates‘ lediglich von pädagogi-

---

41 Raupach-Strey 2002, a. a. O., S. 111.

42 A.a.O., S. 106.

43 A.a.O., S. 107.

44 Vgl. a.a.O., S. 135.

45 A.a.O., S. 125.

46 A.a.O., S. 124/125.

schen und methodischen Mängeln befreit habe. Nelson wird damit jedoch dem ursprünglichen sokratischen Projekt nicht gerecht.

Nelsons These lautet, dass den Fragen von Sokrates primär ein methodisches Interesse – „*Wie* gelange ich zum Wissen über die Tugend?“[47] – und kein praktisches Interesse – Wie führe ich meine Mitmenschen zu einem tugendhaften Leben? – zugrunde gelegen habe, und dass Sokrates‘ „Anknüpfung an die Angelegenheiten des täglichen Lebens“[48] zufällig gewesen sei. Nelson gründet dabei seine These auf eine Behauptung, die sich weder bestätigen noch widerlegen lässt: Wäre „Sokrates mehr Naturphilosoph gewesen als Ethiker, er hätte seine Spekulationen in der gleichen Weise eingeleitet.“[49] Sokrates‘ Beschreibung seines eigenen Lebensprojekts blendet Nelson aus.

In der *Apologie*[50] erklärt Sokrates nämlich, dass er „den ganzen Tag“ damit beschäftigt sei, sich „wie ein Vater oder älterer Bruder“ jedem Einzelnen zuzuwenden und ihm zuzureden, „sich doch die Tugend angelegen sein zu lassen“ (31 b), dass er „nichts anderes tue“, als „umher[zu]gehe[n], um jung und alt [...] zu überreden“, sich um nichts mehr zu „sorgen [als um] die Seele“ (30b), und dass er, wenn er den Eindruck habe, jemand behaupte nur, dass er dies tue, er diesen „nicht gleich loslassen und fortgehen, sondern ihn fragen und prüfen und ausforschen“ (29e) würde.

Sokrates‘ Mission besteht darin, seine Mitmenschen zu einem Leben anzustacheln, das dem entspricht, das er selbst führt: ein Leben, in dem man so viel wie möglich „nichts mit dem Leib zu schaffen noch gemein“[51] hat, sondern sich von Genüssen, Leidenschaften und sinnlichem Begehren fernhält; in dem man sich nicht um die Vermehrung seines Geldes, um Ruhm und Ehre, den Hausstand, Staatsgeschäfte, Ämter, Parteien und Intrigen (vgl. 29e, 36b) sorgt, sondern um „die Seele, daß diese aufs beste gedeihe“ (30b).

Sich um die Seele zu sorgen, bedeutet, darauf zu achten, dass sie nicht

---

47 Nelson 2002, a. a. O., S. 26.

48 A.a.O., S. 40.

49 A.a.O.

50 Platon, Apologie, in: ders.: Sämtliche Werke, Bd. 1, übersetzt von Friedrich Schleiermacher, hrsg. von Ernesto Grassi, Reinbek bei Hamburg 1966, 17a-42a, S. 9–31.

51 Platon: Phaidon, übersetzt von Friedrich Schleiermacher, Stuttgart, 2003, 67a, S. 17.

an einer falschen Meinung erkrankt, durch die man eine falsche Entscheidung für sein Leben treffen könnte und eine unrechte Handlung begehen könnte, sondern aufmerksam zu sein, damit sie sich gesund erhält, um recht zu handeln, indem man sich an das Wahre hält. Recht handelt, wer keinem Menschen Unrecht zufügt (vgl. 37b) – nicht „leichtsinnig Menschen aufs Leben [anklagt]“ (24c), Gerüchte in die Welt setzt, verleumdet, belügt, bedroht, vorsätzlich beleidigt (vgl. 37a) –, und wer sich an der Zufügung von Unrecht durch andere nicht beteiligt. Sokrates nimmt beides für sich in Anspruch: sich um nichts mehr zu kümmern als darum, „nichts Ungerechtes zu begehen“ (32d), und es abzulehnen, Schuld auf sich zu laden (vgl. 32c). Als er unter der oligarchischen Herrschaft der Dreißig mit ausgewählt wurde, den zu Unrecht angeklagten Leon von Salamis gefangen zu nehmen, weigerte er sich (vgl. 32d-e).

Um dieses „Leben im Wahren und Guten“ zu führen, um zu erkennen, was wahr und was falsch, was recht und was unrecht ist, ist Selbsterkenntnis notwendig. Wie kann man Ansichten als Täuschungen entlarven, wenn man sich noch über sich selbst täuscht? Darum geht es, wenn Sokrates die Menschen, mit denen er spricht, analysiert, ihre Ansichten als unbegründet enttarnt, sie der bloßen Meinung überführt, ihren Dünkel bloßstellt, er ihnen demonstriert, dass sie vielleicht etwas wissen, aber sich und ihr Wissen nicht zu beurteilen wissen, und er auf diese Weise die zurechtgezimmerten Lebenskonstruktionen in sich zusammenstürzen lässt.[52] Dann wirft Sokrates seine Gesprächsteilnehmer auf sich selbst zurück, um einer Selbsterkenntnis den Boden zu bereiten, die Bedingung für die Sorge um ein wahres Leben ist.

Eine weitere Überlegung, die Nelson zur Bekräftigung seiner These anstellt, ist, dass Sokrates den „Mangel an fruchtbaren Ergebnissen“ der Dialoge „gelassen hingenommen“ habe – „ohne eine Anwandlung von Skepsis hinsichtlich der Richtigkeit seiner Methode [. . .].“[53]

Natürlich ist es richtig, dass die meisten der aufgeworfenen Fragen

[52] Birnbacher spricht davon, dass es „zentral um das Denken des anderen und um diesen anderen selbst“ geht, das „Denken des anderen [. . .] durch sokratisches Befragen geläutert werden [soll], um letztlich die Person des anderen zu läutern.“ Birnbacher, Philosophie als Sokratische Praxis, a. a. O., S. 144/145.

[53] Nelson 2002, a. a. O., S. 26.

(nach dem Wesen der Weisheit, der Tugendhaftigkeit, der Tapferkeit) in den spezifisch sokratischen Dialogen Platons nicht beantwortet werden, dass das von Sokrates vorgeschlagene Verfahren scheitert, Begriffe angemessen zu definieren, um aus der Definition des Begriffs das Wesen der bezeichneten Sache zu erklären, für das Platon mit der Ideenlehre das theoretische Konzept geliefert hat. Nicht nachvollziehbar ist jedoch der Schluss, den Nelson daraus zieht: Dass Sokrates deshalb gelassen auf den „Mangel an fruchtbaren Ergebnissen“ reagiere, weil er von seiner Methode so fasziniert gewesen wäre. Legt man nämlich Sokrates‘ Beschreibung seines Lebensprojekts zugrunde, würde sich Sokrates‘ Gelassenheit angesichts des theoretischen Scheiterns durch die positive Wirkung des Gesprächs erklären. Im*Laches*[54] wird dies sehr deutlich: Laches gibt Lysimachos und Melesias am Ende des Dialogs den Rat, ausschließlich Sokrates weiter nach der „Erziehung der Jünglinge“ zu fragen (200c) – von Fachleuten in Sachen „Tapferkeit“ ist nicht mehr die Rede –, und Lysimachos bittet Sokrates, tags darauf zu ihm nach Hause zu kommen, da er seinen Rat, „gemeinschaftlich für uns und die Jünglinge Sorge zu tragen“ (201b), annimmt.

In praktischer Hinsicht kann also von einem „Mangel an fruchtbaren Ergebnissen“ nicht gesprochen werden.[55]

Heckmann und Raupach-Strey gehen anders als Nelson nicht von einer zufälligen „Anknüpfung [von Sokrates] an die Angelegenheiten des täglichen Lebens“ aus. Raupach-Strey glaubt sogar, in Sokrates‘ Bezug auf „Lebenswelt und Lebenssituation“ das Merkmal „originären Philosophierens“[56] zu entdecken. Dabei wird jedoch weder die Idee von „Gleichberechtigung der Gesprächsteilnehmer“ und „Wahrheits-Konsens“[57] aus den sokratischen Dialogen begründet noch ein theoretischer Ansatzpunkt dafür

---

[54] Platon: „Laches“, in: ders.: Sämtliche Werke, Bd. 1, übersetzt von Friedrich Schleiermacher, hrsg. von Ernesto Grassi, Reinbek bei Hamburg, 1966, 178a-201c, S. 151–175.

[55] Es stellt sich grundsätzlich die Frage, ob die Rolle der Aporie für Sokrates nicht darin liegt, die Notwendigkeit der Reflexion von Praxis dringlich zu machen, und zwar dadurch, dass die Unmöglichkeit der Erlangung evidenter theoretischer Einsichten von absoluter Gewissheit offengelegt wird. Denn durch die Unmöglichkeit der Erlangung absoluter Gewissheit wird die Notwendigkeit der Thematisierung von Praxis als persönliche Aufgabe offenbar.

[56] Raupach-Strey 2002, a. a. O., S. 111.

[57] a.a.O., S. 124.

entwickelt, welche Fragen als sokratische Fragen gelten können. Dies führt dazu, dass Fragen, die keine sokratischen Fragen sind, ein „sokratisches Gespräch" einleiten. Die Frage der Schüler in dem von Neißer vorgestellten Unterrichtsprojekt „sokratisches Gespräch": „*Unter welchen Bedingungen soll Sterbehilfe ethisch erlaubt sein?*"[58], ist dafür ein Beispiel. Die Frage der Schüler ist keine sokratische Frage, da sie auf eine Beantwortung der Frage hinausläuft, was der Gesetzgeber tun sollte. Sokrates' Befragungen hingegen zielen darauf, von der eigenen Lebenspraxis Rechenschaft abzulegen, und somit auf die Frage, was man selbst tun sollte. Sokratische Fragen könnten z. B. sein *Tue ich dem Sterbenden Unrecht, wenn ich die an mich gerichtete Bitte, ihm beim Sterben zu helfen, missachte?* Oder: *Habe ich schon Schuld auf mich geladen, wenn ich den Todkranken nur noch als jemanden sehe, der bald sterben wird?*

Der problematische Punkt ist hierbei natürlich nicht, dass mit Schülern über die Frage von Sterbehilfe zu diskutieren, nicht sinnvoll ist. Der problematische Punkt ist, dass ein Gespräch, das mit dem sokratischen nichts zu tun hat, „sokratisches Gespräch" genannt wird.

1.4 Resümee der Kritik an der Nelsonschule

In „sokratischer Methode" und „sokratischem Gespräch" wird Sokrates' Fragen nicht nur auf die Dimension analytischen Fragens reduziert und vom praktischen Ziel des sokratischen Fragens abgelöst. Diese Konzepte können darüber hinaus auch für die Praxis des Gesprächs über Philosophie im Unterricht nicht fruchtbar gemacht werden, weil ein Gespräch über Philosophie in diesen Konzepten gar nicht vorgesehen ist.

Bei Nelson soll im Philosophieunterricht ausschließlich die regressive Methode eingesetzt werden, um das Projekt der Verwissenschaftlichung der Philosophie voranzutreiben. Bei Heckmann und Raupach-Strey, die Nelsons Methode, ergänzt durch die Elemente „Gleichberechtigung" und „Wahrheits-Konsens", beibehalten, und die meinen, dass das Führen ei-

[58] Barbara Neißer: „Das sokratische Gespräch im Philosophieunterricht der Sekundarstufe II", in: Das sokratische Gespräch, hrsg. von Dieter Birnbacher und Dieter Krohn, Stuttgart, 2002, S. 205. Die Frage der Schülerinnen und Schüler meint eigentlich: Bei Vorliegen welcher Fälle soll Sterbehilfe gesetzlich erlaubt werden dürfen, da es ethisch zu rechtfertigen ist?

nes solchen Gesprächs schon Philosophie sei, erledigt sich die Frage nach dem Gespräch über Philosophie im Unterricht von selbst. Denn wenn die Anwendung der sokratischen Methode unter gleichberechtigt Wahrheitssuchenden mit dem Ziel der Konsensfindung bereits Philosophieren ist, braucht die Frage, welche Philosophie mit welchem Material für welche Lerngruppe Gegenstand des Philosophieunterrichts sein soll und wie dabei verfahren werden soll, damit die Schülerinnen und Schüler Philosophieren lernen, gar nicht mehr gestellt zu werden. Das Konzept „sokratisches Gespräch“ impliziert also nicht nur, Wahrheit zu demokratisieren und Philosophie zu pädagogisieren, sondern auch, sich gegen die didaktische Frage zu immunisieren.

2 Wahrsprechen und Parrhesia

Um die Frage zu beantworten, ob das Gespräch über Philosophie im Unterricht überhaupt an die sokratische Praxis anknüpfen kann, gilt es zunächst, die Art der Sprechhandlung, die im Raum des Philosophieunterrichts maßgeblich sein soll, näher zu bestimmen.

Ich bin der Ansicht, dass das Sprechen über Philosophie nur als eine „Praxis des Wahrsprechens“[59] bestimmt werden kann. „Praxis des Wahrsprechens“ bedeutet, dass theoretische Erkenntnis im Aussprechen derselben in Praxis übersetzt wird, jemand alles, was er erkannt hat, ausspricht und er das, was er denkt, exakt zum Ausdruck bringt. Die Praxis des Wahrsprechens unterscheidet sich dadurch erheblich von anderen Sprechhandlungstypen: vom Sprechhandlungstyp *nicht präzise sagen, was gewusst und was gedacht wird*, der den Maskierer der Wahrheit kennzeichnet, vom Sprechhandlungstyp *unvollständig sagen, was gewusst und gedacht wird*, der den Diplomaten kennzeichnet, vom Sprechhandlungstyp *das Gegenteil von dem sagen, was gewusst wird*, der den Lügner kennzeichnet, vom *nur aussprechen, was der andere hören will*, der den Schleimer kennzeichnet und vom *nichts Bestimmtes denken, aber trotzdem sprechen*, der den Schwätzer kennzeichnet.

[59] Siehe: Michel Foucault: Der Mut zur Wahrheit. Die Regierung des Selbst und der anderen II (frz.: Le courage de la vérité. Le gouvernement de soi et des autres II), Vorlesung am Collège de France 1983/84, übersetzt von Jürgen Schröder, Frankfurt a. M., 2012.

Um sich aber ein Urteil darüber bilden zu können, ob die für den Philosophieunterricht maßgebliche Praxis des Wahrsprechens an die sokratische Praxis anknüpfen kann, sollen im Folgenden Foucaults Untersuchungsergebnisse zu den antiken Formen Wahrsprechens und Sokrates‘ Verhältnis zu diesen dargestellt werden.

2.1 Sokrates und der „Mut zur Wahrheit" (Foucault)

In zwei Vorlesungszyklen am Collège de France und einer Vorlesung an der Universität Berkeley Anfang der 80er Jahre widmet sich Foucault dem Begriff der Parrhesia als einer Praxis des Wahrsprechens. Nicht eine erkenntnistheoretische Analyse antiker Wahrheitsbegriffe, auch nicht eine epistemische Analyse wahrheitskonstituierender Diskursregeln und ihrer Beziehung zur Macht bestimmen das Ziel seiner Untersuchung, sondern Bedingungen und Formen des Handlungstyps „Wahrsprechen". Die Frage ist, wie sich das Subjekt als ein wahrsprechendes „*manifestiert* und von den anderen als jemand [an]erkannt wird, der die Wahrheit sagt."[60]

Im Folgenden sollen Foucaults Forschungsergebnisse im Hinblick auf Sokrates‘ Beziehung zu den Formen antiken Wahrsprechens und seinen Gebrauch „ethischer Parrhesia" skizziert werden.

Foucault unterscheidet vier Modalitäten des Wahrsprechens, die in der Antike „deutlich bestimmt und institutionalisiert"[61] gewesen sind: das Wahrsprechen des Sehers, der das Schicksal prophezeit, das Wahrsprechen des Weisen, das sich auf das Sein der Dinge und der Welt bezieht, das Wahrsprechen des Fachmanns oder Lehrers, der sein Wissen (*techne*) weitergibt, und das Wahrsprechen desjenigen, der freimütig über Situationen, Menschen und ihre Handlungsweisen spricht und damit den *ethos* ins Spiel bringt[62]: das Wahrsprechen des Parrhesiasten.

Stellt man das prophetische, weise und fachmännische Wahrsprechen dem parrhesiastischen gegenüber, ergibt sich folgendes Bild: Während der Prophezeiende in Rätseln spricht, als Vermittler zwischen Gegenwart und Zukunft, zwischen Mensch und Gott fungiert und nicht in seinem eigenen

---

60 a. a. O., S. 15.

61 A.a.O., S. 45/46.

62 Vgl. a.a.O., S. 45.

Namen spricht, spricht der Parrhesiast in seinem eigenen Namen, spricht direkt und klar und bezieht sich nur auf die Gegenwart. Während der Weise „strukturell schweigsam“[63] ist, nur spricht, wenn er will, wie er will und keine Ratschläge erteilt, erteilt sie der Parrhesiast und betrachtet sein freimütiges Sprechen als seine Pflicht.[64] Während schließlich der Fachmann oder Lehrer durch die Vermittlung seines Wissens (*techne*) für das Weiterleben der Tradition sorgt, aber kein Risiko eingeht, geht der Parrhesiast in seinem Mut zur Wahrheit jedes Risiko ein[65]: Er riskiert, dass derjenige, an den er sich in seiner Rede wendet, sich von ihm abwendet, da ihn die Wahrheit verletzt, ihn verärgert oder zornig werden lässt. Er riskiert, dass sein Mut, dem anderen freimütig die Wahrheit zu sagen, nicht unbedingt auf den Mut des Gesprächspartners trifft[66]; die Rolle, die er vorschlägt, vom anderen – ob Volksmenge oder Freund, König oder Tyrann[67] – nicht angenommen wird; die Wahrheit, die im Verhältnis zu den „anerkannten Meinungen in der Volksversammlung“, zu den „Leidenschaften und Interessen der Fürsten“, zur „Unwissenheit oder Verblendung des Individuums“[68] unangenehm ist, nicht akzeptiert wird. Er riskiert also seine Beziehung zum anderen und sein eigenes Leben[69], riskiert gleichermaßen, Freundschaften zu zerstören, wie für das Aussprechen der Wahrheit von denen, die Macht über ihn haben, getötet zu werden.

Ein Beispiel für das Gelingen der Parrhesia expliziert Foucault u. a. am *Laches*, in dem das Thema des Dialogs, die Tapferkeit, als „moralische Spielregel innerhalb des Dialogs“[70] funktioniert. Sokrates erweist sich als tapfer, indem er freimütig mit zwei außergewöhnlichen Staatsmän-

---

63 A.a.O., S. 35.

64 Foucault hebt hervor, dass die Beziehung zwischen dem Wahrsprechen des Weisen und dem des Parrhesiasten besonders eng ist und bis zum Punkt der Verschmelzung reichen kann. Vgl. a.a.O., S. 49.

65 Bei Foucault heißt es, dass das „Wahrsprechen des Fachmanns und des Lehrers vereint und verbindet“, das „Wahrsprechen des Parrhesiasten [hingegen] die Risiken der Feindseligkeit, des Krieges, des Hasses und des Todes ein[geht].“ A.a.O., S. 44.

66 Vgl. a.a.O., S. 29.

67 Vgl. a.a.O., S. 27/28.

68 A.a.O., S. 28.

69 Vgl. a.a.O., S. 30.

70 A.a.O., S. 166; zur Deutung des Laches siehe Vorlesung 4 und 5, S. 158–206.

nern spricht, mit Laches, einem bedeutenden Kriegsherrn, und Nikias, der „wichtigste[n] politische[n] Person Athens nach Perikles".[71] Laches und Nikias haben ihre Tapferkeit nicht nur auf dem Schlachtfeld und im Alltagsleben bewiesen, sondern bringen, ebenso wie Lysimachos und Melesias, den Mut auf, sich Sokrates' Fragen zu stellen und seinen Prüfungen zu unterziehen.[72]

Foucault zeigt, dass Sokrates nicht nur in diesem Dialog ein Parrhesiast ist[73], der im Mut zur Wahrheit keiner Gefahr ausweicht: Obwohl ihm die Prüfungen von Staatsmännern, Dichtern und Handwerkern viele Feindseligkeiten eingebracht haben, setzt er sie fort.[74] Er zieht es vor, den Tod in Kauf zu nehmen, bevor er darauf verzichtet, die Wahrheit zu sagen.[75] Er versucht nicht, seine Richter für sich einzunehmen, sondern sagt offen, was er denkt, direkt, schlicht, ohne Einsatz rhetorischer Mittel[76]: „[Ich] möchte [...] mich wohl dazu bekennen, ein Redner zu sein, der sich nicht mit ihnen [den Reden seiner Gegner] vergleicht. Diese nämlich [...] haben gar nichts Wahres geredet [...]; ihr aber sollt von mir die ganze Wahrheit hören. Jedoch, ihr Athener, beim Zeus, Reden aus zierlich erlesenen Worten gefällig zusammengeschmückt und aufgeputzt, wie dieser ihre waren, keineswegs, sondern ganz schlicht werdet ihr mich reden hören in ungewählten Worten." (*Apologie* 17b-c)[77]

Foucault zeigt außerdem, dass Sokrates zwar zu allen Formen des Wahrsprechens in Beziehung steht, sich zugleich jedoch auf eigentümliche Weise von ihnen unterscheidet: Sokrates stellt eine Beziehung zwischen dem prophetischen Sprechen des delphischen Gottes und seiner Lebensauf-

---

71 A.a.O., S. 166.

72 A.a.O., S. 172 ff.

73 Vgl. a.a.O., S. 46–48, siehe auch: Michel Foucault, Die Regierung des Selbst und der anderen I (frz.: Le courage de la vérité. Le gouvernement de soi et des autres), Vorlesung am Collège de France 1982/83, übersetzt von Jürgen Schröder, Frankfurt a. M., 2012,Vorlesung 9, S. 391–406; ders.: Diskurs und Wahrheit. Die Problematisierung der Parrhesia, 6 Vorlesungen, gehalten im Herbst 1983 an der Universität von Berkeley/Kalifornien, hrsg. von Joseph Pearson, Berlin, 1996, S. 91–107.

74 Vgl. Apologie 21d-22a, siehe dazu: Foucault, Der Mut zur Wahrheit, a. a. O., S. 117.

75 Vgl. Apologie 30b, siehe dazu: Foucault, Der Mut zur Wahrheit, a. a. O., S. 36, S. 101.

76 Siehe zur Ablehnung des Einsatzes rhetorischer Mittel durch den parrhesiastischen Sprecher: Foucault 1983/84, a. a. O., S. 25, S. 29/30; ders.: 1983, a. a. O., S. 20/21.

77 Vgl. Foucault 1983/84, a. a. O., S. 102/103.

gabe her. Statt aber die Wahrheit der Prophezeiung abzuwarten, versucht er herauszufinden, ob die Aussage, *Niemand ist weiser als Sokrates* (vgl. *Apologie* 21a), wirklich wahr ist, und er stellt eine eigene Untersuchung an, indem er Staatsmänner, Dichter und Handwerker über ihr Wissen von ihrer Arbeit, ihrer Lebenswelt und über sich selbst befragt. Sokrates ist durch seine „Selbstbeherrschung, seine Zurückhaltung gegenüber allen Arten von Vergnügungen, seine Ausdauer angesichts aller Leiden [und] seine Fähigkeit, sich von der Welt zu lösen“[78], dem Weisen ähnlich, ebenso durch ein „gewisses Schweigen“[79], da er nicht spontan sagt, was er weiß, stattdessen behauptet, nichts zu wissen und sich damit begnügt, Fragen zu stellen. Zugleich macht Sokrates jedoch deutlich, dass er sich vom klassischen Weisen unterscheidet, da ihn ganz andere Gegenstände beschäftigen, nicht das Sein der Dinge und der Welt, sondern die Erforschung und Prüfung der Seele(n).[80] Außerdem lassen sich Parallelen zum Fachmann, zum Lehrer ziehen: Sokrates willigt ein, die Söhne von Lysimachos und Melesias zu lehren, macht aber zugleich deutlich, dass er kein Lehrer im üblichen Sinne ist, dass er weder wie die Sophisten sein Wissen verkauft noch die Söhne ein bestimmtes Wissen lehren wird, sondern die Tugend lehrt, sich selbst zu prüfen.[81] Zuletzt offenbart sich Sokrates zwar als Parrhesiast, löst die Parrhesia jedoch aus dem Zusammenhang heraus, in dem sie ursprünglich verortet war: aus dem Bereich der Politik. Sokrates verschiebt sie in den Bereich der Ethik.[82]

Der Begriff der Parrhesia, der erstmals bei Euripides auftaucht, bezeichnet das Recht, öffentlich seine Meinung über Angelegenheiten des Staates zu äußern. Auf die Frage Iokastes in *Die Phoinikerinnen*, was das Schlimmste an seiner Verbannung sei, antwortet Polyneikes, dass er kein Recht zur freien Rede habe und somit nicht nur das Los der Sklaven teilen, sondern auch den „Aberwitz der Großen still ertragen“ müsse.[83] Beispielhaft für die politische Parrhesia steht nach der Überlieferung Plutarchs Pla-

[78] A.a.O., S. 47.

[79] A.a.O.

[80] Vgl. a.a.O., S. 123.

[81] Vgl. a.a.O., S. 47/48, S. 124, S. 203/204.

[82] Vgl. a.a.O., S. 101, 124.

[83] Euripides: Die Phoinikerinnen, Band 2, Stuttgart, 1984, V. 391–394.

tons Wahrsprechen gegenüber dem Tyrannen Dionysios dem Älteren, der dermaßen verletzt und erbost war, dass er Platon töten lassen wollte.[84] Beispielhaft ist auch Solons Auftritt in der Volksversammlung. Nachdem Peisistratos eine Leibgarde genehmigt wurde, womit er seine Absicht bekundete, die Macht zu ergreifen, entschied Solon, als einfacher Bürger, aber bewaffnet mit Speer und Schutzschild, in der Volksversammlung zu erscheinen und mit dieser Geste die Situation offenzulegen: Wenn sich Peisistratos mit einer Leibgarde umgibt, betrachtet er die Bürger als potentielle Feinde, was es folgerichtig macht, als Bürger seinerseits bewaffnet zu erscheinen. In der Volksversammlung spricht Solon offen aus, was er darüber denkt, dass die Athener Peisistratos eine Leibgarde genehmigt haben: „Athener, die einen von euch übertreffe ich an Klugheit, die anderen an Tapferkeit; an Klugheit die, welche den Trug des Peisistratos nicht merkten, an Tapferkeit die, die es zwar merkten, aber aus Furcht schwiegen.“[85]

Auch Sokrates hat von der politischen Parrhesia Gebrauch gemacht. Unter der demokratischen Herrschaft, in der Zeit, als er zum Prytanen bestimmt wurde, ergriff er das Wort und stimmte in der Volksversammlung als einziger gegen den Antrag, die zehn athenischen Generäle, die in der Schlacht bei den Arginusen aus unterschiedlichen Gründen die Leichen nicht begruben, hinrichten zu lassen (vgl. *Apologie* 32b). Sokrates war sich dessen bewusst, wie gefährlich auch in der Demokratie die parrhesiastische Rede ist: Wenn er Staatsgeschäfte betrieben hätte, wäre er „schon längst umgekommen“ (*Apologie* 31d), da „kein Mensch [überlebt], der sich, sei es nun [den Athenern] oder einer anderen Volksmenge, tapfer widersetzt und viel Ungerechtes und Gesetzwidriges im Staate zu verhindern sucht [...].“ (31d-e)[86] Aber nicht die Gefahr, sondern „eine Stimme“ (31d) und die Nützlichkeit seiner Tätigkeit für die Athener und sich (vgl. 31d) haben ihn von Staatsgeschäften ferngehalten und vom öffentlichen Wahrsprechen abgehalten.[87]

Der Unterschied zwischen dem Gebrauch politischer Parrhesia und So-

---

84 Vgl. a.a.O., S. 28.

85 Solon in Diogenes Laertius: Leben und Meinungen berühmter Philosophen, Hamburg, 1998, Bd. 1, § 49, S. 27; siehe: Foucault 1983/84, a. a. O., S. 105/106.

86 Vgl. Foucault 1983/84, a. a. O., S. 60.

87 Vgl. a.a.O., S. 109–111.

krates' ethischer Parrhesia stellt sich wie folgt dar: Während der Weise sein politisches Wahrsprechen als seine Entscheidung behauptet, bestimmt Sokrates das ethische Wahrsprechen als einen göttlichen Auftrag; während der Weise sein Schweigen nur in seltenen Augenblicken bricht, dann nämlich, wenn es die Situation erfordert, dass er parrhesiastisch spricht, praktiziert Sokrates die Prüfung der Seele(n) fortwährend; während der Weise nur jeweils ein einziges Mal sagt, was er zu sagen hat und die Leute anschließend „ihren Kräften entsprechend mit sich selbst und mit der Wahrheit zurechtkommen lässt"[88], lässt Sokrates in seinem „prüfenden Freimut"[89] niemanden allein (aber auch niemanden entkommen); während der Weise den Menschen höchstens ein Mal einen Rat erteilt, um sich anschließend wieder von ihnen abzuwenden, hört Sokrates nicht damit auf, sich jedem einzelnen „wie ein Vater oder älterer Bruder" (31 b) zuzuwenden.

2.2 *Schluss*

Vor dem Hintergrund der Ergebnisse Foucaults, die im Gegensatz zu den Konzepten „sokratische Methode" und „sokratisches Gespräch" Sokrates' Fragen nicht auf die Dimension analytischen Fragens reduzieren und vom praktischen Ziel des sokratischen Fragens ablösen, sondern in denen die sokratische Praxis im Verhältnis zu den institutionalisierten Formen antiken Wahrsprechens herausgearbeitet wird, soll nun zuletzt die zentrale Frage beantwortet werden: Darf man für die Praxis des Wahrsprechens, die das Sprechen über Philosophie im Unterricht kennzeichnen soll, an die sokratische Praxis des Wahrsprechens anknüpfen?

Ja und Nein. Das parrhesiastische Spiel[90], das Sokrates mit den Athenern spielte, darf man sicher nicht mit seinen Schülern spielen. Oder sollte man vielleicht die Schülerin ausforschen, die einem stolz ihr Deutschheft mit der Eins zeigt, und prüfen, was sie weiß und was sie nicht weiß, um herauszufinden, was sie über sich selbst weiß, wie weit ihre Selbstbeurteilungsfähigkeit reicht, um ein selbstbestimmtes Leben führen zu können? Sollte man den Schüler, der einem strahlend sein neues I-Phone unter die

[88] A.a.O., S. 120.
[89] A.a.O., S. 165.
[90] Vgl. a.a.O., S. 28.

Nase hält, fragen, was denn wäre, wenn er keines hätte, um zu prüfen, ob er sich mehr um die anderen als um sich sorgt, und ihn so lange nicht entkommen lassen, bis er seine Idee von Wert und Lebenswertem in Frage stellt? Wohl kaum, wenn man nicht die Grenze, die die Person des Schülers setzt, und die Grenze, die der Staat mit dem Verfassungsauftrag für die Schule setzt, verletzen will.

Aber an das parrhesiastische Spiel, das Sokrates mit sich selbst spielte, kann der Unterrichtende sehr wohl anknüpfen. Er kann sich selbst befragen, selbst prüfen, vor sich selbst von seiner Lebenspraxis Rechenschaft ablegen und auf diese Weise jene Stärke ausbilden, die nötig ist, um sich auf seine Schüler einzulassen. So könnte er auch in einer Situation, die nicht ohne Risiko für einen Schüler ist und in der er dennoch parrhesiastisch spricht, den „Pakt der Offenherzigkeit"[91] mit ihm schließen.

Die Praxis des Wahrsprechens, die das Sprechen über Philosophie im Unterricht kennzeichnen soll, wäre vielmehr an die Figur des Weisen anzubinden. Der Philosophielehrer wäre jemand, der, gleich dem antiken Weisen, nur ausnahmsweise offenherzig spricht – ethisch-parrhesiastisch zu seinen Schülern (wie Sokrates), politisch-parrhesiastisch mit seinen Vorgesetzten –, der, anders als der antike Weise jedoch, auch im Regelfall nicht schweigen würde, nicht offenherzig, aber aufrichtig spräche[92] und jedes Wort, ganz gleich, ob es Gegenstände oder Personen beträfe, auf die Goldwaage legen und dies auch von seinen Schülern fordern würde.

Der Beitrag zur Stärkung des Rechtsstaats kann nicht darin bestehen, mit dem „sokratischen Gespräch", in dem jeder gleich viel zu sagen hat, Demokratie einzuüben, da das Recht der freien Rede, das der Rechts-

---

91 A.a.O., S. 172. Foucault spricht auch vom „parrhesiastischen Pakt", a.a.O. S. 29, 164, 190.

92 Diese Differenzierung zwischen Offenherzigkeit und Aufrichtigkeit basiert auf derjenigen von Kant: „Ich kann es einräumen, wiewohl es sehr zu bedauern ist, daß Offenherzigkeit (die ganze Wahrheit, die man weiß, zu sagen) in der menschlichen Natur nicht angetroffen wird. Aber Aufrichtigkeit (daß alles, was man sagt, mit Wahrhaftigkeit gesagt sei) muß man von jedem Menschen fordern können [...]." Immanuel Kant: Die Metaphysik der Sitten, hrsg. von Wilhelm Weischedel, Bd. 8 (Werke in 12 Bänden), Frankfurt a. M., 1991, B 296, 865 Anm. Die „ganze Wahrheit, die man weiß, zu sagen" würde in diesem Kontext bedeuten: die ganze Wahrheit über das, was man denkt, zu sagen.

staat gewährt, nicht zwangsläufig wahre Reden generiert und damit nicht die Wahrhaftigkeit des Sprechenden garantiert. Daher rührt Platons Kritik an der Demokratie. Das Rederecht, das sie jedermann zugesteht, lässt es zu, dass die Bühne der Politik von Schmeichlern und Schleimern erobert wird.[93]

Einen Beitrag zur Stärkung des Rechtsstaats kann hingegen geleistet werden, wenn im Gespräch über Philosophie der Boden für ein Wahrsprechen bereitet wird, indem der Lehrer den Philosophieunterricht von sekundären Zwecken befreit, er z. B. deutlich macht, dass der ermahnende Satz „Das ist wichtig!“ nicht meint „Das ist klausurrelevant!“, er seine Schüler auffordert, *dass* etwas gedacht wird, dass das, was gedacht wird, auch klar gesagt wird, und er jederzeit zu erkennen gibt, dass ein Redebeitrag der Art „Ich sag‘ mal was, um mit einer guten Philo-Note meinen Schnitt zu verbessern!“ sofort auffällt, da jedes „mal was sagen“, ohne Bestimmtes zu denken, unweigerlich eine Präzision des sprachlichen Ausdrucks vermissen lässt.

Wenn, wie Žižek sagt, der „einzige Weg, gesellschaftliche Unfreiheit zu zementieren, [...] über die Gedankenfreiheit [verläuft]“[94], kann es nicht darum gehen, „freie Rede“ und „Gedankenfreiheit“ als Gut und Wert der Demokratie zu zelebrieren, sondern es muss darum gehen, sich im Sprechen über Philosophie zum Wahrsprechen zu disziplinieren, um den Schülern zu ermöglichen, einen Maßstab des Denkens in sich zu bilden und ihre Urteilskraft auszubilden. Auf diese Weise können sich die Schüler zu autonomen Personen entwickeln. Sie können unbekümmert über das, was andere meinen, ihr Leben bestimmen und können vielleicht sogar den Verlust an Geld, Ehre oder Karriere in Kauf nehmen, um freimütig zu sprechen.

---

93 Platon: Der Staat. Über das Gerechte, übersetzt und erläutert von Otto Apelt, Hamburg, 1979, VI. Buch, 488a-489a, S. 231–233.

94 Slavoj Žižek: Willkommen in der Wüste des Realen, hrsg. von Peter Engelmann, Wien, 2004, S. 12.

Sprachlichkeit jenseits der „Laberei". Über die Bedeutung von Sprache in Ekkehard Martens' Theorien über den Philosophieunterricht.

Leif Marvin Jost

Einleitung

Dem Philosophieunterricht wird vorgeworfen, ein „Laberfach" zu sein.[1] Im Gegensatz zu sogenannten harten Fächern wie Mathematik oder Physik, in denen Hypothesen durch Experimente empirisch überprüft werden können und Ergebnisse entweder richtig oder falsch sind, diskutieren Philosophieschülerinnen und -schüler, so der Vorwurf, einfach nur stundenlang ergebnislos: Geschwätz und bloße Meinungen werden Messinstrumentarien und experimentell verifizierbaren Fakten gegenübergestellt, wodurch der Philosophieunterricht systematisch abgewertet wird.[2] Doch welche Rolle spielt

---

1 Die umgangssprachlichen Begrifflichkeiten „Gelaber" und „Laberfach" sind dem philosophiedidaktischen Diskurs entnommen. Sie meinen die negativ konnotierte Zuspitzung diskursiver Praktiken bzw. die diesbezügliche Degradierung des Philosophieunterrichts (vgl. bspw. Ekkehard Martens: Methodik des Ethik- und Philosophieunterrichts. Philosophieren als elementare Kulturtechnik, Hannover, 2003, S. 83. Weiter auch Markus Tiedemann: „Zwischen blinden Begriffen und leerer Anschauung" in: ZDPE 1/2014. S. 95 – 103, S. 95).

2 Diese Differenz wird nicht zuletzt durch die bildungspolitische Aufwertung der MINT-Fächer erhärtet, etwa durch die *Empfehlung der Kultusministerkonferenz zur Stärkung der mathematisch-naturwissenschaftlich-technischen Bildung* (Vgl. KMK: „Empfehlung der Kultusministerkonferenz zur Stärkung der mathematisch-naturwissenschaftlich-technischen Bildung (Beschluss der KMK vom 07.05.2009)", einzusehen unter http://www.kmk.org/fileadmin/veroeffentlichungen_beschluesse/2009/2009_05_07-Empf-MINT.pdf [zuletzt einges. am 22.12.14]) oder den Initiati-

Sprache eigentlich für einen philosophisch bildenden Unterricht?

Die Philosophiedidaktik beschäftigt sich seit ihrem Bestehen mit der Sprache. Bereits im zweiten Jahrgang der ZDP formuliert bspw. Josef Schmucker-Hartmann eine „Bemerkung zur didaktischen Wirksamkeit der Sprache“[3] und Eckhard Nordhofen unterbreitet im Folgeheft einen „Vorschlag zur Spracherweiterung in didaktischer Absicht“.[4] Auch gegenwärtig fragen Fachdidaktiker nach der Sprache des Philosophieunterrichts – sei es in aktuellen Aufsätzen[5] oder in neuen universitären Forschungszusammenhängen.[6] Nicht zuletzt ließ die 2011 entfachte Diskussion um die Rolle

---

ven und Entwicklungen, die „es in den einzelnen Ländern in jüngster Zeit bzw. in Umsetzung der o.a. Empfehlung in den einzelnen Bereichen gegeben hat und gibt“ (KMK: „Aktivitäten der Länder zur Stärkung der mathematisch-naturwissenschaftlich-technischen Bildung“, S. 3. Einzusehen unter http://www.kmk.org/fileadmin/pdf/Bildung/AllgBildung/2011--07--01-MINT_-_Staerkung_01.pdf [zuletzt einges. am 22.12.14]).

3 Vgl. Josef Schmucker-Hartmann: „Eine Bemerkung zur didaktischen Wirksamkeit der Sprache. Kritische Anmerkung zu Kambartels „Thesen zur didaktischen Rücksichtnahme“„ in: ZDP 4/1980, S. 256 – 260.

4 Vgl. Eckard Nordhofen: „Armut und Reichtum. Ein Vorschlag zur Spracherweiterung in didaktischer Absicht“ in: ZDP 1/1981, S. 6 – 13. Ferner thematisiert etwa Geert Keil 1988 die „Fachsprache der Philosophie als didaktisches Problem“ (Vgl. Geert Keil: „Die Fachsprache der Philosophie als didaktisches Problem. Und warum die analytische Philosophie hier weiterhelfen kann“ in: ZDP 3/1988, S. 191 – 198) und Helmut Engels fragt 1992 danach, „wie man der Mehrsprachigkeit im Philosophieunterricht begegnen kann“ (Vgl. Helmut Engels: „Wie man der Mehrdeutigkeit der Sprache im Philosophieunterricht begegnen kann“ in: ZDP 2/1992, S. 110 – 115).

5 Vgl. bspw. Torsten Hitz: „Fachsprache – Umgangssprache – Unterrichtssprache. Jürgen Habermas und die moderne Philosophiedidaktik“ in. ZDPE 4/2013, S. 47 – 50. Weiter ders.: „Plädoyer für einen bilingualen Philosophieunterricht am Beispiel des „Critical Thinking“„ in: ZDPE 1/2008, S. 71 – 75. Ferner ders.: „Philosophieren mit Migrantenkindern“ in: ZDPE 3/2013, S. 42 – 50.

6 Etwa untersucht an der Universität Duisburg-Essen eine interdisziplinäre Kooperation zwischen der dort ansässigen Fachdidaktik Philosophie, ProDaZ, (Essen) und dem Zentrum für Schul- und Bildungsforschung (Halle/Saale) Mehrsprachigkeit im Philosophieunterricht empirisch und präsentierte kürzlich erste Ergebnisse aus ihrer Zusammenarbeit (vgl. u.a. den Aufsatz von Magnus Frank, Thomas Geier und Leif Marvin Jost im vorliegenden Band). Aus der Kooperation resultierte ferner ein philosophiedidaktisches Forschungsseminar zur „Sprachbildung im Philosophieunterricht“, welches seit dem WS 2013/2014 an der Universität Duisburg-Essen regelmäßig angeboten wird.

diskursiver und präsentativer Formen im Philosophieunterricht[7] den Blick auf sprachliche und nichtsprachliche Formen des Philosophierens schärfen. Seit mehr als dreißig Jahren steht so die Frage nach dem Zusammenhang zwischen Sprachlichkeit und philosophischen Bildungsprozessen im fachdidaktischen Diskurs – meist gestellt aus verschiedenen Forschungsperspektiven.[8] Diesem durchaus wichtigen Thema wird sich aber insgesamt eher punktuell, d.h. wenig systematisch, nicht zusammenhängend und keinesfalls umfassend gewidmet.[9]

Bislang unreflektiert ist bspw., *wie die Philosophiedidaktik ihrerseits, d.h. in ihren einschlägigen, grundlegenden Theorien über den Philosophieunterricht Sprache berücksichtigt*. Diese Fragestellung ist nicht nur für den spezifischen Forschungskontext *Sprache und Philosophieunterricht* relevant, sondern leistet zudem Beitrag zu einer selbstreflexiven Philosophiedidaktik, denn sie zielt auf eine Klärung, inwiefern die Fachdidaktik ihren eigenen disziplinären Forschungsgegenstand – den Philosophieunterricht – als sprachlich entwirft. Der vorliegende Aufsatz nimmt sich dieser Fragestellung an. Darüber hinaus soll herausgefunden werden, ob diese konstitutiven Theorien ggf. bereits Hinweise darauf liefern, wie der Philosophieun-

---

7 Vgl. Markus Tiedemann: „„Mal mir was!" Ein Zwischenruf" in: ZDPE 1/2011, S. 78–80. Martina Dege: „Befremdliche Polemik. Zu Markus Tiedemann: „Mal mir was!" in ZDPE 1/2011". In: ZDPE 3/2011, S. 241–243. Matthias Tichy: „Bilderdenken. Zu Tiedemanns Kritik an der Verselbstständigung präsentativer Formen im Philosophieunterricht". In: ZDPE 3/2011, S. 244–251. Weiter Torsten Hitz: „Mal was und rede darüber! Zu Sprache und nicht-sprachlichen Medien im Philosophieunterricht" in: ZDPE 4/2011, S. 329–334. Ferner Rolf Sistermann: „Positionierungen zu Tiedemanns Zwischenruf „Mal mir was!". Eine Diskussion über den Stellenwert präsentativer Medien im Philosophieunterricht" in: ZDPE 4/2011, S. 334–337. Christian Gefert: „Markus Tiedemann: Diskursive und präsentative Symbole. Eine Kneipendiskussion" in: ZDPE 2/2012, S. 152–159.

8 Etwa vor dem Hintergrund migrationsbedingter Mehrsprachigkeit (vgl. insb. Torsten Hitz: „Philosophieren mit Migrantenkindern", a.a.O.) oder der Diskussion um präsentative und diskursive Formen des Philosophierens (vgl. bspw. Torsten Hitz 2011: a.a.O.).

9 Die verschiedenen Forschungsperspektiven bleiben weitestgehend isoliert voneinander bestehen und beleuchten jeweils nur perspektivbedingte Teilaspekte der Sprache des Philosophieunterrichts – bspw. migrationsbedingte Mehrsprachigkeit oder Fachsprache. Monographien etwa, die eine umfangreiche, zusammenhängende und systematische Auseinandersetzung mit der Thematik leisten, fehlen, was als Desiderat zu bezeichnen ist.

terricht vor einer Degradierung zum „Laberfach“ geschützt werden kann. Ein Studium der philosophiedidaktischen Grundlagen ermöglicht Antworten.

Daher wird im Folgenden Ekkehard Martens‘ dialogisch-pragmatische Philosophiedidaktik analysiert.[10] Sie eignet sich aus zwei Gründen besonders für das Vorhaben: Zum einen ist sie mit ihrer verhältnismäßig frühen Publikation 1979 – sieben Jahre nach der Wiedereinführung von Philosophie als ein ordentliches abiturfähiges Fach[11] – eine elementare Theorie über den Philosophieunterricht, welche für die Progression der Philosophiedidaktik in den 1980er Jahren ausschlaggebend mitverantwortlich ist.[12] Zum anderen weist nicht zuletzt Christian Gefert darauf hin, dass noch „heute in der Fachdidaktik ein breiter Konsens darüber [besteht], dass eine dialogisch-pragmatische Orientierung unverzichtbarer Bestandteil der Gestaltung zeitgemäßer philosophischer Bildungsprozesse ist.“[13] Martens‘ Ansatz ist sowohl grundlegend als auch gegenwärtig wirkkräftig und wird deswegen in Abschnitt I entlang der Frage nach der Bedeutung von Sprache untersucht.

Ausgehend von der dialogisch-pragmatischen Philosophiedidaktik entwickelt Martens mit Blick auf die unterrichtliche Praxis eine Methodik des Ethik- und Philosophieunterrichts.[14] Er präsentiert dort konkrete Arbeits- und Unterrichtsmethoden zur Initiierung philosophischer Bildungsprozesse. Diese werden in Kapitel II, ebenfalls im Rahmen der Fragestellung, betrachtet.

Das Ziel des Aufsatzes liegt in der Klärung der *grundlegenden* sowie *konkreten* Bedeutung von Sprache in Martens’ Theorien über den Philosophieunterricht.

---

10 Vgl. Ekkehard Martens: Dialogisch-pragmatische Philosophiedidaktik, Hannover, Dortmund, Darmstadt, Berlin, 1979.

11 Vgl. Ekkehard Martens: „Editorial“, in: ZDP 1/1979, S. 2–3, hier S. 2.

12 Vgl. bspw.: Volker Steenblock: Philosophische Bildung. Einführung in die Philosophiedidaktik und Handbuch: Praktische Philosophie, Berlin, ^{6}2012, S. 30.

13 Christian Gefert: Didaktik theatralen Philosophierens. Untersuchungen zum Zusammenspiel argumentativ-diskursiver und theatral-präsentativer Verfahren bei der Texteröffnung in philosophischen Bildungsprozessen, Dresden, 2002, S. 39.

14 Vgl. Ekkehard Martens 2003: a.a.O. ...

1 Die Bedeutung von Sprache in der dialogisch-pragmatischen Philosophiedidaktik

Ekkehard Martens entfaltet die dialogisch-pragmatische Philosophiedidaktik in seiner gleichnamigen Habilitationsschrift von 1979. Dabei lässt bereits der Titel vermuten, dass der Ansatz auf Sprachlichkeit rekurriert.

1.1 Die Tradition des Dialogs

Der *Dialog* ist in der Philosophie traditionell verankert. So gelten etwa die sokratischen Dialogpraktiken um 400 v. Chr. als Geburtsstunde der abendländischen Philosophiegeschichte. In dieser Folge beeinflusst die Methodik des Sokrates über Jahrhunderte hinweg nicht nur die Fachphilosophie, sondern auch anliegende Wissenschaftsbereiche, wie etwa die Erziehungswissenschaften. Dieter Birnbacher rekapituliert:

„In der allgemeinen Didaktik hat die sokratische Methode eine sich über Jahrhunderte erstreckende Tradition, die von Michel de Montaigne (1533 – 1592) im 16. Jahrhundert über Erhard Weigel (1625 – 1699), Christian Thomasius (1655 – 1729), Joachim Heinrich Campe (1746 – 1818) bis zu Karl Weierstrass (1815 – 1897) an der Schwelle zum 20. Jahrhundert reicht."[15]

Im Anschluss an Immanuel Kant (1724 – 1804) haben sich für die Philosophiedidaktik vor allem die Arbeiten von Leonard Nelson (1882 – 1927) und Gustav Heckmann (1898 – 1996) zur Erforschung und Etablierung des *(Neo)Sokratischen Gesprächs* verdient gemacht.[16] Doch auch gegenwärtige Fachdidaktiker wie v.a. Dieter Birnbacher, Gisela Raupach-Strey, Ute Siebert oder Klaus Blesenkemper widmen sich der Gesprächsdisziplin.[17] Nicht zuletzt dokumentieren jüngste fachdidaktische Publikationen von 2014 über die fruchtbare Anwendung der (neo)sokratischen Methode in philosophischen Bildungsprozessen, was die fortwährende Relevanz philosophischer Dialogpraxis für den Fachbereich verdeutlicht.[18]

---

[15] Dieter Birnbacher: „Schule des Selbstdenkens – das Sokratische Gespräch" in: Texte zur Didaktik der Philosophie, hrsg. von Kirsten Meyer, Stuttgart, 2010, S. 210 – 236, hier S. 210.

[16] Vgl. Volker Steenblock: a.a.O., S. 109f.

[17] Vgl, a.a.O., S. 109, insb. Fußnote 63.

[18] Vgl. bspw. Friedericke Briesemeister, Sergej Cernobrov, Philipp Grunwald, Leif Mar-

Mit der Namensgebung seines Ansatzes stellt sich Martens in die philosophisch-philosophiedidaktische Traditionslinie des Dialogs sokratischer Abstammung. Doch inwiefern ist die dialogisch-pragmatische Philosophiedidaktik überhaupt dialogisch?

1.2 Der strukturtheoretische Dialog

Martens‘ Ansatz ist in einem zweifachen Sinne dialogisch. Zum *ersten* ist er es in *strukturtheoretischer* Hinsicht, da er auf metaphorischer Ebene einen Dialog zwischen der Objektseite und der Subjektseite didaktischer Prozesse initiiert.[19]

Eine Betonung der Objektseite, was etwa Wulff Rehfus in seinem bildungstheoretisch-identitätstheoretischen Ansatz vorschlägt,[20] fokussiert auf die *objektive* respektive materiale Seite der Bildung und somit auf die Bildungsgehalte des Philosophieunterrichts. Eine Betonung der Subjektseite hingegen, was z.B. Peter Heintel fordert[21], platziert das Bildungs*subjekt* in den unterrichtlichen Mittelpunkt, welches „in Auseinandersetzung mit der kulturellen Welt beständig an [...] [seiner] Identität modelliert.“[22] Für eine didaktische Gestaltung des Philosophieunterrichts stellt sich vor dem Hintergrund der Kontroverse somit die grundlegende Frage, ob philosophische Bildungsprozesse ausgehend von den Inhalten oder von den Schülerinnen und Schülern zu initiieren sind.

Martens weist beide Oppositionen als Scheingegensätze aus und verbindet Objekt- und Subjektseite miteinander.[23] So proklamiert er: „Als Vermittlung beider Seiten [Objekt- und Subjektseite didaktischer Prozesse;

---

vin Jost: „Philosophische Gespräche im Haus Bruderhilfe“ in: Philosophieren mit Jedermann. Ein hochschuldidaktisches Projekt zum Service Learning, hrsg. von Vanessa Albus, Karsten Altenschmidt: Berlin, 2014, S. 83–105.

19 Vgl. bspw. Christian Gefert: Didaktik theatralen Philosophierens, a.a.O., S. 39f, Fußnote 110.

20 Vgl. bspw. a.a.O., S. 39f, Fußnote 110. Vgl. zudem Volker Steenblock: a.a.O., S. 30f.

21 Vgl. bspw. Christian Gefert: Didaktik theatralen Philosophierens, a.a.O., S. 39f, Fußnote 110.

22 Vanessa Albus: „Ist philosophische Bildung messbar? Überlegungen zum Verhältnis von Philosophiedidaktik und empirischer Bildungsforschung“ in: ZDPE 4/2012, S. 336–345, hier S. 338.

23 Vgl. Volker Steenblock: a.a.O., S. 31.

Anm. L.M.J.] käme es aber schließlich darauf an, die Schüler mit Hilfe vorliegender Dialogbeiträge des traditionellen Tatbestandes an Philosophie zu einer eigenen Tätigkeit des Philosophierens anzuregen und zu befähigen“[24]. Indem Martens verdeutlicht, dass es sich hier nicht um eine Frage des *Entweder-oder*, sondern vielmehr um eine der *Konnexion* handelt, überwindet er „den Widerspruch von lehrervermittelten „Produkten ohne Prozess“ und schülererzeugtem „Prozess ohne Produkte“„[25]. Diesen Übergang begründet er wie folgt:

„Versteht man nämlich Philosophie als Weiterdenken und somit als selbstreflexive Tätigkeit, müssen Behauptungen hinsichtlich ihrer Wichtigkeit und Richtigkeit in einem argumentativen Überzeugungsprozeß ausgewiesen werden können. Daraus folgt sowohl das Verbot dogmatischer Scholastik wie auch esoterischer Fach-Philosophie. Vielmehr ist für die Philosophie, aber auch für jede andere Wissenschaft, der gemeinsame Lehr-Lern-Prozeß konstitutiv für die Wichtigkeit und Richtigkeit ihrer Behauptungen, nicht bloß äußerlich.“[26]

So sollen „die Lernenden [. . .] nicht durch von außen herangetragene [] Konstruktionen bevormundet werden, sondern ihre eigene Situation besser verstehen und mitprägen können.“[27] Dementsprechend ist „die Situation gemeinsamer dialogischer Verständigung in Lernen und Lehren für alles Philosophieren von Anfang an konstitutiv“[28] und es gibt „keine „objektiven“ Gehalte vor und außerhalb dieser Situation“[29]: „Nicht eine vorgegebene Philosophie muss didaktisch zubereitet werden, sondern in einem konkreten Lehr-Lernprozess muss sich erst herausstellen, was philosophisch wichtig und richtig ist“[30].

---

24 Ekkehard Martens: „Philosophiedidaktik“, in: Philosophische Disziplinen, hrsg. von Annemarie Pieper, Leipzig, ^{2}2004, S. 281 – 303, hier S. 286.

25 Volker Steenblock: a.a.O., S. 31.

26 Ekkehard Martens 1979: a.a.O., S. 11.

27 a.a.O., S. 39.

28 Volker Steenblock: a.a.O., S. 30.

29 a.a.O., S. 30. Die Vorstellung von *den* „objektiven philosophischen Inhalte[n], an die die Lernenden „heranzuführen“ seien“(S. 32), ist „schon aufgrund der Entwicklung des philosophischen Denkens selbst nicht zu halten“ (S. 32).

30 Ekkehard Martens: „Didaktik der Philosophie“, in: Philosophie. Ein Grundkurs, hrsg. von ders./Herbert Schnädelbach, 2 Bd . . . Reinbek, ^{2}1991. S. 748 – 780, hier S. 761.

Philosophie und Didaktik stehen in Martens‘ Ansatz „in einem wechselseitigen Bestimmungsverhältnis zueinander, sind wechselseitig *konstitutiv*“[31]. In Folge dessen fordert er für die Philosophie, dass sie „nicht nur als Tatbestand lehr-lernbarer Begriffe, Sätze und Satzsysteme verstanden [wird], sondern vor allem als Tätigkeit des Philosophierens mit *spezifischen Sprechakten des Staunens, Bezweifelns, Begründens, Differenzierens und Akzeptierens* [Kursivierung L.M.J.].“[32]

1.3 Der reale Dialog

Martens versteht Philosophie grundlegend als eine Tätigkeit des Sprachhandelns: „Philosophie als problemorientierter Verständigungsprozeß“[33] einer „Dialog- und Handlungsgemeinschaft“[34].Unter diesem Signum ist sein Ansatz dialogisch, weil Philosophieren als ein *real-sprachlicher* Austausch zwischen Bildungssubjekten begriffen wird. Er fordert die dialogische Rechtfertigung des Wissenswerten, weil das Wissenswerte auf Grund des konstitutiven Verhältnisses von Didaktik und Philosophie nicht heteronom-dogmatisch bestimmt werden kann.

Dialogisch-pragmatisch

Dies konkretisiert Martens u.a. in Rückgriff auf die Philosophie von Charles Sanders Peirce, indem er aus Peirces dialogischem Pragmatismus Präskriptionen für eine dialogisch-pragmatische Philosophiedidaktik ableitet. Auch Peirce versteht „Philosophie als eine dialogische, sprachvermittelte Tätigkeit“[35]. Nach ausführlicher Beschäftigung mit dessen Theorien schließt Martens:

„Für die Didaktik des Philosophieunterrichts ergibt sich, wie für jeden Lehr-Lern-Prozeß, aus Pierce *Handlungstheorie* die Forderung, Sätze in ihrem Handlungszusammenhang zu vermitteln. Aus der *Dialogtheorie* muß die Konsequenz gezogen werden, daß der Handlungsbezug im Dialogzu-

---

Zitiert nach Volker Steenblock: a.a.O., S. 30.

31 Ekkehard Martens ^{2}2004, a.a.O., S. 290.

32 a.a.O., S. 290.

33 Ekkehard Martens 1979, a.a.O., S. 48.

34 a.a.O., S. 110.

35 a.a.O., S. 58.

sammenhang vermittelt wird. Weitere Konsequenzen ergeben sich, gleichsam als Synthese beider Theorien, daß man mit Peirce das sprachliche Unterrichtsgeschehen als Gefüge von *Sprechakten* verstehen muß."[36]

So steht „jede Lehr-Lernsituation [...] im doppelten Bezug von Dialog und Handeln"[37] und vollzieht sich in bestimmten Sprechakten. Wie sich diese *fachspezifisch* ausgestalten, untersucht Martens entlang einer *sprachlichen-*, einer *gegenständlichen* und einer *personalen* Ebene:

„Versteht man Philosophie als problemorientierten Verständigungsprozeß, läßt sich zum Verhältnis von Philosophie und Didaktik folgendes behaupten: Didaktik ist für die Philosophie nicht überflüssig, allenfalls sekundär oder sogar schädlich, sondern sie ist konstitutiv. Philosophie bewegt sich im Medium der Sprache [...]. In ihr sagt jemand etwas (über etwas) zu jemandem. Zu unterscheiden ist also zwischen Zeichen, Bezeichnetem und Zeichennutzern oder Sprach-, Gegenstands- und Personenebene."[38]

Dabei sind „die benutzten sprachlichen Zeichen [...] entweder solche aus der Umgangssprache- oder aus der Wissenschaftssprache"[39], sodass Martens, um die Sprache des Philosophieunterrichts genauer zu kennzeichnen, das Verhältnis von Umgangs- und Wissenschaftssprache im Philosophieunterricht weiter ausdifferenziert. Er bestimmt verschiedene „Funktionen der Umgangssprache [...] im Lehr-Lern-Prozeß von Philosophie"[40] und unterscheidet drei Relationsmöglichkeiten voneinander:

„*Einmal* wird die philosophische Sprache als von sich her einsehbar und abgeschlossen der Umgangssprache als von sich her irrtumsbehaftet und korrekturbedürftig gegenübergestellt [...]. Die Umgangssprache hat dann die Funktion einer nachträglichen Erläuterungssprache der philosophischen Sprache, die ihre Legitimität auf intuitive Einsichten gründet, jedenfalls nicht auf umgangssprachliche Vormeinungen."[41]

„Die *zweite* Möglichkeit des Übergangs besteht darin, dass die philosophische Sprache das Ergebnis einer Verständigung der Umgangssprache

36 a.a.O., S. 66.
37 a.a.O., S. 64.
38 a.a.O., S. 68.
39 a.a.O., S. 68.
40 a.a.O., S. 69.
41 a.a.O., S. 69.

mit sich selbst ist. [...] Die Umgangssprache hätte dann die Funktion eines legitimierenden Reduktionsfeldes für die philosophische Sprache, die sie selber ist.“[42]

„Übrig bliebe dann eine *dritte* Möglichkeit. Nach ihr hat die Umgangssprache nicht die Funktion einer nachträglichen Erläuterung oder angeblichen, wie es schien, Selbstkorrektur, sondern eines Klassifikationsfeldes. [...] Philosophie hätte dann die Aufgabe, faktische Sprechweisen zu analysieren und durch sprachliche Klärungen Denk- und Handlungsirrtümern vorzubeugen.“[43]

Martens verwirft alle drei Möglichkeiten. Er plausibilisiert, dass die Philosophie vielmehr „zu einer *Selbst*bestimmung verhelfen“[44] soll und dementsprechend „Hilfestellungen anbieten [muss], wie wir uns mit uns *selbst* besser verständigen können.“[45] Sein Ansatz ist pragmatisch, da „Philosophie [...] um *unserer selbst* betrieben“[46] wird. Dadurch stellen sich an das gemeinsame Philosophieren sprachliche Anforderungen:

„Die Sprache [...] ist an der für die Beteiligten erforderlichen Verständlichkeit zu messen und Mittel und Zweck der Problemverständigung [...]. Die benutzte Sprache muß jedermann bzw. jedem Beteiligten *verständlich* sein, ihm muß der angesprochene Gegenstand als Frage, Zweifel, Behauptung oder Bestätigung *etwas besagen* und schließlich muß er als beteiligte Person hinsichtlich Relevanz und Lösung *mitreden können*. Probleme und Sprechweisen richten sich nach den verschiedenen beteiligten Personen.“[47]

Um in diesem pragmatischen Verständnis Philosophie als einen gemeinsamen, problemorientierten Verständigungsprozess betreiben zu können, müssen sprachliche Anforderungen erfüllt werden, die sich situationsbedingt ausprägen. Denn „Philosophie als gegenstands- und personenbezogene Sprachhandlung [umfasst] je nach den verschiedenen Zwecken der beteiligten Personen verschiedene Ausprägungen mit eigenen Regeln und Inhalten.“[48]

---

[42] a.a.O., S. 69f.
[43] a.a.O., S. 70.
[44] a.a.O., S. 70.
[45] a.a.O., S. 70.
[46] a.a.O., S. 72.
[47] a.a.O., S. 71.

Sprechhandlung Philosophie

Das so entfaltete Verständnis der Bedeutung von Sprache für philosophisch bildende Praktiken bestätigt sich für Martens in der Analyse historischer Dialogstationen zur konkreten Ausformulierung des Wissens und Könnens gemeinsamer Selbstbestimmung in didaktischen Prozessen.[49] An eine Untersuchung der sokratischen Methode[50] anknüpfend gibt er „allgemeine Merkmale zur Funktion der Umgangssprache in Platons Philosophiedidaktik"[51] an, welche die abgeleiteten Konsequenzen für die Sprache des Philosophieunterrichts stützen. So eruiert er u. a.: „Die umgangssprachliche Selbstkorrektur stellt bei Platon eine didaktische Einheit von Sprach-, Gegenstands- und Personenebene dar."[52]

Die „Sprechhandlung Philosophie"[53] vollzieht sich auf einer sprachlichen, gegenständlichen und personalen Ebene. So bedeutet „Gegenstandserkenntnis [...] zugleich *Selbst*erkenntnis im Medium der Sprache"[54]. Für Sprache des Philosophieunterrichts resultiert, dass „ein Philosophieunterricht [...] nur dann für jedermann möglich [ist], wenn er sich einer nachvollziehbaren, klaren Sprechweise bedient, Gegenstände von verallgemeinerungsfähigem Interesse zur Sprache bringt und die Lernenden als Gesprächspartner ernst nimmt."[55]

1.4 Teilfazit I

a) Im dialogisch-pragmatischen Ansatz von Martens wird Sprache eine elementare Bedeutung beigemessen, indem Philosophie als gemeinsamer Verständigungsprozess einer Dialog- und Handlungsgemeinschaft und explizit als Sprechhandeln charakterisiert wird.
b) Dieses Sprechhandeln ist durch fachspezifische Sprechakte entlang der sprachlichen, gegenständlichen und personalen Ebene gekennzeichnet:

[48] a.a.O., S. 71.
[49] Vgl. a.a.O., S. 75ff.
[50] Vgl. a.a.O., S. 75ff.
[51] a.a.O., S. 83.
[52] a.a.O., S. 83.
[53] a.a.O., S. 129.
[54] a.a.O., S. 83.
[55] a.a.O., S. 129.

Die sprachliche Ebene umfasst die verwendeten sprachlichen Zeichen, die gegenständliche Ebene das Bezeichnete und die personale Ebene die Zeichenbenutzer.

c) Auf allen drei Ebenen müssen sprachliche Anforderungen erfüllt werden, da Philosophierende als Gesprächspartner Gegenstände in bestimmten Sprechweisen zum Ausdruck bringen.
d) Auf Grund des konstitutiven Verhältnisses von Philosophie und Didaktik bildet die sprachliche Verständigung zwischen Bildungssubjekten in der konkreten Lehr-Lernsituation den Ausgangspunkt der didaktischen Praxis.
e) Der Philosophieunterricht bleibt aber wegen d) nicht im bloß subjektiven Meinungsaustausch einer „Laberei“ stecken, denn der strukturtheoretische Dialog sichert die Konnexion der realen Dialoge (Subjektseite) mit philosophischen Bildungsgehalten (Objektseite) und ermöglicht somit eine Horizonterweiterung.

2 Die Bedeutung von Sprache im Integrativen Methodenparadigma

Nach der Einführungsphase der Philosophiedidaktik in den 1970er Jahren, in welcher „die Legitimations-, Ziel- und Inhaltsfragen im Vordergrund standen, liegt in der Etablierungsphase der Akzent eher auf der Methodenfrage.“[56] So galt es ab 2000 zu klären, *wie* philosophische Bildungsprozesse methodisch initiiert werden können. Von zentraler Bedeutung dafür ist die neuere philosophiedidaktische Methodendiskussion um Ekkehard Martens und Johannes Rohbeck. Ersterer schlägt mit seinem Integrativen Methodenparadigma eine *induktive* Methodologie vor, die von konkreten Handlungen ausgeht.[57] Im Gegensatz dazu operiert Rohbeck *deduktiv*, wenn er „Denkrichtungen der Philosophie in philosophische Methoden des Unterrichts“[58] transformiert.

56 Ekkehard Martens 2003, a.a.O., S. 43.

57 Vgl. a.a.O., S. 47.

58 Johannes Rohbeck: „Didaktische Potentiale philosophischer Denkrichtungen“, in: ZDPE 2/2000, S. 82–93, hier S. 83. Vgl. zudem bspw. Volker Steenblock: a.a.O., S. 139ff.

Beide methodische Ansätze sind noch heute relevant und prägen den Diskurs der Philosophiedidaktik einschlägig. So dokumentieren jüngste Ergebnisse der fachdidaktischen Kanonforschung, dass sie den gegenwärtigen Kompetenzkanon maßgeblich strukturieren. Es heißt: „Sowohl das von Ekkehard Martens entwickelte integrative Fünf-Finger-Modell als auch Johannes Rohbecks Transformation [...] geben zu Recht dem Kompetenzkanon konkrete Gestalt.“[59] Darüber hinaus weist Vanessa Albus insbesondere das Integrative Methodenparadigma als curricular wirkkräftig aus, denn „in den Lehrplänen von Bremen und Nordrhein-Westfahlen wird Martens‘ integratives Methodenparadigma in Reinform berücksichtigt.“[60] Ferner zeigt sie, dass sich „die für Nordrhein-Westfalen zugelassenen Philosophieschulbücher des C.C. Buchner-Verlags [...] auf das Fünf-Finger-Modell auch schon insofern eingestellt [haben], als daß die fünf einschlägigen Methoden in sogenannten „Methodenkursen“ systematisch geschult und reflektiert werden.“[61] Und auch den kompetenzorientierten Aufgaben in den von Eva Marsal herausgegebenen Schulbüchern *Ethik entdecken mit Philo* für die Jahrgangsstufen 1/2 und 3/4 liegt das Methodenparadigma in bestimmendem Maße zu Grunde.[62]

Eine Einordnung des Integrativen Methodenparadigmas in den philosophiedidaktischen Kontext zeugt demgemäß über die Relevanz und Wirkkräftigkeit von Martens‘ Konzeption.

2.1 Das Integrative Methodenparadigma

Mit dem Integrativen Methodenparadigma demonstriert Martens, „wie man induktiv Wahrnehmungen und Interpretationen aus Alltagssituationen aufnehmen und auf das Niveau systematischer und reflektierter Methodizität heben kann.“[63] Dabei operiert er sinnbildlich von *unten* nach *oben*,

---

59 Vanessa Albus: Kanonbildung im Philosophieunterricht. Lösungsmöglichkeiten und Aporien, Dresden, 2013, S. 575.

60 a.a.O., S. 526.

61 a.a.O., S. 526.

62 Vgl. Eva Marsal: „Vielfalt statt Einförmigkeit: Meine Vorbilder – deine Vorbilder. Philosophische Einbettung, Präsentation und Durchführung einer Unterrichtseinheit“ in: ZDPE 1/2015, S. 44–52, hier S. 46. a.a.O., S. 46.

63 Volker Steenblock: a.a.O., S. 139.

indem fünf „alltagsweltliche Operationen“[64] – „Etwas wahrnehmen können“[65], „Jemanden verstehen können“[66], „Argumente und Begriffe klären können“[67], „Auseinandersetzungen führen können“[68], „Einfälle haben können“[69] – den Ausgangspunkt seines Methodenparadigmas bilden. Aus diesen fünf Elementen alltäglichen Denkens und Handelns werden in Rückbindung an die sokratische Methodenpraxis und die aristotelische Methodenreflexion fünf Methoden generiert,[70] „die sich als Richtungen gegenwärtiger Philosophie herausstellen und als Arbeits- und Unterrichtsmethoden im Ethik- und Philosophieunterricht angewendet und reflektiert werden sollen.“[71] Es handelt sich dabei um die *phänomenologische*, die *hermeneutische*, die *analytische*, die *dialektische* und die *spekulative* Methode.[72]

Martens betont, dass „die fünf Methoden mit einer gewissen Plausibilität als vollständige Beschreibung philosophischer Methodenkompetenz“[73] zu bezeichnen sind.

Die Methoden bilden in ihrer Praxis „eine Einheit, weshalb Martens auch vom „integrativen Methodenparadigma“ oder anschaulich vom „integrativen Fünf-Finger-Modell“ spricht“[74], denn sie gehören zusammen, „wie die fünf Finger zur Hand.“[75] So verdeutlicht Martens: „Die verschiedenen Methoden stehen nicht nebeneinander, sondern sind von vornhinein miteinander vernetzt [...]. Zwar können einzelne Methoden hervorgehoben werden [...], sie stützen und ergänzen sich aber gegenseitig. Jede einzelne Methode enthält jeweils die anderen als Teilmomente mit“[76].Er fordert

64 a.a.O., S. 139.
65 Ekkehard Martens 2003: a.a.O., S. 98.
66 .a.a.O., S. 103.
67 a.a.O., S. 109.
68 a.a.O., S. 124.
69 a.a.O., S. 133
70 Vgl. a.a.O., S. 48ff.
71 Vanessa Albus 2013: a.a.O., S. 525.
72 Vgl. Ekkehard Martens 2003:, a.a.O., S. 48ff.
73 Ekkehard Martens: „Wozu Philosophie in der Schule“ in: Texte zur Didaktik der Philosophie, hrsg. von Kirsten Meyer, Stuttgart, 2010, S. 156 – 172, hier S. 162.
74 Vanessa Albus 2013: a.a.O., S. 525.
75 a.a.O., S. 525.
76 Ekkehard Martens 2003: a.a.O., S. 55.

somit eine Methodenintegration und lehnt etwa einen Methodenmonismus entschieden ab.[77]

2.2 Die Bedeutung von Sprache in der phänomenologischen Methode

Die phänomenologische Methode anzuwenden heißt, „differenziert und umfassend [zu] beschreiben, was ich selber wahrnehme und beobachte."[78] Martens schreibt:

„Wir können etwas *als* etwas nur dann wirklich erkennen, wenn wir zunächst alle theoretischen Erklärungsmuster ausklammern und stattdessen das Phänomen in seiner vielfältigen Erscheinungsweise möglichst umfassend beschreiben sowie auf unsere lebensweltlichen, leibgebundenen und problemorientierten Zugangsweisen achten."[79]

Es gilt zu artikulieren, wie sich mir etwas zeigt. Konkrete Phänomene[80]oder sinnliche Empfindungen[81] sind so auf Grund der eigenen Wahrnehmung differenziert zum Ausdruck zu bringen.

Bei der phänomenologischen Methode geht es um die deskriptiv-informierende Sprachhandlung des *Beschreibens*. Für das Gelingen der

[77] Vgl. a.a.O., S. 61ff. Deutlich wird dies zudem durch die methodenmonistischen „philosophischen Krankheiten". Vgl. a.a.O., S. 65ff, 73f, 77ff, 83ff, 89ff. Vgl. ferner Abschnitt 3.6.

[78] a.a.O., S. 56.

[79] a.a.O., S. 72.

[80] Als Beispiel nennt Martens mit Peter Berger und Thomas Luckmann etwa die Beschreibung einer Blume: „So wird z.B. im Erlebnis einer Blume eine typische Gestalt mit einer typischen Farbe in einen Zusammenhang mit typisch dazugehörenden Geruchs- Berührungs- und Gebrauchsqualitäten eingebunden." (Peter Berger, Thomas Luckmann: Modernität, Pluralismus und Sinnkrise. Gütersloh, 1995, S. 11. Zitiert nach Ekkehard Martens 2003: a.a.O., S. 69).

[81] Als Beispiel nennt Martens mit Philipp Thomas etwa die Beschreibung eines Sonnenbads unter Berücksichtigung von Fragen wie: „Der Tastsinn hat die Aufgabe, z.B. die Daten zu liefern, mit deren Hilfe ein Gegenstand erkannt wird. Trifft das auch beim Sonnenbad zu? Spüren und erkennen wir den Gegenstand Sonne? Erkennen wir Wärme? Oder wird eigentlich gar kein Gegenstand angezeigt? Spüren wir die Wärme der Sonne oder unsere Wärme (auf unserer Haut)? Oder müsste es heißen: Wir spüren unsere Haut, und zwar warm?" (Philipp Thomas: „Habe Mut, dich deiner eigenen Anschauung zu bedienen" in: ZDPE 2/2001. S. 104 – 112, hier S. 110. Zitiert nach Ekkehard Martens 2003: a.a.O., S. 99).

Methode ist dabei zunächst der *Wortschatzreichtum* der Schülerinnen und Schüler entscheidend. Denn indem sie dazu aufgefordert sind, das Wahrgenommene so genau wie möglich wiederzugeben, müssen sie Formulierungen aus einem möglichst breiten Pool an Formulierungsmöglichkeiten auswählen. Die konkrete Begriffsselektion ist dann auf Grund eines *semantischen Wissens* um bedeutungsgleiche, –ähnliche oder –gegenteilige Begrifflichkeiten zu leisten. So gilt es für eine differenzierte Deskription, sich zwischen alternativen Beschreibungsmöglichkeiten für die adäquate Ausdrucksweise zu entscheiden.

Weil gerade(fach-)theoretische Deutungen innerhalb der phänomenologischen Methode nicht herangezogen werden sollen, kann das benötigte Vokabular registertypisch spezifiziert werden: Die Schülerinnen und Schüler sollen vor allem *alltagssprachliche* Ausdrücke verwenden, wodurch die lebensweltliche Ausrichtung der Unterrichtsmethode betont wird.[82] Auf *Wortartenebene* spielen dabei besonders *Adjektive* eine herausragende Rolle, weil sie in einem grundlegenden Sinne als Eigenschafts- bzw. Wieworte Zuschreibungen ermöglichen. Ferner sind *adverbiale Bestimmungen* sowie *Attribute* zu verwenden, da sie dazu dienen, einen Gegenstand oder Ablauf genauer zu fassen.[83]

Diese Anforderungen beziehen sich sowohl auf die *mündliche* als auch auf die *schriftliche* Ausführung der Methode.[84] So empfiehlt Martens „phänomenologische *Schreib*übungen [Kursivierung L. M. J.]“[85] etwa zur „unendlichen Komplexität banaler Gegenstände“[86]. Eine ‚Beschreibung‘ ist hier als ein mitteilender bzw. informativer Text anzufertigen, der spezifischen Regeln folgt– etwa Tempusform Präsens – und eine bestimmte Struktur vorweist – etwa vom „Allgemeinen zum Speziellen“[87]. Schülerin-

---

82 Vgl. Ekkehard Martens 2003: a.a.O., S. 69.

83 Vgl. Lernstunde.de: „Grundwissen für Schüler. Unterrichtseinheit Beschreibung“. Einzusehen unter http://www.lernstunde.de/thema/beschreibung/grundwissen.htm [zuletzt eingesehen am 22.12.2014].

84 Vgl. Ekkehard Martens: 2004 a.a.O., S. 157.

85 Ekkehard Martens 2003: a.a.O., S. 102.

86 a.a.O., S. 102.

87 Lernstunde.de: „Grundwissen für Schüler. Unterrichtseinheit Beschreibung“. Einzusehen unter http://www.lernstunde.de/thema/beschreibung/grundwissen.htm [zuletzt eingesehen am 22.12.2014].

nen und Schüler benötigen Kenntnisse über die *Textsorte Beschreibung* und müssen diese von anderen Textsorten – etwa dem Bericht – abgrenzen können.

Martens schreibt an späterer Stelle, dass im Sinne der phänomenologischen Methode auch „Wortfeldanalysen oder Sprichwortsammlungen den Blick auf die „Sache selbst" erweitern und differenzieren"[88] können. U.a. dient hier die Analyse von *semantischen Merkmalen* und *Parömien* der didaktisch geleiteten Förderung philosophischer Methodenkompetenz.

2.3 Die Bedeutung von Sprache in der hermeneutischen Methode

„Die hermeneutische Methode des Philosophierens anzuwenden, bedeutet [...], sich seiner eigenen Hinsichten oder Deutungen eines fraglichen Phänomens ausdrücklich zu vergewissern und auch die Deutungen anderer [...] einzubeziehen."[89] Dafür sollen neben den „eigenen, alltagsweltlichen Ansichten oder Deutungsmuster"[90] auch „Lehrmeinungen und Interpretationen oder ideengeschichtliches Wissen"[91] herangezogen werden. Letztere erscheinen im Philosophieunterricht vor allem (aber nicht ausschließlich) in Form philosophischer Klassiker.[92] So „gilt die Anwendung der hermeneutischen Methode, verstanden als Lesen philosophischer Texte, im Unterricht an der Schule und Hochschule häufig als die philosophische Methode schlechthin."[93]

Die Philosophie versteht sich als eine Fachdisziplin, in der gelesen und geschrieben wird. Gefordert wird von Philosophieschülerinnen und -schülern demnach der *Umgang mit Texten*, die jeweils spezifische Deutungsangebote präsentieren.[94] Die Erarbeitung des Sinngehalts ist aber an sprachliche Anforderungen geknüpft. So konstatiert etwa Volker Steenblock, dass die Texte des Philosophieunterrichts durch „einschlägige[ ]

---

88 Ekkehard Martens 2003: a.a.O., S. 97.

89 a.a.O., S. 73f.

90 a.a.O., S. 54.

91 a.a.O., S. 54.

92 Vgl. Ekkehard Martens 2004: a.a.O., S. 157.

93 Ekkehard Martens 2003: a.a.O., S. 74.

94 V.a. hier zeigt sich der strukturtheoretische Dialogmoment im Sinne der Auseinandersetzung mit den Bildungsgehalten der Geistesgeschichte, vgl. Abschnitt 2.2.

Terminologie“, „seltene[ ], philosophiespezifische[ ] und andere Fachbegriffe[ ]“ und „komplizierte[ ] Satzstrukturen“ geprägt sind. Sie gelten auf Grund ihrer sprachlichen Verfasstheit als besonders anspruchsvoll und „verstehen sich nicht von selbst, sondern bedürfen zu ihrem Verständnis der methodischen Bemühung“[95].

Der Umgang mit Sprache in philosophischen Bildungsprozessen zeigt sich hier auf *Wort-, Satz- und Textebene*, da die Praxis der hermeneutischen Methode u.a. die Auseinandersetzung mit Fachbegriffen (Wortebene), komplizierten Satzstrukturen (Satzebene) und unterschiedlichen Textsorten[96] (Textebene) erfordert. Um einen Text verstehen zu können –die Hermeneutik als *„Lehre vom Verstehen“*[97] –, sind Strategien zur Sinnaneignung auf allen drei Ebenen notwendig. Schülerinnen und Schüler sind dementsprechend darin zu schulen, mit *nicht nur philosophischer Primär- und Sekundärliteratur* textartadäquat und routiniert zu arbeiten.

Martens unterbreitet hierfür konkrete Angebote und differenziert die hermeneutische Arbeitsweise weiter aus. Er subklassifiziert historisch-philologische, textanalytische, spezifisch hermeneutische (im Sinne der Einbindung „des Textes in den eigenen Verstehenshorizont“[98]), produktionsorientierte sowie dekonstruktivistische Verfahren, die jeweils unterschiedliche Zugangsarten zum Text bedeuten.[99]

In der philologisch-historischen Verfahrensweise weist Martens etwa darauf hin, dass „eine Übersetzung von (zumeist griechischen oder lateinischen) Texten [...] als eine Interpretation des vom Autor Gemeinten zu verstehen“[100] ist und daher „deutsche oder andere Begriffe in ihrem sprachgeschichtlichen Kontext zu erschließen“[101] sind. Dies bedeutet eine Arbeits-

---

95 Volker Steenblock: a.a.O., S. 155.

96 Martens stellt heraus, dass auch *nicht philosophische* Texte zu lesen sind (Vgl. Ekkehard Martens 2003: a.a.O., S. 56). So können u.a. philosophische Ganzschriften, Textauszüge, Essays oder Aufsätze sowie nicht-philosophischen Sachtexte, Interviews oder Erzählungen eingesetzt werden.

97 Volker Steenblock: a.a.O., S. 47.

98 Ekkehard Martens 2003: a.a.O., S. 104.

99 Vgl. a.a.O., S. 104ff.

100 a.a.O., S. 104.

101 a.a.O., S. 104.

weise in Anlehnung an die *Historiolinguistik* oder *Etymologie*.

Martens empfiehlt aber auch, etwa *allgemeine Verfahren der Textaneignung* im Philosophieunterricht explizit zu schulen. So schlägt er für die Praxis eines textanalytischen Zugangs „das Bestimmen von Hauptbegriffen“[102], die Überschriftenbildung und das Kennzeichnen der Sprechakte vor.[103] Hinsichtlich einer Anwendung der produktionsorientierten Unterrichtsmethode nennt er ferner das Ausfüllen von „Lücken und Leerstellen [des Textes; L. M. J.] durch anschauliche eigene Erlebnisse“[104]. Um etwa Letzteres leisten zu können, sind Leerstellen eines Textes zunächst als solche zu identifizieren, sodass zur Annäherung an den Sinngehalt nicht nur der Frage „Was schreibt der Autor?“, sondern auch „Was schreibt der Autor *nicht*?“ nachzugehen ist.

Eine besondere Bedeutung wird Sprache innerhalb der dekonstruktivistischen Methode beigemessen, wenn Martens in Rückbezug auf Christian Gefert empfiehlt, „die *sprachliche Verfasstheit* philosophischer Texte als wesentlich für die Aussage [zu] erarbeiten [Kursivierung L. M. J.]“[105].Dies bedeutet, den philosophischen Text explizit als ein *sprachliches Konstrukt zu thematisieren* und sich seiner *sprachlichen Form* anzunehmen.

2.4 Die Bedeutung von Sprache in der analytischen Methode

In der analytischen Methode gilt es, „die verwendeten zentralen Begriffe und Argumente“[106] hervorzuheben und zu prüfen. Angestrebt wird eine begrifflich-logische Klärung des Sprachgebrauchs, „indem man (philosophische) Texte oder eigene mündliche oder schriftlich festgehaltene Äußerungen untersucht“[107]. Zurückgehend auf den „linguistic turn oder die[°] sprachliche[°] Wende der Philosophie“[108] werden „philosophische Probleme primär oder ausschließlich als sprachliche Probleme aufgefasst“[109] und

[102] a.a.O., S. 105.
[103] Vgl. a.a.O., S. 105.
[104] a.a.O., S. 107.
[105] a.a.O., S. 108.
[106] a.a.O., S. 56.
[107] Ekkehard Martens 2004: a.a.O., S. 157.
[108] Ekkehard Martens 2003: a.a.O., S. 82.
[109] a.a.O., S. 82f.

„nicht Seiendes, sondern unsere Sprechweise über Seiendes untersucht.“[110] So geht es bspw. weniger „um das Phänomen Freiheit, sondern darum, was man genauer meint, wenn man von Freiheit spricht.“[111]

Philosophie wird hier als ‚Arbeit am Begriff‘[112] verstanden. Philosophieschülerinnen und -schüler sind dementsprechend dazu zu befähigen, selbstständig Begriffe verhandeln und klären zu können. Die analytische Arbeitsmethode erweist sich in Rückbezug auf die philosophische Fachdisziplin der Sprachphilosophie als eine *Reflexion über Sprache*.

Um dies im Unterricht leisten zu können, fordert Martens in einem ersten Schritt, die Unterrichtsmethode *per se* als „Begriffs- und Argumentationsklärung“[113] mit den Schülerinnen und Schülern zu reflektieren: „Im Unterricht selbst können die analytischen Verfahren fallweise explizit zum Gegenstand gemacht werden, auch in ihrer Verbindung mit den anderen Methoden des Philosophierens und der entsprechend erweiterten Begriffsanalyse.“[114] Eine *Reflexion über den Umgang mit Begriffen* im Philosophieunterricht wird somit proklamiert.

Anschließend stellt er neunzehn unterschiedliche Arbeitsmethoden zur allgemeinen Begriffsanalyse vor. Alle rekurrieren auf Sprache, fokussieren jedoch unterschiedliche Momente, wie im Folgenden exemplarisch zu zeigen ist.

In dem Zugang „Arten der Definition unterscheiden“[115] z.B. fordert Martens, im Unterricht „zwischen intensionaler und extensionaler Definition zu unterscheiden.“[116] Dabei bezieht sich erstere „auf den Inhalt eines Begriffs, in der klassischen Form durch die Angabe des nächst höheren Begriffs (genus proximum) und der spezifischen Differenz (differentia spezifica)“[117]. Die „extensionale Definition dagegen gibt den Begriffsumfang

---

[110] Vgl. a.a.O., S. 83.

[111] a.a.O., S. 83.

[112] Martens bezieht sich hier auf Jay Frank Rosenberg und charakterisiert den Philosophen als „Begriffshandwerker“, vgl. a.a.O., S. 77.

[113] a.a.O., S. 110.

[114] a.a.O., S. 110.

[115] Vgl. ebd., S. 116.

[116] a.a.O., S. 116.

[117] a.a.O., S. 116.

an, indem man seine Unterbegriffe oder Elemente aufzählt."[118] Im Fokus der Arbeitsmethode steht die *Analyse verschiedener Begriffsbestimmungsarten*, die jeweils unterschiedliche *sprachliche Elemente* umfassen.

Eine besonders interessante Rolle spielt Sprachlichkeit im elften Zugang, da dort vorgeschlagen wird, aus Definitionen resultierende „Folgen für die Sprache"[119] im Unterricht zu behandeln: „Wenn man die Bedeutung eines Begriffs zu eng oder zu weit festlegt, kann dies Folgen für die Sprachverwendung als Mittel zur Verständigung haben."[120] Die *Auswirkungen von Begriffsdefinitionen auf den Sprachgebrauch* sind hier zu untersuchen, was eine gleich zweifache Reflexion über Sprache bedeutet: Einerseits werden *Begriffsdefinitionen* als von Menschen geformte, sprachliche Konstrukte verhandelt und andererseits *Sprachverwendungen* als potentiell wandelbare Mittel der Kommunikation thematisiert.

Im siebzehnten Vorgehen empfiehlt Martens, im Philosophieunterricht auch auf die Tücken der Sprache hinzuweisen und bspw. die Funktion von Personifikationen zu besprechen. So schreibt er unter dem Zugang „Sprach-Wunder vermeiden"[121]:

> „Schließlich suggerieren einige Sprechweisen geheimnisvolle Gegenstände oder Kräfte, etwa wenn man von abstrakten Gegenständen redet oder von quasikausalen Naturvorgängen: Die „Anziehungskraft" als Quasi-Täter „verursacht", dass ein Stein fällt; etwas „gehorcht" den „Naturgesetzen"."[122]

Vorgeschlagen wird dadurch, die Wirkkräftigkeit *rhetorischer Mittel* zu reflektieren. Das analytische Methodenrepertoire abschließend stellt Martens vier weitere Vorgehensweisen einer „philosophische[n] Begriffs- und Argumentationsanalyse" vor. Unter „Begriffliche Zusammenhänge verstehen"[123] empfiehlt er, im Unterricht eine „semantische Analyse von Begriffsnetzen"[124] durchzuführen und begründet dies mit Herbert Schnädelbach folgendermaßen:

---

[118] a.a.O., S. 116.
[119] a.a.O., S. 114.
[120] a.a.O., S. 114.
[121] a.a.O., S. 116.
[122] a.a.O., S. 116.
[123] a.a.O., S. 122.
[124] a.a.O., S. 122.

„In der Regel ist das, worauf man ein philosophisches Problem aufbaut, ein *begrifflicher* Zusammenhang. Begriffliche Zusammenhänge sind nicht empirisch, weil sie nicht von der Wirklichkeit, sondern von den Bedeutungen bzw. Bedeutungsregeln der betreffenden Begriffe abhängen. [...] Philosophische Argumentationen haben somit in erster Linie eine semantische Basis [...] als Erinnerungsleistungen.“[125]

Die *semantische Analyse begrifflicher Zusammenhänge* wird hier als Teilmoment einer philosophischen Methodenkompetenz verstanden.

2.5 Die Bedeutung von Sprache in der dialektischen Methode

Martens versteht die Dialektik als einen *Dialogprozess*[126]– als „Kunst des „Unterredens“„[127]. Die dialektische Methode realisiert sich dementsprechend darin, „ein (mündliches oder schriftliches) Dialogangebot“[128] wahrzunehmen und „dessen Pro und Kontra [zu] diskutieren“[129]. Ziel ist es, im Austausch mit verschiedenen Personen „die eigenen und gemeinsamen Vorstellungen zu verstehen, zu prüfen und zu korrigieren“[130], denn „das gemeinsame, dialogische Denken macht vor allem die Verbindung und Angewiesenheit des eigenen Denkens auf das Denken anderer im gemeinsamen Medium der *sprachlich verfassten Vernunft* deutlich [Kursivierung L. M. J.].“[131]

Ausgehend vom Verständnis des Philosophierens als ein gemeinsamer, problemorientierter Verständigungsprozess[132] avanciert der Philosophieunterricht zu einem Diskursraum, in dem vor allem *Argumentationen* und *Diskussionen* als Sprachhandlungen geführt werden sollen. Damit diese gelingen können, formuliert Martens mit Manfred Kienpointer zehn konkrete Regeln, welche etwa die Redefreiheit, die Begründungspflicht, die

[125] Schnädelbach, Herbert: „Philosophische Argumentation“, in: Philosophie. Ein Grundkurs, hrsg. von Ekkehard Martens, Herbert Schnädelbach, Bd. I. Reinbek 1991, S. 683 – 707, hier S. 703ff. Zitiert nach Ekkehard Martens 2003: a.a.O., S. 122f.

[126] a.a.O., S. 86.

[127] a.a.O., S. 85.

[128] a.a.O., S. 56.

[129] a.a.O., S. 54.

[130] a.a.O., S. 86.

[131] a.a.O., S. 88.

[132] Vgl. hierzu Abschnitt 2.3

redliche Bezugnahme auf das Gesagte oder die Verwendung plausibler Argumentationsmuster umfassen und den Diskursraum entlang dieser Vorgaben strukturieren.[133] Als eine besonders philosophische Unterrichtsmethode hebt Martens das *(neo-)sokratische Gespräch* hervor, welches „nicht nur Mittel oder Medium des Philosophierens, sondern bereits dessen Vollzug als „Streben nach Weisheit"„[134] darstellt. Auch hierfür gelten klare Regeln.[135] Für Schülerinnen und Schüler müssen die *Normen einer philosophischen Gesprächskultur* transparent sein, damit sie diese zumindest potentiell einhalten können.

Aus den strukturierenden Gesprächsregeln resultieren zudem konkrete sprachliche Anforderungen. So sollen jenseits eines bloßen Meinungsaustauschs Standpunkte *argumentativ* begründet werden,[136] was ausschließlich unter Verwendung bestimmter Kohärenz- und Kohäsionsmittel gelingt – bspw. „weil" oder „da" (kausal), „wenn, dann" oder „falls" (konditional), „sodass" (konsekutiv), „im Falle von" (hypothetisch), „obwohl" (konzessiv) oder „damit" (final). Da Äußerungen außerdem nicht im luftleeren Raum stehen, sondern auf bereits Gesagtes zu beziehen sind,[137] müssen Standpunkte relational verbalisiert werden können – etwa mit Verben wie „zustimmen", „widersprechen", „ablehnen", „verwerfen", etc. oder mit Funktionsverbgefügen wie „in Frage stellen", „in Übereinstimmung sein mit", etc... Darüber hinaus benötigen die Schülerinnen und Schüler einen zum Diskussionsthema gehörenden Wortschatz, der ggf. (nicht bloß philosophische) Fachbegriffe umfasst.

Damit Schülerinnen und Schüler im Philosophieunterricht fruchtbare Diskussionen führen können, müssen nicht nur Sprachregeln reflektiert, sondern auch konkrete Hilfestellungen zur sprachlichen Realisierung logischer Argumentationsweisen angeboten werden.

2.6 *Die Bedeutung von Sprache in der spekulativen Methode*

Die spekulative Methode zu praktizieren heißt, auch „ungeschützte Einfälle

[133] Vgl. Ekkehard Martens 2003: a.a.O., S. 128f.

[134] a.a.O., S. 130.

[135] Vgl. etwa Dieter Birnbacher: a.a.O., S. 223ff.

[136] Vgl. die Regel „Begründungspflicht" (Ekkehard Martens 2003: a.a.O., S. 128).

[137] Vgl. die Regel „Redliche Bezugnahme auf das Gesagte" (a.a.O., S. 128).

und Phantasien“[138] zuzulassen und sich spielerisch zu erproben.[139] Es sollen „neue Ideen und Hypothesen“[140] genutzt werden, sodass sinnbildlich gesprochen über den Tellerrand hinaus eigenständig weitergedacht werden kann.[141] Den Kern der Methode bilden „Kreativität und Imaginationsfähigkeit“[142], da „sowohl unkonventionelle[n] und ungewohnte[n] als auch kontrafaktische[n] und fiktive[n] Annahmen“[143] nachzugehen ist.

Für die Arbeitsmethode des experimentellen Denkens nennt Martens u.a. den Einsatz von Gedankenexperimenten,[144] denn auf Grund ihrer typischen „was-wäre-wenn“-Struktur helfen sie, „den Raum denkbarer Möglichkeiten zu erweitern“[145]. Für das Gedankenexperiment als Methode des Philosophieunterricht gilt, dass es, obwohl „von kontrafaktischem, möglicherweise auch spielerischem Charakter, [...] zu ganz ernsthaften philosophischen Ergebnissen führen“[146] kann und im Ansatz etwas „Kindliches, Phantasievolles, abseits der gewohnten Realität Liegendes mit der gedanklichen Durchführung eines wachen Verstandes“[147] verbindet. Um irreale, also nicht tatsächliche Sachverhalte artikulieren zu können, ist dabei der *Konjunktiv* oder *Konjunktiv II* zu gebrauchen.[148] Schülerinnen und Schüler müssen also zur eigenständigen und sprachlich angemessenen Durchführung von Gedankenexperimenten den *Verbmodus der Möglichkeitsform* beherrschen und anwenden können.[149]

---

[138] a.a.O., S. 54.

[139] Vgl. a.a.O., S 54.

[140] a.a.O., S. 54.

[141] Vgl. a.a.O., S. 133.

[142] Vgl. a.a.O., S. 109, insb. Fußnote 63. Friedericke Briesemeister et.al: a.a.O., S. 86.

[143] a.a.O., S. 86.

[144] Vgl. a.a.O., S: 134.

[145] a.a.O., S. 135.

[146] Volker Steenblock: a.a.O., S. 159.

[147] a.a.O., S. 159.

[148] Martens nennt explizit Formulierungen, die im Konjunktiv stehen. Vgl. Ekkehard Martens 2003: a.a.O., S. 139). Vgl. grundlegend etwa Ursula Bredel, Horst Lohnsteint: „Die Verankerung von Sprecher und Hörer im verbalen Paradigma des Deutschen“, S. 19. Einzusehen unter http://www.sprachwissenschaft.uni-wuppertal.de/mitglieder/d1/dateien/f233.pdf [zuletzt eingesehen am 22.12.2014].

[149] Zudem fordert Steenblock: „Im Sinne der Stärkung ihrer Methodenkompetenz wäre schließlich erstrebenswert, wenn die Schüler lernten, sich ihrerseits Prämissen und Experimentieraufgaben auszudenken. Hierzu sollte man sich im Unterricht auch „theore-

Auf Textsortenebene stellt Martens heraus: „Bei Sokrates und Platon lässt sich die spekulative Methode durch den Versuch kennzeichnen, metaphysische Grenzfragen [...] in Form von *Erzählungen* oder *Mythen* als Ahnung oder intuitive Grundüberzeugung zu beantworten [Kursivierung L. M. J.].“[150]Neben Erzählungen und Mythen empfehlen sich nach Martens aber auch weitere *literarische Gattungen* wie *Märchen*, *Utopien*[151] oder *Sciencefiction-Romane*[152] für den Einsatz im Philosophieunterricht. In der Praxis der spekulativen Methode zeigt sich somit ein Umgang u.a. mit *nicht-fachphilosophischer Literatur*.

Doch nicht nur die *Rezeption*, sondern auch die *Produktion von Texten* wird innerhalb dieser Unterrichtsmethode gefordert: Es sollen philosophische *Primärtexte* verfasst werden, die strukturell dem *Besinnungsaufsatz* des Deutschunterrichts stark ähneln.[153] Darüber hinaus schlägt Martens in Rückbezug auf Martina Dege vor, im Philosophieunterricht *Essays schreiben* zu lassen,[154] um die Schülerinnen und Schüler „zu einem subjektiven Philosophieren zu ermutigen und zu befähigen“.[155] Nötig für eine erfolgreiche Bearbeitung solcher Schreibaufgaben sind u.a. Kenntnisse über die zu produzierende *Gattung und deren sprachliche Spezifik* – etwa der Essay als journalistische Darstellungsform mit textsortenspezifischen Regeln –, aber auch grundlegende Fähigkeiten und Strategien zur *Anfertigung eines philosophischen Textes* – etwa in Hinsicht auf Fach- und Alltagsvokabular, die schriftliche Formulierung von Argumenten und Gegenargumenten oder die Strukturierung des Textes.

2.7 *Integrativer Umgang mit Sprache*

Die fünf Methoden des Integrativen Methodenparadigmas greifen ineinander.[156] So reicht es etwa für eine Anwendung der phänomenologischen

tisch“ intensiver mit Struktur und Funktion von Gedankenexperimenten befassen“ (vgl. Volker Steenblock: a.a.O., S. 161).

150 Ekkehard Martens 2003: a.a.O., S. 93.

151 Vgl. a.a.O., S. 95.

152 Vgl. a.a.O., S. 135.

153 Vgl. a.a.O., S: 139.

154 Vgl. a.a.O., S. 140.

155 a.a.O., S. 140.

156 Vgl. Abschnitt 3.1.

Methode nicht aus, dass die Schülerinnen und Schüler Gegenstände oder Empfindungen bloß adäquat beschreiben, denn auch die verwendeten Begriffe müssen für alle verständlich sein. Ferner ist, wie gezeigt, auch die hermeneutische Methode an die Beschäftigung mit Begriffen gebunden und die dialektische Methode von einer klaren Ausdrucksweise abhängig. Die je spezifischen Umgangsweisen mit Sprache fließen in der Praxis des Philosophierens zusammen.

Dem Vorwurf, der Philosophieunterricht sei ein „Laberfach“, kann vor dem Hintergrund der Methodenintegration nun folgendermaßen entgegnet werden: Die „Laberei“ als „endlose[r] Meinungsaustausch des Hin-und-Her-Redens“[157]erscheint bei Martens als Krankheitsbild eines methodenmonistischen *morbus dialecticus.* Die dialektische Krankheit, die den Philosophieunterricht letztendlich zum „Laberfach“ degradiert, bricht genau dann aus, wenn – entgegen der von Martens geforderten Methodenintegration – die dialektische Methode den Unterricht bestimmt und diese nicht mit den anderen philosophischen Methoden vernetzt praktiziert wird.

Um dementsprechend den *morbus dialecticus* zu verhindern, sind die verschiedenen Arbeitsweisen integrativ einzusetzen. Da aber nicht nur die dialektische, sondern auch die anderen vier Denkmethoden auf Sprachlichkeit rekurrieren, heißt dies, dass Sprache einerseits der Angriffspunkt des Vorwurfs ist, andererseits aber auch die Verteidigung gegen diese Anschuldigung bedeutet, denn der Methodenmonismus des *morbus dialecticus* wird gerade durch die Vernetzung fachspezifischer Umgangsweisen mit Sprache verhindert.

2.8 *Teilfazit II*

f) Für alle fünf Methoden des Integrativen Methodenparadigmas ist Sprache fachspezifisch konstitutiv.
g) Indem die Schülerinnen und Schüler beschreiben, diskutieren, analysieren, interpretieren und spekulieren sollen, praktizieren sie spezifische Umgangsweisen mit Sprache.
h) Diese Umgangsweisen sind an je unterschiedliche sprachliche Anforderungen geknüpft.

---

[157] Ekkehard Martens 2003: a.a.O., S. 83.

i) In der Praxis des Philosophieunterrichts fließen auf Grund der Methodenintegration die spezifischen Umgangsweisen mit Sprache samt ihrer unterschiedlichen sprachlichen Anforderungen zusammen.
j) Das „Gelaber“ des *morbus dialecticus* wird durch einen integrativen Einsatz der Methoden verhindert.

3 Fazit

Martens misst Sprache in seinen Theorien über den Philosophieunterricht eine elementare Bedeutung bei. In seinem dialogisch-pragmatischen Ansatz versteht er Philosophie als gemeinsamen Verständigungsprozess einer Dialog- und Handlungsgemeinschaft und explizit als Sprechhandeln. Dieses ist durch fachspezifische Sprechakte entlang der sprachlichen, gegenständlichen und personalen Ebene gekennzeichnet. Indem Philosophierende als Gesprächspartner Gegenstände in bestimmten Sprechweisen zum Ausdruck bringen sollen, müssen sie sprachliche Anforderungen auf allen drei Ebenen erfüllen. Die sprachliche Verständigung zwischen Bildungssubjekten in der konkreten Lehr-Lernsituation bildet auf Grund des konstitutiven Verhältnisses von Philosophie und Didaktik den Ausgangspunkt der didaktischen Praxis.

Auch im Integrativen Methodenparadigma ist Sprache von konstitutiver Bedeutung, denn indem die Schülerinnen und Schüler beschreiben, diskutieren, analysieren, interpretieren und spekulieren sollen, führen sie spezifische Umgangsweisen mit Sprache aus. Diese Umgangsweisen sind an je unterschiedliche sprachliche Anforderungen geknüpft. In der Praxis des Philosophieunterrichts fließen auf Grund der Methodenintegration die spezifischen Umgangsweisen mit Sprache samt ihrer unterschiedlichen sprachlichen Anforderungen zusammen. Als relevant für einen philosophisch bildenden Unterricht konnte u.a. herausgearbeitet werden: die Produktion und Rezeption von Texten alltags- und fachsprachlichen Vokabulars mit spezifischen Anforderungen auf Wort-, Satz- und Textebene, Wissen um die Präskription des Diskursraumes sowie um die sprachliche Realisierung von logischen Argumentationsmustern unter Verwendung bestimmter Kohärenz- und Kohäsionsmittel, relationsanzeigender Verben oder Funktionsverbgefüge, ein themenbezogener Wortschatz, der (nicht bloß philosophische)

Fachbegriffe umfasst, die semantische Analyse von Begriffsnetzen zur Klärung von Argumenten sowie die Reflexion über einzelne Begriffe, den Sprachgebrauch und die Funktionsweisen sprachlicher Mittel.

Sowohl in Martens‘ *grundlegendem* Verständnis von Philosophie als auch in den *konkreten* Arbeitsmethoden des Philosophieunterrichts zeigt sich, dass Sprache und Philosophie in einem fachspezifischen Wechselverhältnis zueinander stehen: Philosophische Bildungsprozesse sind an sprachliche Anforderungen geknüpft. Im Philosophieunterricht ist dies zu berücksichtigen. Ganz im Sinne einer philosophischen Bildung nach Steenblock – „die Bildungsperspektive ist *interdisziplinär* und *verbindet die Orte des Lernens*“[158] – können entsprechende fächerübergreifende Unterrichtsgestaltungen eine Sensibilisierung für Sprache ermöglichen. Keinesfalls soll der Philosophieunterricht in dieser Folge als ein zweiter Grammatik- oder Literaturunterricht missverstanden werden, sondern er soll die Schülerinnen und Schüler vielmehr zu einem versierten, reflektierten und fachspezifischen Umgang mit Sprache befähigen.

Dem Vorwurf, der Philosophieunterricht sei ein „Laberfach“, entgegnet Martens zweifach: Zum einen sichert der strukturtheoretische Dialog die Konnexion der realen Dialoge (Subjektseite) mit den philosophischen Bildungsgehalten (Objektseite). Zum anderen verhindert der integrative Einsatz der Methoden, dass der Philosophieunterricht im „Gelaber“ des methodenmonistischen *morbus dialecticus* steckenbleibt. Als ein Beitrag zur selbstreflexiven Philosophiedidaktik und in Hinsicht auf das Selbstverständnis der Philosophiedidaktik bedeutet dies Folgendes: Die einschlägigen Theorien von Martens über den Philosophieunterricht zeugen von einem Bewusstsein darüber, dass die sprachliche Verfasstheit des Philosophierens ein Problem darstellen kann. Unterbreitet werden aber sowohl auf theoretischer als auch auf praktischer Ebene Lösungs- bzw. Präventionsmöglichkeiten. Sprachlichkeit ist für den Philosophieunterricht jenseits der „Laberei“ fachspezifisch konstitutiv.

---

[158] Volker Steenblock: a.a.O., S. 52.

„Völlig egal." – Bedeutungslosigkeit in einer Unterrichtsstunde zur Sprachphilosophie

Helge Kminek

Vorbemerkung

Folgender Aufsatz steht im Rahmen eines empirischen Ansatzes der Fachdidaktik Philosophie und Ethik. Transkribierte Tonbandaufnahmen von Unterricht sind dessen materielle Grundlage. Grundlegende Ziele dieses Ansatzes sind, (i) die Praxis über sich selbst aufzuklären, um damit die Voraussetzung für ein bewussteres Handeln der Akteure zu schaffen, sowie (ii) didaktische Modelle aus der Praxis selbst zu entwickeln.[1]

1 Fallbestimmung

Sprache und Philosophie des sogenannten westlichen Kulturkreises sind seit ihrem Beginn eng miteinander verflochten. Beispielsweise lässt sich der plantonische Dialog *Menon* als ein frühes Beispiel verstehen, über die „innere Mehrsprachigkeit von Sprachen"[2] zu reflektieren. Kenntlich wird in diesem Dialog, dass Menon und Sokrates den Begriff „Tugend" kennen und benutzen, aber keine unmittelbare Einigkeit darüber besteht, was dieser Begriff sinnvollerweise bedeutet respektive bezeichnet. Mittels des Dialoges wird die pragmatische Alltagsvoraussetzung erschüttert, dass

---

1 Vgl. Helge Kminek: „Prospects for a Practise of Teaching Philosophy" in: 10. Kongress der Österreichischen Gesellschaft für Philosophie „Mensch sein – Fundament, Imperativ oder Floskel?" Kongressband, Innsbruck, i.V.

2 Vgl.: Paul Mecheril: Migrationspädagogik, Weinheim [u.a.], 2010, S. 103.

Verständigungs- und Kommunikationsschwierigkeiten nur auf Fehler beim Hören etc. zurückzuführen seien. Der Dialog zeigt auf, dass zumindest bestimmte Begriffe einer Sprache nicht absolut festgelegt sind und die Menschen um die Bestimmung der Begriffe ringen.

Im Universalienstreit des Mittelalters wird sodann über den ontologischen Status von Allgemeinbegriffen philosophisch reflektiert. Mit dem *linguistic turn* zu Beginn des zwanzigsten Jahrhunderts wird Sprache selbst befragt.

Aufgrund dieses philosophie-geschichtlichen Hintergrunds lässt sich eine spezifische Sensibilität gegenüber Sprache im Philosophieunterricht erwarten. Würde im Unterricht eine solche Sensibilität gegenüber der Sprache sich zeigen, so wären mit philosophischen Bildungsprozessen immer auch Prozesse der sprachlichen Bildung verflochten.

In der hier analysierten Unterrichtsstunde ist Sprache expliziter Unterrichtsgegenstand. Die Unterrichtsstunde wurde in einem Wahlpflichtkurs Philosophie der Jahrgangsstufe acht eines großstädtischen Gymnasiums in Deutschland aufgezeichnet.

Für die Fallanalyse ist folgende Konstellation von Fragestellungen leitend:

i) Welcher normative Anspruch wird oder welche normativen Ansprüche werden durch die Lehrperson wie erhoben?

ii) Auf welche Art und Weise und mit welchen Inhalten sollen diese Ansprüche eingelöst werden? Steht z. B. die Erarbeitung von fachphilosophischen Texten im Fokus?

iii) Wie verhält sich das reale Prozessgeschehen zu diesen rekonstruierten Ansprüchen?

iv) Im Hinblick auf das Thema des Sammelbandes stellen sich die Fragen, (a) wie über Sprache reflektiert wird? Und (b) ob, wenn ja wie, der Unterricht zu sprachlicher Bildung beitragen kann?

v) Mit diesen Fragen ist unmittelbar die Frage verbunden, wie das Verhältnis von „Alltagssprache der Schülerinnen und Schüler und ggf.

der Lehrperson“ und „gegenstandsadäquate Fachsprache“ im Unterricht sich konstituiert? Werden Unterschiede herausgearbeitet? Und glückt oder missglückt die Vermittlung?

2 Analyse

2.1 Zum ersten erhobenen Anspruch der Unterrichtsstunde

Der Unterrichtsbeginn der Stunde verlief stockend, unter anderem weil mehrere Schülerinnen und Schüler das Arbeitsblatt nicht hatten, da der Unterricht im Vorfeld mehrfach ausfiel.

„Lm: Also damit wir (4 sec) damit wir wieder beim *Thema* sind ähm, also wir sind auch *imme*r noch in unserem großen (.) von SwI vorgeschlagenen, von allen gewählten Thema *Liebe* (.) und das werden wir sogar noch *bleibe*n, weil ich im Moment lauter tolle Texte dazu entdecke. [...] Und äh jetzt erst mal (.) wir machen aber im Moment dabei (.) Sprachphilosophie.“[3]

Die Lehrkraft stellt mittels „wir“ eine Vergemeinschaftung des Kurses her. Zugleich nimmt sie in der Gemeinschaft eine besondere Rolle ein. Sie zeigt sich als Lehrkraft, welche den sachlichen Überblick behalten hat. Der Kurs sei noch immer „in“ einem Thema, welches von einer Schülerin vorgeschlagen worden sei und welches alle gewählt hätten. Von der Lehrkraft wird damit der Prozess der Themenfindung benannt, nicht aber die philosophisch zentrale Frage zu diesem Thema: Was ist Liebe? Ob bei diesem Thema noch geblieben werden solle, wird von der Lehrkraft nicht zu einer Abstimmungsfrage erhoben, sondern implizit gesetzt.

Die Begründung dafür, dass das Thema beibehalten wird, ist nun nicht mehr basisdemokratisch („wir“), sondern wird damit begründet, dass die Lehrkraft zu dem Thema „lauter tolle Texte“ entdeckt habe. Von ihr werden die Texte nicht zu einer philosophischen Fragestellung oder zu einer Kontroverse im vergangenen Unterrichtsverlauf in Bezug gesetzt. Weil die Lehrkraft eine große Anzahl von Texten, die sie begeistern, zu dem Thema

---

3 https://archiv.apaek.uni-frankfurt.de/2479, Zeile 182 – 193. Im weiteren Verlauf werden nur noch die Zeilenangaben zum Transkript angegeben. Kursivsetzungen in Transkriptstellen bedeuten, dass dieses Wort / diese Wörter betont wurden.

entdecke, würde das Thema in Zukunft fortgeführt. Die qualitative Ausweisung der Texte verbleibt aufgrund des formalen Charakters der Aussage inhaltlich unbestimmt. „Aber" die Texte werden nun nicht zum Unterrichtsgegenstand. Bevor sie im Unterricht verhandelt würden, werde zum Thema Liebe Sprachphilosophie „gemacht". Weshalb es spannend und interessant sein könnte, sich „dabei" mit Sprachphilosophie zu beschäftigen, wird von der Lehrkraft vorerst nicht begründet. „Mit dem Ausblick wird markiert, dass das Thema Liebe nicht in Vergessenheit geraten ist. So steht bis jetzt keine sachlich motivierende Problemstellung im Raum, sondern die Euphorie der Lehrkraft."

Sachlich stellt die Aneinanderreihung von Liebe und Sprachphilosophie einen Kategorienfehler dar. Sprachphilosophie ist kein Unterthema des Themas Liebe, sondern eine Disziplin der Philosophie. Von der Lehrkraft nicht ausgewiesen wird der unterschiedliche Status, die unterschiedliche Bedeutung von Thema und Disziplin. Sachliche Präzision hätte hier sprachliche Präzision als unmittelbare Folge. Es würde zwischen „Thema" und „Disziplin" unterschieden werden. Es zeigt sich eine im konkreten Unterrichtsgeschehen angelegte Möglichkeit sprachlicher Bildung, welche nicht gewählt und realisiert wird. Sachlich drückt sich damit aus, wie sich der Unterrichtsgegenstand für das Thema „Sprachphilosophie" als bedeutungslos konstituiert, und für ihn zugleich eine spezifische Form des philosophischen Handelns angekündigt wird.

Sprachphilosophie werde „gemacht". Die Semantik von „machen" ist vielfältig. Mit ihrer Verwendung ist eine breite Facette von Möglichkeiten angesprochen, noch keine bestimmte Hinwendung zur Disziplin der Philosophie ausgewiesen. Zur Seite der Sache wird mit diesem Sprechakt angekündigt und versprochen, dass der Kurs sich mit Sprachphilosophie beschäftigt. Den Schülerinnen und Schülern wird eine Bildungserfahrung und ein Wissenszuwachs versprochen. Sie werden Sprachphilosophie machen, dies geht nicht anders, als dass die Schülerinnen und Schüler in einer noch zu bestimmenden Art und Weise mit dem Gegenstand sich auseinandersetzen, mit diesem verwickelt werden.

Zugleich würde Sprachphilosophie nur „im Moment" gemacht. Der Anspruch der Disziplin Sprachphilosophie wird durch diesen Sprechakt negiert. Ausgedrückt wird, dass es sachlich ggf. möglich aber nicht nötig sei, länger als einen Moment mit dieser Disziplin sich zu beschäftigen.

Von der Lehrkraft wird im direkten Anschluss an diesen soeben zitierten und interpretierten Sprechakt an eine Geschichte erinnert. Diese war Unterrichtsgegenstand der vorhergehenden Philosophiestunde und wird zugleich die sachliche Referenz für die folgende Sequenz des Unterrichts sein. Es handelt sich um Peter Bichsels Kurzgeschichte *Ein Tisch ist ein Tisch.*[4]

2.2 Exkurs zur Kurzgeschichte „Ein Tisch ist ein Tisch"

Die Geschichte ist in einer auktorialen Erzählperspektive geschrieben. Zentrale Figur ist ein vereinsamter Mann, welcher äußerst spartanisch am Rande einer Stadt lebt. Sein Leben zeichnet sich durch die permanente Wiederholung des immer Gleichen aus. Sowohl morgens als auch abends unternimmt dieser einen Spaziergang, unterhält sich mit seinen Nachbarn, sitzt alleine in seinem Zimmer. An einem mit Blick auf das Wetter angenehmen Tag regt sich in ihm die Hoffnung, dass diese Monotonie enden würde. Doch auch nach seinem gewohnten Spaziergang ist alles wie üblich. Gedrängt von dem Wunsch, dass sich etwas ändere, und der ohnmächtigen Wut fängt er an, Wörter und im weiteren Verlauf auch Verben zu vertauschen, beispielsweise „Bett" und „Bild". Für ihn heißt nun „Bett"„Bild" und vice versa. Dies bereitet dem Protagonisten der Geschichte so viel Freude, dass er die Veränderungen extensiv fortsetzt. Er kauft sich Hefte, um die vertauschten Wörter schriftlich festzuhalten. Das Haus für seine Spaziergänge verlässt er nur noch selten, so wird berichtet, dass er die Zeit nutzt, um seine Privatsprache zu erlernen. Am Ende der Geschichte hat der Mann seine von ihm privat-lexikalische Sprache so verinnerlicht, dass er weder seine Mitmenschen versteht noch diese ihn. Fortan „schwieg [er], sprach nur noch mit sich selbst, grüßte nicht einmal mehr"[5].

Mit dem folgenden Sprechakt wird von der Lehrkraft in Anspruch genommen, mittels jener Geschichte Sprachphilosophie zu „machen". Um die Prozesslogik des Unterrichts weiter zu erschließen, wird nun folgenden

---

4 Peter Bichsel: Kindergeschichten. Luchterhand (Sammlung Luchterhand, SL144), Neuwied, 1974 (1969), S. 18 – 27.

5 A.a.O., S. 27.

spezifizierten Fragen im Vergleich zu den Eingangsfragen gefolgt. (i) Wie wird diese Geschichte im Unterricht didaktisch genutzt? (ii) Wie reagieren die Schülerinnen und Schüler auf diese bzw. die dazugehörigen Aufgabenstellungen? Erkennen sie, was ihnen mittels der Geschichte gezeigt werden soll, wenn ja, wie, wenn nein, weshalb nicht?

2.3 *Wie die Fortführung zu vorherigen Unterrichtsstunden hergestellt wird*

„Lm: Da haben wir uns, ihr erinnert euch äh in der einen Stunde die Geschichte angeguckt, mit dem Mann der die Bedeutung der Wörter verändert und dadurch (.) immer *einsamer* wird.“[6]

Mittels des Indikativs von „erinnern“ wird gesetzt, dass alle Schülerinnen und Schüler die Geschichte präsent hätten. Solange kein Schüler und keine Schülerin dem widerspricht, gilt, dass der Unterrichtsverlauf unmittelbar fortgeführt werden kann. Eine erneute Vergewisserung über den Inhalt der Geschichte und deren Bedeutung findet damit nicht statt. Zugleich wird geäußert und folglich in Anspruch genommen, was in der vergangenen Stunde geleistet worden sei. Dort hätten die Schülerinnen und Schüler und die Lehrkraft eine Geschichte sich „angeguckt“. Angucken steht in diesem Fall für *auf eine bestimmte Art und Weise betrachten, etwas eingehend betrachten* bis hin zu *prüfend ansehen*. Doch was heißt dies konkret in Bezug zur Geschichte?

Im zweiten Teil des Satzes wird dies deutlicher. Keine Nacherzählung oder verdichtete Inhaltsangabe wird von der Lehrkraft vorgetragen, sondern eine Interpretation. Sie interpretiert die Geschichte so, als würde der Protagonist der Geschichte über die Fähigkeit verfügen, die Bedeutung von Wörtern zu verändern. Dies ist sachlich unpräzise, da dieser seine private Nutzung der Wörter verändert, nicht deren allgemeingültige Bedeutung. Im Hinblick auf Sprachphilosophie steht an dieser Stelle potenziell die Frage im Raum, wie das Verhältnis von Wörtern und deren Bedeutungen ist. Diese potenzielle Frage markiert ein weiteres konkretes Potenzial dieser Stunde, sprachliche Bildung anzustoßen.

Eine Schülerin reagiert:

---

[6] Transkript Zeile 193 – 196.

„Sw?: Ja.“[7]

Auch wenn die Lehrkraft nicht explizit gefragt hatte, eine Schülerin bejaht, dass sie sich an die Geschichte erinnert. Sie zeigt damit ihre Kooperationsbereitschaft an. Schülerinnen und Schüler, für welche dies nicht zutrifft, müssten sich gegen die Erwartung der Lehrkraft und die durch die Schülerin vollzogene Bestätigung stellen. Dies bleibt aus. Damit realisiert sich im Unterricht strukturell, dass die Erinnerung der Lehrkraft mit der der Lernenden identisch sei.

2.4 Zum Scheitern der Einordnung der Geschichte in ein Modell

„Lm: Und ähm / (.) wir haben hier sozusagen das Problem, ähm (.) dass er, wir haben ja dann geguckt wie sich, mit diesem Modell, wie sich die (.) Bedeutung zusammen*setzt* (.) und im Grunde genommen, *das* was er verändert (.) ist (.) ja?“[8]

Die Lehrkraft versucht, ein Problem zu benennen. Von ihr wird daher grundsätzlich eine Problemorientierung verfolgt. Durch die Zustimmung der Schülerin steht die Lehrkraft zugleich vor dem Problem, dass es bis jetzt kein Problem gibt, an dem diese Stunde nun inhaltlich ansetzen könnte. Sie postuliert daraufhin, dass der Kurs und sie gemeinsam ein „Problem haben“. Kenntlich wird mit „sozusagen“, dass die Aussage nur gewissermaßen gilt. Auch ist auf den Ort des Problems verwiesen („hier“), ohne ihn zu konkretisieren. Dass die Schülerinnen und Schüler ein Problem hätten, wird damit gesetzt, ohne dass ein solches Problem von ihnen benannt worden wäre. Die Postulierung eines Problems schiebt sich also vor die Benennung eines Problems.

In einem ersten Versuch der Benennung setzt die Lehrkraft an dem Protagonisten der Geschichte an („dass er“), bricht dies ab und beginnt erneut. Im zweiten Anlauf („wir haben ja dann geguckt wie sich, mit diesem Modell, wie sich die (.) Bedeutung zusammen*setzt* (.)“) referiert sie auf ein Modell, das in der letzten Stunde ebenso Thema gewesen sei. Wie im Zusammenhang mit dem Verweis auf die Geschichte, wird von der Lehrkraft

7 Transkript Zeile 197.

8 Transkript Zeile 198–202.

davon ausgegangen, dass sie nur auf dieses Modell verweisen müsste, damit alle Schülerinnen und Schüler dieses präsent haben.

Der Kurs und die Lehrkraft hätten „geguckt“, im Sinne von geprüft, wie „Bedeutung“ sich „zusammensetzt“. „Bedeutung“ wird damit als etwas dargestellt, dass aus unterschiedlichen Komponenten bestehe, welche (ggf. richtig) zusammengesetzt „Bedeutung“ ergeben. Dies gilt damit als geklärtes und geteiltes Wissen, welches für die Stunde vorausgesetzt wird.

Inhaltlich sei mit dem Modell nicht nur erklärt worden, wie Bedeutung sich zusammensetze. Sondern auch „und im Grunde genommen, *das* was er [der Protagonist, H.K.] verändert“, dass mit dem Modell nachvollziehbarer würde, was in der Geschichte passiert sei. Die Lehrkraft verknüpft mit dem Sprechakt Modell und Geschichte. Das Modell erkläre nicht nur, was Bedeutung sei, um *daran* die Geschichte zu verstehen, sondern die Geschichte ermögliche auch das Modell inhaltlich zu füllen.

Im Anschluss an die Rekapitulation des Prozesses der vergangenen Stunde stellt die Lehrkraft die Frage, was der Protagonist im Hinblick auf das Modell „verändert“ habe. Das „Problem“ gestaltet sich damit als ein Passungsproblem aus. Wie passen Modell und Geschichte zueinander? Die anschließende kurze Pause wird von keinem Schüler und keiner Schülerin genutzt, um zu antworten. Daher fordert die Lehrkraft mittels der Frage (Ja?“) eine sich wahrscheinlich meldende Schülerin auf, sich zu äußern.

„SwI: Äh, die Namen der, der äh Sachen?“[9]

Die Schülerin antwortet auf den letzten Teil der von der Lehrkraft geäußerten Frage. Mit ihrer Antwort zielt sie nicht auf das Modell, sondern auf den sachlichen Gehalt der Geschichte. Die Antwort der Schülerin deckt sich nicht mit der vorherigen Äußerung der Lehrkraft. Für die Schülerin hat der Protagonist die „Namen“ der „Sachen“ verändert. Die Lehrkraft hingegen hatte davon gesprochen, dass „der Mann“ die „Bedeutung der Wörter“ verändert habe.

„Lm: Das heißt (.) in dem Modell?“[10]

---

9 Transkript Zeile 203.
10 Transkript Zeile 206.

Die Lehrperson fordert sie stattdessen auf, ihre Aussage auf das erinnerte Modell zu beziehen. Die Differenz von „Bedeutung" und „Wörtern" zu „Namen" und „Sachen" bleibt an dieser Stelle damit unreflektiert, wird auch im weiteren Verlauf nicht eingeholt. Durch das Ausbleiben der Differenzbestimmung gelten beide Sprechakte als äquivalent und die Unterschiede bleiben vermeintlich bedeutungslos.

Eine weitere Schülerin äußert sich.

„SwK: Er bricht auch die () die Kommunikation ab zu den anderen Menschen. Er verändert die *Wör*ter die eigentlich die Menschen äh (.) benutzen, um zu kommunizieren."[11]

Im Hinblick darauf, die Geschichte und deren substanziellen Gehalt zu erinnern, wird die Erwartung der Lehrkraft erneut bestätigt. Auch SwK kann durch den erinnernden Hinweis der Lehrkraft eine substanzielle Aussage über den Gehalt der Geschichte tätigen. Zusätzlich zu „Namen" und „Sachen" („auch") thematisiert SwK einen weiteren Aspekt. Sie positioniert sich nicht gegen ihre Mitschülerin, sondern erweitert die schülerseitig geforderte Rekapitulation. SwK hat (analytisch) präsent, dass der Protagonist zuerst aktiv die Kommunikation zu den Menschen in seiner Umgebung abbricht, um seine Privatsprache zu lernen. Daran anschließend verändert er die normalerweise, „eigentlich" verwendeten Wörter der Menschen. In Spannung steht, dass die Schülerin nicht den objektiven Gehalt der Frage der Lehrkraft aufgreift, aber den objektiven Inhalt der Geschichte. Auch sie bezieht sich mit ihrer Aussage nicht auf das Modell. Sie macht dies allerdings nicht offen zum Thema, so dass aus der Perspektive der Lehrkraft die Schülerin sachlich nicht auf seine Frage antwortet. Die Schülerin dürfte dies aus ihrem subjektiven Verständnis heraus getan haben, allerdings nicht objektiv. So entsteht hier ein Kommunikationsproblem zwischen den Sendern und den Empfängern. Angesichts beider Beiträge, in denen das Modell keine Rolle spielte, stehen der Lehrkraft nun unterschiedlichste Möglichkeiten offen, dieses erneut zum Thema zu machen. Sie könnte beispielsweise (i) das Modell erneut an die Tafel zeichnen und im Anschluss erneut die Aufgabe stellen, (ii) einen eigenen Interpretationsversuch liefern oder

[11] Transkript Zeile 207 – 210.

(iii) erneut eine Aussage im Hinblick auf das Modell fordern. Die Lehrkraft schließt folgendermaßen an:

„Lm: Ja. Und wir haben, also das das Problem ist jetzt () ähm (.) dieses, wir haben ein Zeichen >{Lm schreibt Tafelbild eins an.} für etwas, das sprachliche Zeichen, das Wort. Ne? Und das hat eine Bedeutung. {Lm schreibt weiter: 6 sec.) Die sind miteinander ver*bunden*. (.) Und (.) wenn wir das jetzt in das Kommunikationsmodell, was wir das *letzte* Mal erarbeitet haben, einbringen, (.) dann gehört das Ganze hier {Lm zieht den Kreis und zeichnete den Strich.} wozu?

(3 sec)

Lm: Wisst ihr das noch?

(.)“[12]

Der Gehalt der Aussage von SwK wird zustimmend („ja“) als richtig ausgewiesen, obwohl ihr Beitrag auf kein Modell sich bezieht. Die Lehrkraft führt fort („und“) als seien ihre weiteren Ausführungen unmittelbar anschlussfähig an die der Schülerin. Die Anschlussfähigkeit inhaltlich zu bestimmen, wird von ihr begonnen, dann jedoch abgebrochen. Obschon kein Inhalt vorliegt, fährt sie schlussfolgernd („also“) fort. Sie integriert die Äußerung der Schülerin damit formal in den Unterrichtsverlauf. Material entwertet die Lehrkraft den Beitrag der Schülerin zugleich, das „Problem“ sei jetzt ein anderes. Die vormalige Zustimmung erweist sich als bedeutungslos.

Anschließend wird von der Lehrkraft das Modell an die Tafel geschrieben bzw. gezeichnet. Ob es mit dem der vorherigen Stunde identisch ist oder nicht, muss für die Interpretation offen bleiben. Die anschließende Frage der Lehrkraft („Wisst ihr das noch?“) zeigt sodann, dass sie davon ausgeht, die Schülerinnen und Schüler hätten die Verortung im Modell nicht haben vornehmen können, weil sie sich nicht mehr erinnern. Die Lehrkraft wählt damit nicht die Möglichkeit, das Modell erneut zu thematisieren. Auch wählt sie nicht die Möglichkeit, sich darüber zu vergewissern, dass die Schülerinnen und Schüler das Modell auch verstanden haben, obwohl es die sachliche Voraussetzung dafür ist, die Geschichte im Modell zu verorten. Bevor der weitere Verlauf rekonstruiert wird, ist das Modell zu

---

12 Zeile 211–223.

rekonstruieren, welches von der Lehrkraft als spezifisches „Kommunikationsmodell“ benannt und an der Tafel für alle sichtbar wurde.

3 Zum zentralen Modell in der Stunde

Das Kommunikationsmodell erweist sich im Folgenden als zentraler Referenzpunkt der Stunde. Das entsprechende Tafelbild sieht wie folgt aus (Tafelbild 3):

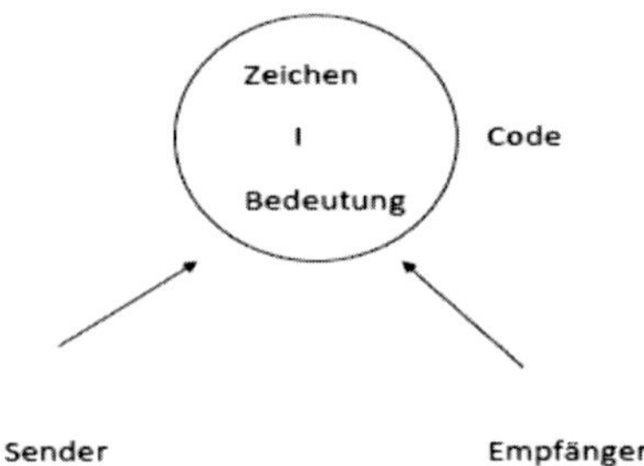

Das Modell[13] ist kein aus der Wissenschaft übernommenes. Den Lernenden wird nicht der unmittelbare Gegenstand präsentiert, zu dem diese mittels Unterricht geführt werden sollen, sondern ihnen wird ein didaktisches Substitut gezeigt, welches objektiv verspricht ihnen den anvisierten Gegenstand erfolgreich zu lehren, sonst wäre der Einsatz im Unterricht nicht legitimiert. Es handelt sich hierbei um eine übliche Didaktisierung, auf deren Probleme Andreas Gruschka hinweist.[14] Mit der Setzung des Modells als Unterrichtsgegenstand wird folglich der normative Anspruch erhoben, dass die Schülerinnen und Schüler anhand und mittels selbigem etwas im Hinblick auf Sprache bzw. die Probleme der Sprachphilosophie verstehen können bzw. in der letzten Stunde bereits verstanden haben. Das

13 Zu diesem Zeitpunkt des Unterrichts fehlen noch „Sender“, „Empfänger“ und die beiden Pfeile.

14 Andreas Gruschka: Didaktik – Das Kreuz mit der Vermittlung. Elf Einsprüche gegen den didaktischen Betrieb. Wetzlar, 2002, S. 121.

Modell ist zugleich erläuterungswürdig und erklärungsbedürftig, da es kontraintuitiv ist.

Unmittelbar könnte angenommen werden, dass der Sender etwas sendet.[15] Doch käme nach dem Modell die Sendung nicht beim Empfänger an. Der Pfeil geht nicht zum Empfänger, sondern von diesem weg, wie beim Empfänger. Soll dies bedeuten, dass auch der Empfänger sendet? Dies wäre in Bezug zu den Bezeichnungen „Sender" und „Empfänger" irreführend. Oder beide, Sender und Empfänger beziehen sich in identischer Art und Weise auf das Dritte. Für diesen Fall wäre aufzuklären, weshalb die spezifischen Bezeichnungen „Sender" und „Empfänger" gewählt wurden und wie diese zueinander in Beziehung stehen. Denn deren Beziehung ist im Modell nicht geklärt (etwa durch eine Legende oder eine Beschriftung der Pfeile). Aufgrund der unterschiedlichen Benennungen sind sie nicht identisch, zugleich beziehen sie sich aber auf das Dritte, als wären sie etwas Gleiches. Soll die unterschiedliche Positionierung von Sender und Empfänger im Raum ausdrücken, dass beide aus unterschiedlichen Positionen auf das Dritte sich beziehen? Oder stehen diese sich konträr gegenüber? Denn schließlich handelt es sich um Gegenbegriffe.

Das Dritte ist ein Kreis, in welchem die Begriffe „Zeichen" und „Bedeutung" stehen. Bedeutung soll aus Komponenten zusammengesetzt sein, wie die Lehrkraft geäußert hatte. Im Modell sind keine dieser Komponenten von Bedeutung erkennbar. Zwischen „Zeichen" und „Bedeutung" ist ein Strich. Außerhalb des Kreises steht „Code". Der Kreis bildet eine Grenze und schließt ein und aus. Was wird mit Code bezeichnet, der Kreis und sein Inhalt oder alles außerhalb des Kreises? In diesem Fall zeigte das Modell, dass ein Code aus Zeichen und Bedeutung bestehe. Zu erläutern wäre dann welches Verhältnis durch den Strich zwischen „Zeichen" und „Bedeutung" ausgedrückt sein soll. Ist „Zeichen" der Oberbegriff, welcher den

[15] Ein Sender kann sowohl eine Maschine oder eine Anlage sein, welche Informationen, Signale, beispielsweise in elektromagnetische Wellen umwandelt und diese versendet. Mit Sender wird des Weiteren ein Radio- oder Fernsehsender bezeichnet als auch ein Mensch, welcher beispielsweise einen Brief versendet, dies als Absender auf dem Brief markiert und kenntlich macht. Entsprechendes gilt für die Bezeichnung Empfänger. Die Bezeichnungen sind folglich sehr umfassend gewählt. Mit dieser Bedeutungsoffenheit ist zusätzlich fraglich, welche Fälle mittels des Modells nicht abgedeckt sind bzw. sein sollen.

Unterbegriff „Bedeutung" enthält? Dann wäre die Frage, welche Unterbegriffe dieser noch enthält, und weshalb diese nicht genannt sind. Oder zeigt der Strich an, dass diese Begriffe in einer zu bestimmenden Beziehung zueinanderstehen? Erläuterungsbedürftig wäre in welcher. Weshalb steht der Begriff „Zeichen" oben oder ist dies arbiträr?

Das Modell evoziert zahlreiche Fragen, um zu verstehen und zu klären, welche Sachverhalte mit ihm visualisiert werden sollen. Würde dem Modell Bedeutung gegeben, wäre die Thematisierung von Problemen der Sprachphilosophie nicht fern. Der folgende Problemaufriss ist keine normative Erwartung, was die Stunde im Hinblick auf das Modell alles zu leisten hätte, sondern eine beispielhafte Skizzierung des Möglichen.

Zu „Zeichen" und „Bedeutung":

Eine philosophisch-relevante Frage könnte lauten: Was ist ein Zeichen? An die Frage würden sich weitere anschließen, beispielsweise, in welchem Verhältnis stehen Zeichen, Symbole, Wörter zueinander?

Würde der Begriff „Zeichen" auf Bedeutung bezogen, da dies im Modell angelegt ist, wäre die Frage, ob Zeichen immer eine Bedeutung hätten? Wenn ja, was heißt es, dass Zeichen Bedeutung haben? Wie entnehmen Menschen diesen Zeichen Bedeutung? Oder verhält es sich umgekehrt? Angenommen Zeichen hätten keine Bedeutung. Erhalten diese erst Bedeutung, weil Menschen Bedeutung in Zeichen hineinlegen? Wie machen Menschen dies?

Auch vom Begriff „Bedeutung" könnte ausgegangen werden. Was ist Bedeutung? Existiert Bedeutung?[16] Wie ist das Verhältnis von Bedeutung zu Zeichen, Code, Sender und Empfänger zu verstehen? Was ist der wesentliche Träger von Bedeutung? Tragen Wörter oder Zeichen im Wesentlichen die Bedeutung (Putnam), wie wäre dies zu verstehen? Oder wird die Bedeutung von Sätzen (Davidson) getragen?

---

16 „Zwar wird das Ergebnis [. . .] sein, dass Bedeutungen in der Tat nicht ganz in der Weise existieren, wie wir zu denken geneigt sind. Aber auch Elektronen existieren nicht genau so, wie Bohr es sich vorgestellt hat. Es ist ein himmelweiter Unterschied zwischen dieser Behauptung und der Behauptung, dass es Bedeutung (oder Elcktronen) nicht gäbe." (Hillary Putnam: Die Bedeutung von „Bedeutung". 2., durchges. Aufl. Frankfurt am Main, 1990, S. 22).

4 Gelingt die Verortung im Modell?

Der Lehrer hatte das Modell an die Tafel gezeichnet und die Schüler danach gefragt, ob sie noch wüssten, wozu Zeichen, Bedeutung und Kommunikationsmodell gehörten.

„SwJ: Ähm Kommunikationsfähigkeit?

Lm: Ja, aber wir haben, wir hatten ja Kommunikationsmodell an der Tafel.

[...]

SwI: Äh, *wie* man die Botschaft eben transportiert, also *mit* welchem *Kanal* hatten wir ja gesagt, also ob (.) visuell oder... (...)

Lm: Ja. Aber der Kanal der könnte beliebig sein.“[17]

Die Schülerin SwJ äußert fragend ein Stichwort, welches ihr, wohl ausgelöst durch „Kommunikationsmodell“ und die zweifelhafte Kommunikationspraxis des Protagonisten der Geschichte einfällt: „Kommunikationsfähigkeit“. Dass sie sich fragend äußert, ist Ausdruck dessen, dass sie nicht sicher ist, was die Lehrkraft für eine Antwort erwartet, da die vorherigen Beiträge der Mitschülerinnen und Mitschüler nicht trafen. Mit dem angeschriebenen Modell hat auch ihr Beitrag nichts zu tun. Wieder wird der Beitrag der Schülerin von der Lehrkraft positiv aufgenommen, bejaht, um sogleich zu zeigen, dass er nicht ausreicht, sie damit nicht einverstanden sei („aber“). Dass es ein gemeinsam geteiltes Wissen gäbe, wird von ihr zuerst angesetzt („haben“), vor dem aktuellen Erfahrungshintergrund dann korrigierend zurechtgerückt („hatten“). Durch das Fehlen eines (bestimmten) Artikels verbleibt im Unklaren, ob in der vorangegangenen Stunde ein oder das – welches? – Kommunikationsmodell oder einfach nur der Begriff „an der Tafel“ stand. Dass das Kommunikationsmodell im wörtlichen Sinne erarbeitet worden war, wird mit der Aussage stillschweigend zurückgenommen.

SwI erinnert sich sodann an einen Sachgehalt, der für sie vergleichsweise trivial sei. In Kontrast zu den hoch angesetzten Problemen, geht es aus Sicht der Schülerin („eben“) darum, dass „man mit einem Kanal“ kommunizieren müsse. Damit ist entschieden, dass in der Stunde zuvor zumindest

[17] Transkript Zeile 224 – 236.

mehr als ausschließlich die Bezeichnung „Kommunikationsmodell" Unterrichtsgegenstand war. „Kommunikationskanal" muss dort verhandelt worden sein, ohne dass ein solcher „Kanal" in dem Tafelanschrieb der aktuellen Stunde auftaucht. Damit werden die Äußerungen der Akteure und der Tafelanschrieb objektiv bedeutungslos, gleichwohl wohl alle Akteure beidem subjektiv Bedeutung beigemessen haben, da diese nicht ernst genommen, beim Wort genommen werden. Von der Lehrkraft wird nicht die Möglichkeit gewählt, die Äußerung der Schülerin als Anstoß dafür zu nehmen, das Modell zu erweitern. Erneut zeigt eine Schülerin (i) Kooperationsbereitschaft, und (ii) dass sie sich an Inhalte der letzten Unterrichtsstunde erinnert. Die Erinnerung setzt sie allerdings nicht in Beziehung zu dem an der Tafel stehenden Modell.

Die Formulierung der Schülerin reizt (philosophisch) zum Ein- und Widerspruch. Was bedeutet es, dass „man" – wer ist dieses „man"? – eine Botschaft transportiert? Zeichnen Botschaften sich nicht gerade dadurch aus, dass diese nicht vom (Ver-)Sender transportiert werden? Ist es eine sprachliche Ungenauigkeit, Unachtsamkeit, dass die Schülerin davon spricht, dass eine Botschaft „mit einem Kanal" und nicht „durch" oder „auf" einem Kanal gesendet würde? Oder liegt hier ein Verständnis vor, welches es zu befragen gälte? Die Lehrperson zeigt zumindest an dieser Stelle kein Interesse, die Schülerin zu sprachlicher Exaktheit, auch im Sinne von Sprachphilosophie, zur begrifflichen Präzision zu erziehen. Dies zeigt sich auch dadurch, dass sie keine Möglichkeit sprachlicher Korrektur wählt. Erneut bestätigt sie die Aussage, um sodann anzuzeigen, dass auch der Beitrag von SwI nicht zum Thema passt, worauf die Lehrkraft hinaus möchte. Weiterhin ist sie bei ihrem Problem der Verortung der Geschichte zu Zeichen, Bedeutung und dessen Verbindung mit dem Kommunikationsmodell. Ihre Nachfragen waren in dieser Sicht nur eine Hilfestellung für das für sie noch im Raum stehende Problem.

Sachlich bestünde nun die Möglichkeit, dass (i) die Lehrkraft die Voraussetzungen (erneut) erarbeiten lässt oder (ii) selbst die Lösung zeigt, damit die Schülerinnen und Schüler an ihm als Modell lernen könnten.

4.1 Das richtige Stichwort wird genannt

„SwI: Und dann eben, ja die Botschaft an sich und der Code.

Lm: Der Code. [Genau.]

SwI: [Also die] Kombination, was dahinter steht.“[18]

SwI setzt erneut an, sie will nicht nur ihre Kooperationsbereitschaft zeigen, sondern auch die gesuchte Antwort finden. Objektiv zeigt sich damit, dass diese Schülerin sich von schwierigen Problemen nicht abschrecken lässt. Sie zeigt eine für das Philosophieren nötige motivationale Grundhaltung. Damit wird die vermeintlich didaktisierte Vereinfachung, welche hier eine Vernebelung ist, zusätzlich fraglich. Diese Schülerin verfügt über eine motivationale Grundhaltung, welche keine Vereinfachung benötigt, um Demotivation zu vermeiden.

SwI nennt zwei Statthalter: „die Botschaft an sich“ *und* „der Code“. Ihr Benennen provoziert philosophische Nachfragen. Was ist „die Botschaft an sich“ im Gegensatz zur ›Botschaft für sich‹ oder zur ›Botschaft für uns‹? Bzw. auf das Modell bezogen, was ist der Unterschied von ›Botschaft für den Sender‹ und ›Botschaft für den Empfänger‹? Was ist der Unterschied zwischen Botschaft und Code? Haben die Schülerinnen und Schüler des Kurses die ggf. erarbeitete Unterscheidung noch präsent?

Solche Nachfragen bleiben aus. Die Lehrkraft reagiert auf „der Code“. Mit dieser Äußerung hatte die Schülerin das Stichwort genannt, das sie hören wollte. Im Anschluss an die positive Markierung durch die Lehrkraft führt SwI aus, was sie zum Code memoriert hat und zeigt damit an, dass die alleinige Nennung des Begriffs für sie ungenügend ist. Ihr artikulierter Anspruch ist aufzuklären, für was der Begriff „Code“ stehe. Diesem Anspruch wird sie inhaltlich nicht gerecht. Ausschließlich auf der formalen Ebene äußert sie sich, indem sie einen weiteren Begriff nennt, hinter dem Code stehe eine „Kombination“. Um den von ihr objektiv geäußerten Anspruch einzulösen, welchen die Schülerin mittels ihres Sprechaktes erhebt, müsste sie material ausfüllen können, was mit Kombination gemeint sei, wie das Verhältnis der Elemente der Kombination zu verstehen sei. Entsprechend fragt die Lehrkraft nicht nach, sondern sie liefert es selbst.

[18] Transkript Zeile 237 – 239.

„Lm: Das hier, das gehört zum Code. Die, das Verhältnis Zeichen und Bedeutung, das ist die *Co*dierung. (.) Ne?“[19]

Sprachlich unbestimmt bleibt damit, was zum Code gehöre. Naheliegend ist, dass von der Lehrkraft mittels einer Zeige-Geste auf das Tafelbild, auf Zeichen und Bedeutung gewiesen wird. Im zweiten Satz wird von ihr eine weitere Begrifflichkeit eingeführt: „die Codierung“. Diese sei die Benennung des Verhältnisses von „Zeichen“ und „Bedeutung“; wie diese im Verhältnis zueinanderstehen wird nicht erläutert. Die Ausführungen der Lehrkraft sind wohlwollend hermeneutisch so zu verstehen, dass das Verhältnis von Zeichen und Bedeutung Codierung genannt werde, die additive Gesamtheit von Zeichen, Bedeutung und Codierung „Code“. Damit wäre die Position benannt, deren Inhalt und deren Verhältnis noch nicht bestimmt, respektive philosophisch befragt ist.

Der nach einer kurzen Pause geäußerte umgangssprachliche Partikel „ne“ soll zur Zustimmung bewegen. Zu- und Übereinstimmung gilt so lange nicht widersprochen wird.[20] Im unmittelbaren Anschluss daran weist die Lehrkraft vom Modell und dessen Erläuterung zur Geschichte zurück.

„Und er hat (.) einfach den *Code* verändert. (3 sec)“[21]

Für den Lehrer sind die Erinnerungsschwierigkeiten der Schülerinnen und Schüler nun behoben, welche die Verortung der Geschichte im Modell verhinderten. Die anfangs rekonstruierte Struktur, dass die Geschichte das Modell füllen soll, setzt sich somit fort. Erneut entscheidet sich die Lehrkraft daher nicht für die Möglichkeiten, (i) das Modell und dessen Verständnis

[19] Transkript Zeile 240 – 241.

[20] Diese Form der Dialogführung erinnert an Sokrates im Dialog Menon. Der strukturelle Unterschied zwischen dem Dialog und dem vorliegenden Unterricht besteht darin, dass Sokrates während des Dialoges sachlich-fachlich präzise und distinkt spricht, immer sowohl auf der Höhe des Gegenstandes als auch auf der Höhe des Lehr- und Lernprozesses ist. Es gibt hier folglich eine formale Übereinstimmung, aber keine inhaltliche. Dies deutet einen Grund an, weshalb ich die Interpretation des Dialogs von Volker Steenblock für nicht treffend halte. Vgl. Volker Steenblock: „Die erste Lehrprobe der Welt – didaktische Überlegungen im Anschluss an Platons Menon“ in: Zeitschrift für Didaktik der Philosophie und Ethik, 2 / 2014, S. 79–89.

[21] Transkript Zeile 242.

zum Unterrichtsgegenstand zu machen, sowie (ii) die sprachphilosophischen Problemstellungen des Modells zu thematisieren. Dies müsste geschehen, wenn der Unterricht seinem eigenen Anspruch gerecht werden sollte, dass in ihm Sprachphilosophie gemacht würde. Unmittelbare Folge wäre auch die Herstellung der Bedingung der Möglichkeit für sprachliche Bildung. Denn dann würde über Sprache reflektiert und auf Nuancen geachtet, auf Präzisierungen gedrängt. Ob die Lernenden dadurch sprachlich gebildet würden, ist damit noch nicht gesagt. Wobei auch dieser Unterricht sprachliche Bildung anregen könnte, allerdings nicht aufgrund des Unterrichtsinhaltes, sondern aufgrund des fehlenden Inhalts. So könnten sich Schülerinnen und Schüler fragen, was hinter diesem opaken Modell steckt.

Sachlich, d.h. in Bezug zur Geschichte, unterläuft der Lehrkraft ein Fehler. Denn nicht den Code hat der Protagonist der Geschichte verändert, sondern seine private Codierung. Er hat in der Geschichte eine Privatsprache geschaffen. Damit setzt er nicht die allgemeingültige Codierung außer Kraft, verändert diese nicht. Auch kann die Geschichte nur vor dem Hintergrund dieser Differenz so erzählt werden, wie sie erzählt wurde. Durch diesen Fehler bleibt ein weiteres Potenzial sprachlicher Bildung, welches in der Aufgabe der Zu- oder Einordnung der Geschichte in oder zu dem Modell liegt, ungenutzt: der Unterscheidung von privater und der allgemeingültigen Codierung. Dass der Lehrkraft dieser Fehler unterläuft, ist strukturell angelegt. Das Modell ist zur Erschließung der Geschichte zu sehr vereinfacht, um die Geschichte im Modell verorten zu können. Es unterscheidet nicht zwischen privat konstruierter Codierung und einem allgemeingültigen Code. Im Modell ist ebenso nicht ausgewiesen, dass der Zeichenvorrat privater und allgemeingültiger Codierung identisch, die Bedeutungen aber nicht-identisch sind. Folglich ist die Geschichte komplexer als das Modell. Für Modelle ist wesentlich, dass sie die strukturellen Knotenpunkte und deren Verhältnis enthalten. Die Geschichte enthält nun nicht nur inhaltlich mehr als das Modell, sondern enthält auch implizit mehr Knotenpunkte zum Verständnis von Sprache. Aus diesem Grund kann die Verortung der Geschichte im Modell nicht gelingen.

5 Wiederholung des rekonstruierten Musters

Nach einer dreisekündigen Pause wird von der Lehrkraft ein weiteres Beispiel zur Plausibilisierung und inhaltlichen Füllung des Modells herangezogen:

„Das macht man beim Militär. Das nennt man (.) *chiffrieren*. (.) Das heißt, dass man ähm (…) *Buch*staben, zum Beispiel in Wörtern, vertauscht, nach einem bestimmten nach einer bestimmten *Regel* und dann kann man Wörter hinschreiben, die für andere so nicht leserlich sind, weil sie nicht wissen, weil sie den Code nicht kennen. Sie müssten das *Deco*dieren.“[22]

Das Beispiel soll zeigen, dass diese soeben erarbeitete Form der Veränderung des Codes nicht nur in fiktionalen Texten vorkäme, sondern auch in der Realität. Doch ist das Beispiel sachlich unpassend. Beim Militär bezeichnet ein Code ein Regelsystem, welches die richtige Zuordnung, die richtige Übersetzung zweier verschiedener Zeichenvorräte in den jeweiligen anderen Zeichenvorrat erlaubt. Entweder wird ein Klartext in einen verschlüsselten Text chiffriert (=verschlüsselt) oder ein verschlüsselter Text wird in den Klartext dechiffriert (=entschlüsselt). Wer über den Verschlüsselungsalgorithmus verfügt, ist in der Lage, den verschlüsselten Text, in den Klartext zu übersetzen sowie vice versa.[23] Ein solcher Verschlüsselungsalgorithmus wird ebenfalls als „Code“ bezeichnet. Der Unterschied der Bedeutung von „Code“ in diesem Fall und dem des Modells müsste geklärt werden, dann würde im Unterricht sprachliche Bildung angeregt. Es würde auf die äußerst unterschiedlichen Bedeutungen von identischen Begriffen hingewiesen und an einem Beispiel aufgeklärt. Auf diesem Unterschied aufbauend müsste, damit der Unterricht seinem selbst gesetzten Anspruch „Sprachphilosophie zu machen“ erfülle, reflektiert werden, dass mittels des Klartextes nicht automatisch ein Verständnis der Bedeutung des dechiffrierten Textes vorliegt. Dann wäre der Unterrichtsprozess dort angelangt, wohin er führen will: (i) sprachphilosophisch verstehen, wie die Beziehung von Zeichen zur Bedeutung zu verstehen sei. (ii) Was ein Zeichen sei. (iii) Und was Bedeu-

---

[22] Transkript Zeile 242 – 249.

[23] Dabei werden nicht nur die Buchstaben von Wörtern verändert, dies ließe sich viel zu einfach dechiffrieren.

tung sei. Die Frage, ob es sinnvoll ist, dass ggf. Zeichen und Bedeutung in unterschiedlichen Kontexten etwas Unterschiedliches bezeichnen und bedeuten, würde sich anschließen. Auch dieses neue Beispiel der Lehrkraft enthält folglich sachliches Potenzial. Um dieses zu nutzen, müsste das Militärbeispiel exakt analysiert werden. Im Anschluss wäre sodann zu prüfen, in welchem Verhältnis die Codierung des Militärs zum Modell und zu der Geschichte Bichsels steht.

5.1 Ausgesprochene Bedeutungslosigkeit

Nachdem aus Sicht der Lehrkraft alles Wesentliche zur Geschichte Bichsels und der Einordnung in das Modell gesagt ist, verweist sie auf einen weiteren Text.[24]

Im Unterrichtsgespräch geht es nun um die vermeintlich besonderen Formen der angeblich anonymen Kommunikationsformen Twittern und Bloggen sowie um die „Beichte“. Letztere Form der Kommunikation wurde von einer Schülerin eingebracht. Die Bestimmungen dieser Formen der Kommunikation bleiben unterbestimmt. Zur Bestimmung wäre die distinkte Abgrenzung zu ähnlichen Kommunikationsformen, die Bestimmung der Überschneidungen und Unterschiede nötig. So wird beispielsweise als ein Merkmal des Twitterns und Bloggens ausgewiesen, dass die Sender nicht immer und vollständig wissen, wer ihre Tweets und Blogs lese. Von wem diese Nachrichten empfangen würden. Doch gilt dies für einen Journalisten und dessen Wissen über die Lektüre seiner Artikel ebenfalls. Eine Schülerin fragt dies implizit nach.

„SwD: Reden wir grad davon, dass hier gepostet wird oder…

Lm: Völlig egal.“[25]

Eine Schülerin zeigt nun an, dass für sie nicht mehr klar ist, was gerade der Gegenstand des öffentlichen Unterrichtsgespräches ist. Sie bringt da-

---

24 Nadia Schlüter: „Sex auf 140 Zeichen. Intim- und Potenzsprüche sind eigentlich ein klassisches Männerrevier. Vielleicht nicht mehr lang: Auf Twitter formiert sich gerade eine Gruppe junger Frauen, die offensiv über Weiblichkeit, den eigenen Körper und Sex schreiben. Sind sie Wegbereiter der sexuellen Gleichberechtigung im Netz?“ in: Süddeutsche Zeitung, 29.04.2013.

25 Transkript Zeile 670 – 671.

mit ebenso zum Ausdruck, dass dies aus ihrer Sicht relevant ist, wenn diese spezifischen Formen der Kommunikation verstanden werden sollen. Die Lehrkraft entscheidet sich für die Wahl der Möglichkeit, dass der Bezugspunkt „völlig egal" sei. Mit dieser Wahl wird das implizite Bildungsinteresse der Schülerin von der Lehrkraft nicht aufgegriffen und die Spezifik der jeweiligen Kommunikationsform wird damit als bedeutungslos deklariert. Möglicherweise ist von der Lehrkraft gemeint, dass aufgrund der Allgemeinheit des sprachlichen Modells, es „völlig egal" sei, was gerade der konkrete Bezugspunkt ist. Damit wäre jedoch zumindest das Bildungsinteresse der Schülerin nicht „völlig egal". Im Weiteren setzt sich diese Interpretation allerdings nicht durch. Denn hierfür müsste das Modell durch die Lehrkraft erneut erläutert, plausibilisiert, dessen empirische Reichweite und Erklärungskraft verständlich gemacht werden. Dies geschieht in dieser Stunde nicht mehr.

6 Fallstrukturhypothese

Fünf Fragen wurden zu Beginn der Fallanalyse an den Unterricht gestellt, welche nun beantwortet werden können.

(zu i) Es konnte gezeigt werden, dass Ansprüche gestellt werden. So wurde von der Lehrkraft der Anspruch erhoben, mit dem Kurs ›Sprachphilosophie zu machen‹. Bereits in seiner Formulierung wurde er bedeutungslos. Sprachphilosophie würde „im Moment dabei" gemacht, die Disziplin damit entwertet, da Sprachphilosophie „im Moment" nicht zu machen ist, und der Sprachgebrauch indifferent ist.

(zu ii) Eingelöst werden sollte der Anspruch durch unterschiedliche Unterrichtsinhalte: ein Modell, die Geschichte Bichsels, das Beispiel der Codierung beim Militär sowie ein Zeitungsartikel. Mit diesen ist eine philosophische Fragestellung unmittelbar noch nicht gegeben. Mit ihrer Setzung als Gegenstände des Philosophieunterrichts werden sodann neue Ansprüche erhoben. Ihr Einsatz verspricht, dass mit diesen Sprachphilosophie gemacht werden könnte, dass diese philosophische Fragestellung enthielte, und dass die Fragestellungen im Unterricht gehoben und verhandelt würden.

(zu iii) Diese selbst gesetzten Ansprüche werden im Unterricht nicht eingelöst. Eine sprachphilosophische Problemstellung ist an keiner Stelle des Unterrichts – auch nicht im weiteren Verlauf – zu finden. Es zeigte sich, dass mit Sprachphilosophie sich „jetzt im Moment dabei“ zu beschäftigen, nicht gelang. Sprachphilosophie bedarf der ungeteilten Aufmerksamkeit, wie in dieser Stunde sich empirisch zeigte, gerade auch im Philosophieunterricht. Sprachphilosophie lässt sich nicht en passent betreiben. Über Sprache in einer distanzierenden, theoretisierenden Art und Weise zu reflektieren, zu philosophieren fand nicht statt, wie auch keine Bildung zu einem bewussten Sprachgebrauch. Für beides wäre entweder (iii a) eine analytisch-problematisierende Haltung zu den Beispielen und den Texten nötig, (iii b) deren Modellierung oder (iii c) die Problematisierung des Modells. In diesen drei Fällen hätte die Bedingung der Möglichkeit bestanden, dass die Schülerinnen und Schüler sich hätten bilden können.

(zu iiia) Philosophische Fragestellungen wurden aus den unterschiedlichen Unterrichtsgegenständen nicht extrahiert, können daher auch im Unterricht nicht verhandelt werden. Gleichwohl hätten diese als Ausgangspunkt für sprachphilosophische Fragestellungen dienen können. Dies hätte vorausgesetzt, dass den Gegenständen präzise analytisch und problematisierend sich gewidmet worden wäre, um mittels der problematisierenden Analyse die sprachphilosophischen Fragestellungen zu heben. Doch agierte die Lehrkraft im Unterricht nicht analytisch und problematisierend, sondern assoziativ in dem Glauben, dass das bedeutungsoffene Modell auf alle Fälle reibungslos anwendbar sei. Als eine Schülerin eine bestimmte Hinwendung zur Sache implizit einforderte, indem sie nachfragte, was gerade der Bezugsgegenstand sei, wird die implizite Nachfrage als „völlig egal“ abgewiesen und nicht weiter aufgegriffen. Diese Antwort spricht aus, was für die gesamte Stunde strukturbildend ist: Die Bedeutungslosigkeit von Inhalten und Sprechakten, gleichwohl über Bedeutung reflektiert werden soll. Was „Bedeutung“ bedeutet, wird als philosophisch unproblematisch und geklärt vorausgesetzt. Es wird auf das Verhältnis von „Zeichen“ und „Bedeutung“ immer wieder verwiesen, ob am Modell oder in konkretisierender Form an den Beispielen. Was dahinter steht, wird als geklärt vorausgesetzt. Die Problematisierung dessen würde in die Sprachphilosophie führen.

(zu iii b) Ein Wille zur Modellierung hätte dann in die Sprachphilosophie geführt, wenn versucht worden wäre, den jeweiligen inhaltlichen Bezug (Geschichte, Codierung beim Militär, Twitter) eigenständig zu modellieren. Implizit schienen Bezugspunkte zur Sprachphilosophie immer dann auf, wenn im Unterrichtsgespräch die Vereinsamung des Protagonisten thematisiert wird. Hier ließe sich philosophisch fragen, welche soziale Notwendigkeit eine verbindliche Bedeutung von Zeichen hat und ob es diese überhaupt gibt.

(zu iii c) Mittels der Texte und des Beispiels kann das Modell inhaltlich nicht gefüllt werden. Sie sind Mittel für einen didaktischen Zweck. Dies scheitert, weil sie sich nicht in das Modell einfügen. Nicht bewusst ist der Lehrkraft, dass sie zur Thematisierung des Modells dieses problematisieren müsste. Auch eine Problematisierung würde in die Probleme der Sprachphilosophie führen. Dem Modell wurde in der gesamten Stunde keine Bedeutung beigemessen, obwohl mit ihm versprochen wird, zum Unterrichtsziel „Sprachphilosophie" zu führen. Daher fällt nicht auf, wie es aufgrund seiner Bedeutungsoffenheit den Sachverhalt vernebelt, obwohl mit ihm über Phänomene der Sprache aufgeklärt werden soll.

(zu iv) Ob bei den Schülerinnen und Schülern in der rekonstruierten Stunde sprachliche Bildungsprozesse angestoßen wurden, ist nicht auszuschließen. Die Unterscheidung von „Zeichen" und „Bedeutung", dass Mitteilungen auf einem Kanal verwendet würden etc. könnte sie durchaus zu Reflexionen über Sprache veranlasst haben. Doch wurde durch die Entwertung der selbstgesetzten Ansprüche sachlich nicht adäquat über Sprache reflektiert, das sprachphilosophische Potenzial der Stunde nicht ausgeschöpft.

(zu v) Mehrfach zeigte sich, dass das, was im Unterricht geäußert wurde, keine Bedeutung erhielt. Objektiv werden damit alle Sprachen abgewertet. Nicht nur die von der „Hochsprache" abweichenden Sprachen, sondern auch die „Hochsprache" selbst, weil sie benutzt wird, der Anspruch der mit ihr gesetzt ist, aber zugleich unterboten wird. Die von der Hochsprache abweichenden Sprachen zeichnet aus, dass die Sprachkompetenten pragmatisch sich verständigen können. Diese Funktion und diese Leistung werden ihnen durch die vernebelnde Modellierung objektiv abgesprochen.

Was hielt die Stunde zusammen, sodass der Unterricht in seiner Form Bestand hatte, andauern konnte und nicht kollabierte?

i) Von der Lehrkraft wurde immer wieder etwas Neues in den Unterricht einbracht (Geschichte, Modell, Beispiel der Codierung beim Militär). Dies verstellte den Blick darauf, dass es kein philosophisches Problem gab. Das gemeinsame Ringen um einen diffusen Gegenstand wurde als Philosophieren verstanden. Doch handelte es sich um Verstehens- und Kommunikationsprobleme.

ii) Fachlich dürften die Schülerinnen und Schüler nicht infrage stellen können, ob philosophiert wurde. Aus diesem Grund regt sich kein Protest. Für diese Achtklässlerinnen und Achtklässler dürfte Philosophie etwas diffus Schwieriges sein. Dem entspricht diese Stunde.

„Hat das nicht etwas mit der jeweiligen Sprache zu tun?“ – Eine Fallstudie zur Sprachlichkeit unterrichtlichen Philosophierens

Magnus Frank und Leif Marvin Jost

1 Der Diskurs um *Bildungssprache* und die Erforschung fachlicher Sprachlichkeit

15 Jahre ist es nun her, dass die Ergebnisse von PISA 2000 die Sprache von Schülerinnen und Schülern in den Fokus des bildungspolitischen, wissenschaftlichen, aber eben auch eines weit gestreuten medial-öffentlichen Interesses rückten. Neben unzureichenden „mathematischen und naturwissenschaftlichen Grundkompetenzen“ diagnostizierte das deutsche PISA-Konsortium große Disparitäten darin, ob und wie Schülerinnen und Schüler Texte verstehen können. Was zum damaligen Zeitpunkt als „mangelnde Lesekompetenzen“[1] in zentraler Weise dafür verantwortlich gemacht wurde, dass das deutsche Schulsystem im internationalen Messvergleich nur mittelmäßige Ergebnisse erzielte, entfaltete sich im Späteren zu einem breit geführten Diskurs um die Frage, wie Sprache und Bildungserfolg zusammenhängen.

Eine Antwort fand der wissenschaftliche Diskurs insbesondere im wiederentdeckten Begriff *Bildungssprache*[2]:

---

[1] vgl. Jürgen Baumert, Cordula Artelt, Eckhard Klieme, Michael Neubrand, Manfred Prenzel, Ulrich Schiefele, Wolfgang Schneider, Klaus-Jürgen Tillmann und Manfred Weiß (Hg.): PISA 2000 – Die Länder der Bundesrepublik Deutschland im Vergleich. Opladen, 2001.

[2] Damit wird auf jenes Konstrukt zurückgegriffen, das Jürgen Habermas, auf die philoso-

„Mit Bildungssprache ist also ein bestimmter Ausschnitt sprachlicher Kompetenz bezeichnet. Gemeint ist ein formelles Sprachregister, d.h. eine Art und Weise Sprache zu verwenden, die bestimmte formale Anforderungen beachtet. Sehr grob charakterisiert, kann man sagen, dass Bildungssprache auch dann, wenn sie im Mündlichen vorkommt, an den Regeln des Schriftsprachgebrauchs orientiert ist. Besonderes Gewicht besitzt das Register im Bildungskontext: Es wird bei Lernaufgaben, in Lehrwerken und anderem Unterrichtsmaterial verwendet; es wird in Prüfungen und vielen Unterrichtsgesprächen eingesetzt. Je weiter eine Bildungsbiographie fortschreitet, je weiter sich der Unterricht in Fächer bzw. Fächergruppen ausdifferenziert, umso mehr wird das Register Bildungssprache verwendet und gefordert.“[3]

Über *Bildungssprache*, so lässt sich die hier exemplarisch von Ingrid Gogolin und Imke Lange vertretene Perspektive zusammenfassen, wird zweierlei zum Thema gemacht: Einerseits ist es das sprachliche Register[4] schulischer *Schriftlichkeit*, anhand dessen *Leistung* bewertet wird. Anders gesprochen: In ihm versprachlicht sich die Selektionsfunktion des Bildungssystems, denn nur wer es beherrscht, wer Texte sinnerschließend lesen und schreiben kann, kann erfolgreich sein. Andererseits bzw. im Umkehrschluss thematisiert *Bildungssprache* die Schülerinnen und Schüler selbst, denn für ihre sprachliche Fähigkeiten ist dann zu fragen, inwiefern diese, weil mehr oder weniger „bildungssprachlich“, ihnen ermöglichen, bildungserfolgreich zu sein.

Insbesondere mit letzterem, subjektfokussiertem Verständnis von *Bildungssprache* gilt das Interesse in weiten Teilen des Diskurses denjenigen Kindern und Jugendlichen, die unter die „statistische Kunstfigur“[5] *mit Mi-*

---

phischen Schriften Max Schelers zurückgreifend, in den 1970er Jahren in den soziolinguistischen Diskurs führte. Vgl. Jürgen Habermas: Umgangssprache, Wissenschaftssprache, Bildungssprache. In: Jahrbuch der Max-Planck-Gesellschaft. Göttingen, 1977, S. 36–51.

[3] Ingrid Gogolin und Imke Lange: Bildungssprache und Durchgängige Sprachbildung. In: Sara Fürstenau und Mechthild Gomolla: Migration und schulischer Wandel: Mehrsprachigkeit. Wiesbaden, 2011, S. 111

[4] vgl. prominenter Weise für die Registertheorie, mit der Sprache kontext- und adressatenbezogen funktional beschrieben wird Michael A. K. Halliday and Ruqaiya Hassan: Language, context and text: Aspects of language in a social-semiotic perspective. London, 1989.

[5] Frank-Olaf Radtke: Schulversagen. Migrantenkinder als Objekt der Politik, der Wissen-

grationshintergrund fallen. Sie sind Kinder und Kindeskinder von Migranten in 60 Jahren bundesdeutscher Einwanderung oder ebenso sog. neu zugewanderte Schülerinnen und Schüler mit eigener Migrationserfahrung. Dass sie in der Familie potentiell nicht-deutschsprachig aufwachsen, gilt angesichts ihrer ebenso durch PISA öffentlich gewordenen vergleichsweise geringeren Chancen auf Bildungserfolg als besonderes Hindernis gelingender *bildungssprachlicher* als in diesem Sinne *deutschsprachiger* Spracherwerbsprozesse[6].

Diese Weisen, über *Bildungssprache* Sprache im Kontext schulischen Bildungserfolgs zu thematisieren und fokussieren, haben nicht nur dazu geführt, dass *Bildungssprache* fortan seitens zahlreicher bildungspolitischer Institutionen und Akteure für einen auf Chancengleichheit zielenden Unterricht programmatisch aufgegriffen wurde[7], sondern mit Blick auf letztgenannte Schülergruppe ebenso dazu, Expertise im Umfeld der wissenschaftlichen Disziplin Deutsch als Zweit- und Fremdsprache (DaZ/DaF) zu suchen. In forschenden Zusammenarbeiten zwischen dieser, den Fachwissenschaften des schulischen Kanons und ihren Didaktiken[8] entstanden zahlreiche Studien zu Sprachvermittlung und Spracherwerb im Fach, aus deren Ergebnissen sich Forderungen wie „Sprachliche Bildung", der Titel dieses Bandes, oder auch ein „sprachsensibler Fachunterricht"[9] in zentraler Weise speisen.

---

schaft und der Publikumsmedien. 2016, https://mediendienst-integration.de/fileadmin/Dateien/Essay_FOR_Schulversagen_MDI_final.pdf, 10.8.2016, S. 6

6 vgl. kritisch İnci Dirim und Paul Mecheril: Die Sprache(n) der Migrationsgesellschaft. In: Paul Mecheril, Maria do Mar Castro Varela, İnci Dirim, Annita Kalpaka und Claus Melter (Hg.): Bachelor Master Migrationspädagogik. Weinheim, S. 99–120.

7 Ergebnis dieser zwischen Wissenschaft, Bildungspolitik hergestellten Aufmerksamkeit, sind etwa auch bundesweite Bildungsstandards und die Lehrpläne vieler Länder die Lehrenden aufrufen, den Unterricht aller Fächer so zu gestalten, dass für SchülerInnen ein „Erwerb bildungssprachlicher Kompetenzen" möglich werde. Vgl KMK 2013, S. 5

8 vgl. für die Mathematik etwa Susanne Prediger, oder für die Aktivitäten an der Universität Duisburg-Essen Claudia Benholz, Magnus Frank und Erkan Gürsoy (Hg.): Deutsch als Zweitsprache in allen Fächern. Konzepte für Mehrsprachigkeit und sprachliche Bildung. Stuttgart, 2015.

9 Vgl. prominentester Weise Josef Leisen: Handbuch Sprachförderung im Fach. Stuttgart, 2013.

Im Folgenden wollen auch wir[10] uns zum skizzierten Diskurs verhalten. Denn, erst zögerlich, setzt sich die Philosophiedidaktik in der skizzierten diskursiven Situation mit der Bedeutung von Sprache und sprachlichem Handeln für den Philosophieunterricht in einem mehrsprachigen und bildungsungleichen schulischen Kontext auseinander. Es geht uns daher nicht darum, schon auszuformulieren, wie „sprachliche Bildung“, ein „sprachsensibler“ Philosophieunterricht oder der Erwerb von „Bildungssprache“ für wen gelingen kann und soll, sondern vielmehr darum, überhaupt erst forschend zu entdecken und zu verstehen, was die Sprache des Philosophieunterrichts kennzeichnet. Auf dem Wege qualitativ-fallrekonstruktiver Forschung untersuchen wir dafür eine von uns videographierte und ebenso transkribierte Unterrichtsstunde im Fach Philosophie. Die Auswahl des Samples ist nicht zuletzt Resultat eines ersten Eindrucks, den wir aus der Diskussion der Unterrichtsstunde in unseren Seminaren gewannen: Es geht hier um Textarbeit und um Schreiben, also um zwei Praktiken, von denen sich die Philosophiedidaktik und Vertreter im Kontext „sprachlicher Bildung“ erhoffen, guten Unterricht zu ermöglichen.[11]

Die Unterrichtsstunde soll als *ein Fall* davon befragt werden, wie sich das Unterrichtsgeschehen als *Fachliches* und zugleich als *Sprachliches* verstehen lässt. Mit „Sprachlichkeit“[12] und „Fachlichkeit“ greifen wir dafür auf analytische Differenzbegriffe zurück, die ein empirisch Ineinanderfallendes diskutierbar machen sollen. Wir nehmen also die „kleine Krise“[13] empirie-

[10] Es ist eine interdisziplinäre Zusammenarbeit zwischen der Fachdidaktik Philosophie und dem Projekt ProDaZ – Deutsch als Zweitsprache in allen Fächern an der Universität Duisburg-Essen sowie dem Zentrum für Schul- und Bildungsforschung an der Martin-Luther-Universität Halle-Wittenberg. www.uni-due.de/prodaz, 10.8.2016

[11] vgl. etwa den Beitrag von Albus und Jost in diesem Band

[12] Mit „Sprach*lich*keit“ bewegen wir uns nur scheinbar in der Nähe des von Niku Dorostkar verkürzten „Kunstbegriffs“ „Sprach*ig*keit“. Ihm geht es in einer kritischen Diskursanalyse darum, „alle Formen von Sprachfähigkeit, Sprachverfügbarkeit, Sprachverbreitung und Sprachverwendung“ jenseits normativ aufgeladener Diskurse etwa um „Mehr-, Zwei-, und Fremdsprachigkeit“ in möglichst beschreibender Weise in den Blick nehmen zu können (vgl. Dorostkar 2014). Für uns soll mit „Sprachlichkeit“ hingegen in den Blick gelangen, *wie* in, mit, durch und über Sprache das, was es zu erlenen geben kann, sprachlich aufgegriffen und bearbeitet wird. Zur besseren Veranschaulichung unserer sprachbezogenen Interpretationen setzen wir diese im Folgenden kursiv.

[13] Eike Thürmann: Zum Verhältnis von Fachlichkeit und Sprachlichkeit im bi-

bezogen in den Blick, in die Forschungen geraten, wenn sie über Sprache im Fach nachdenken: Denn wenn stets gesprochen, gehört, gelesen oder geschrieben wird, was ist dann überhaupt fachlich jenseits von Sprache und umgekehrt?

Um das theoretische Konstrukt *Sprachlichkeit* empiriebezogen auszubuchstabieren lassen sich verschiedene theoretisch angereicherte Zugänge nutzen. Zu den Differenzbegriffen, mit denen diese arbeiten, gehören etwa Varietäten[14], Register oder Sprechakte, denen gemeinsam ist, Sprache in ihrer adressaten- und kontextbezogenen funktionalen Logik verstehen zu wollen. Es soll in den Blick kommen, *wie* Sprache im Unterricht erscheint, wie sie didaktisch aufgegriffen und verhandelt wird, welche Perspektiven auf Sprache Schülerinnen und Schüler darin verstehen lernen können und welche sprachlichen Anforderungen sich ihnen stellen, um (erfolgreich) am unterrichtlichen Geschehen teilzunehmen. Im Sinne von „Fachlichkeit" geht es uns sodann explizit darum, die Rekonstruktion fachbezogen, das heißt philosophieunterrichtlich, zu führen. Denn wenn etwa ‚Bildungssprache' die sprachliche Varietät darstellen soll, die es zu erlernen gilt, um in Schule erfolgreich zu sein, stellt sich die Frage, worin sie angesichts ganz unterschiedlicher Fächer und Lerninhalte, unterschiedlicher didaktischer Konzepte und Schulkulturen – um nur einiges an erforschter Varianz für den Philosophieunterricht zu benennen – besteht.

Wir verstehen unser Vorgehen dabei durch ein ethnomethodologisches Vorgehen getragen[15]. Denn es geht uns darum, mit möglichst verfremdeten Blick auf den Unterricht sprachbezogene Praktiken zu rekonstruieren und damit eine möglichst große Komplexität zu eröffnen, statt sie

---

lingualen Sachfachunterricht, 2012 www.faecher.lernnetz.de/faecherportal/index.php?DownloadID=4949, 10.8.2016

14 Vgl. Utz Maas: Was ist Deutsch? München, 2014.

15 Es wird damit keine streng objektiv-hermeneutische Rekonstruktion einer latenten Sinnstruktur (vgl. Geier und Kminek in diesem Band) vorgenommen. Eher folgt unsere Interpretationspraxis einem ebenso sequenzanalytischen Vorgehen, wie es etwa in ethnographischen Studien zum „Unterricht als Interaktion" (vgl. Carla Schelle, Kerstin Rabenstein und Sabine Reh: Unterricht als Interaktion: Ein Fallbuch für die Lehrerbildung. Bad Heilbrunn, 2010) genutzt wird. Insgesamt soll es darum gehen, eine gesamte Unterrichtsstunde in ihrer sprachbezogenen Gestalt nachzuzeichnen und an besonders ‚dichten' Passagen extensiver zu interpretieren.

über theoretisch-gesättigte Kategorien identifikativ zu schließen. Welche bildungspolitischen, pädagogischen und fachdidaktischen Schlussfolgerungen aus den Forderungen „Bildungssprache“ und „sprachliche Bildung“ gezogen werden können und sollten und in welchem Bezug sie zu Bildungsprozessen und Bildungserfolg stehen, ist für uns damit eine noch offene Frage, die empirisch-rekonstruktionslogisch zu beantworten ist. In einem Fazit stellen wir unsere Interpretationen der Unterrichtsstunde dann in den hier skizzierten Kontext und beschließen sie mit einigen konzeptionellen Überlegungen für einen möglicherweise sprachlich bildenden Philosophieunterricht.

2 Zur Rekonstruktion einer Stunde Philosophieunterricht im Sinne von Sprachlichkeit

Im Fokus unserer Fallstudie steht im Folgenden eine Stunde Philosophieunterricht einer elften Klasse an einem Gymnasium in NRW. Wir werden dem – von uns in Sequenzen unterteilten – Stundenverlauf mit besonderem Blick auf das sprachbezogene Handeln des Lehrers Herr K. folgen und das Geschehen anhand unserer Fallfrage interpretieren.

2.1 Auftakt – be(nennen) und Tafelanschrieb

Lehrer Herr K. eröffnet den Unterricht, indem er an das Thema der letzten Stunde erinnert. Es sei über „die Aufgabenverteilung im Gehirn gesprochen“ worden und er bittet die Klasse, jene noch einmal zu „benennen“. Mehrere Schülerinnen und Schüler melden sich und Herr K. erteilt Sw1 das Wort. Die Schülerin deutet K.s Aufforderung so aus: sie *benennt* nicht nur die Aufgaben der verschiedenen „Gehirnhälften“ sondern *erläutert* sie ebenso. Mit der darauf folgenden Äußerung von Herrn K. möchten wir dem Geschehen nun genauer folgen:

K.: Gut, und wenn du also (.) diese Zusammenfassung (.). Was (.) wie nennen wir das, was da für gewöhnlich aus dem Zusammenspiel dieser beiden Hälften entsteht?

K. *evaluiert* Sw1‘ Sprechen („gut“) und führt („und wenn du“) ihre „Zusammenfassung“ zu einer Aufgabe, in der es erneut darum gehen soll, eine *Bezeichnung* für alle hörbar aufzurufen (*„wie nennen wir das“)*: etwas, das über das in der letzten Stunde bereits behandelte hinaus geht, nämlich das Produkt aus dem „Zusammenspiel“ der Gehirnhälften. Es entsteht ein von K. gelenktes Unterrichtsgespräch, in dem die Schülerinnen und Schüler „Denken“ und „Sprache“ *nennen* und damit K.s Aufforderung als Suche nach einzelnen Begriffen *interpretieren*. K. *ergänzt* ihre Antworten um den nicht genannten Begriff „Bewusstsein“. Anschließend *schreibt* er „Denken“ und „Bewusstsein“, nicht jedoch das von den Schülerinnen genannte „Sprache“ an die Tafel. Dann wendet er sich erneut an Sw1:

K.: Sag mal so’n paar (.) Tätigkeiten des (.) oder andere Worte für ‚Denken‘ oder für diese Prozesse, die dein Bewusstsein so macht.

Mit „sag‘ mal“ und „Worte“ soll also weiterhin *bezeichnet* werden. Gefordert sind jedoch nicht mehr exakte („benennen“) sondern mögliche („sagen“) Signifikanten „für“ das, was das Bewusstseins „so macht“ bzw. „Tätigkeiten“ des Denkens. Sw1 und weitere Schülerinnen und Schüler *nennen* nacheinander verschiedene Verben („vorstellen“, „verbildlichen“, „täuschen“, „reflektieren“, „entscheiden“, „träumen“ und „verarbeiten“) und K. *schreibt* sie an die Tafel. Ihre Antworten scheinen K. (noch) nicht auszureichen, er fragt:

K.: Wenn ihr so die (.) bildliche Seite (.) denkt (.) was gibt’s da noch für Tätigkeiten (. . . .) Wenn du an ein Bild denkst (. . .) wie nennt man das?

Sw6 antwortet „Metapher“ und greift für K. damit augenscheinlich vor: „Jetzt bist du mir einen Schritt zu weit geschossen. Aber großartig“. K. schreibt ebenso „Metapher“ an die Tafel und es ergibt sich ein kurzes Gespräch, in dem Sm8 „Metapher“ auf Frage von K. („Was sind Metaphern?“) als „verbildlichte Darstellung“ bestimmt und K. die Schüler-Antwort mit „ich sag mal Wortbilder“ nicht explizit zurückweist, aber dennoch anzeigt, dass die Schülersprache *für* bzw. *in* das weitere Unterrichtsgeschehen zu *übersetzen* ist.

Im Auftakt der Unterrichtsstunde geht es für K. also darum, dass die Schülerinnen und Schüler ihr individuelles Wissen zum angekündigten Thema der Stunde präsentieren. Entlang der von ihm auffordernd genutzten Verben *„(be)nennen“* und *„sagen“* zeigt sich den Lernenden K.s Interesse dafür, dass ihr Wissen spezifisch, nämlich in Form von *Worten als Bezeichnungen* und für alle hörbar, an die Oberfläche des Geschehens treten soll. Durch *Verschriftlichung an der Tafel* bleiben sie *dauerhaft* lesbar, *selektiert* K. und *markiert* darin unterrichtliche Relevanz. Worin diese genau liegt, ist noch offen. Es scheint aber im Kontext von „Denken“, „Bewusstsein“ und der „bildlichen Seite“ von „Worten“ um „Metaphern“ zu gehen. Wir werden dem weiter folgen.

2.2 *Ankündigung eines Textes, seines Autors und der Textarbeit*

Nach diesem Auftakt kündigt K. nun an:

K.: Der Text, den ich mit euch zu bearbeiten gedenke (.) äh ist ein Interview mit einem (.) durchaus umstrittenen (.) Denker (.) namens Julian Jaynes (.) der (.) vielleicht etwas seltsame Theorien (.) bezüglich dessen hat, wie unser Bewusstsein entstanden ist.

Das zweiseitige „Interview“, das er daraufhin an die Klasse verteilt, ist der Zeitschrift „Psychologie Heute“ entnommen.[16] Die angekündigte gemeinsame Arbeit *an* dem Text *mit* den Schülerinnen und Schülern präsentiert K. als durchaus gefährdet. Denn er *wird* den Text nicht einfach, sondern „gedenkt“ ihn mit ihnen „zu bearbeiten“. Zugleich wechselt K. in diesem Sprechen auch das Register seines eigenen Sprechens. Die *Text*arbeit wird damit als eine ‚ernste‘ Arbeit jenseits der bisherigen ‚lockeren‘ *Gesprächs*arbeit eingeleitet: „gedenke“ erinnert etwa im Gegensatz zu *planen*, *werden* oder *wollen* an hochformelle Kontexte distanzierten Sprechens („Majestät, was gedenken Sie zu tun?“) und zeigt damit den Wechsel des unterrichtlichen Arbeitsmodus in überstilisierter Weise an.

Den Unterrichtsgegenstand präsentiert K. sodann zum einen als bestimmte *Textsorte*, eben als ein „Interview“. Auf der Textebene können die SchülerInnen also ein *dialogisches Sprechen*, eben eines zwischen Interviewer und Interviewtem, erwarten. Zum anderen präsentiert er ihn inhaltlich spezifisch: Die Schüler sollen die Antworten eines „durchaus umstrittenen Denker[s]“ – von K. so noch vor der Nennung seines Namens „Julian

[16] http://www.psychologieheute.de/lppnm/index.php, 10.8.2016

Jaynes" qualifiziert –, erwarten, dessen Theorien unkonventionell bis fragwürdig, eben „seltsam" seien. K. kündigt das weitere Vorgehen an:

> K.: Wir werden, wie wir das meistens tun, eh son bisschen die Gedanken des Textes protokollieren an der Tafel, (.) ich bitte euch aber dieses mal (.) irgendwie so (.) son Stück, ich hab hier die Tafel dafür (.) eh für Kritik übrig zu lassen oder für eigene Gedanken (.) ja, dass auch ihr (.) im Heft (. . .) sozusagen entweder in 'ner anderen Farbe oder abgetrennt ähm immer direkt kommentieren könnt, was ihr zu den einzelnen Gedanken (.) wir schalten uns also sozusagen als dritter Denker mit in dieses Gespräch ein

Er wählt für den spezifischen Text also eine Form der Textarbeit, die für das Vorgehen mit der Klasse *spezifisch*, weil bereits eingeübt, bezogen auf die Charakteristika der Textsorte Interview jedoch *unspezifisch* ist. Wie sie „das meistens tun" wird es erstens darum gehen, „Gedanken" des Textes an der Tafel zu „protokollieren". Zweitens sollen die SchülerInnen sich zum Ergebnis positionieren. Sie sind je *individuell aufgefordert*, *„Kritik"* zu üben und sich *„eigene Gedanken"* zu machen. Beide Schritte sollen dahin führen, sich durch die gemeinsame Arbeit am Text als *kollektiver* „dritter Denker" in den Dialog einzuschalten. Die individuelle Arbeit soll also in einem kollektiven Handeln aufgehen.

Im Sinne von „protokollieren" könnte es für die Schülerinnen und Schüler zunächst also darum gehen, den Text *wörtlich* oder aber *zusammenfassend*, in jedem Fall in einer Sprache *wiederzugeben*, die sich an Sachlichkeit und Nachvollzug statt an Bewertung orientiert. Auch könnte es dabei darum gehen, dass sie Wichtiges von Unwichtigem unterscheiden müssen. K. konkretisiert den nächsten Schritt:

> K.: Machen wir mal ganz kleine Häppchen. ich glaube (.) wollen wir erst mal nur (.) die erste Anmerkung (.) damit wir überhaupt (.) son bisschen eingeführt werden in das was (. . .) worum es geht.

Für das Interview mit dem von K. problematisierten und damit von den Lernenden – wollen Sie die Auseinandersetzung mit K. scheuen – zu problematisierenden Autor ist ein bestimmtes technisches, nämlich ein vorsichtiges („erst mal") und kleinschrittiges („ganz kleine Häppchen") „eingeführt"-

Werden geboten.[17] Die zuvor an die Tafel geschriebenen Begriffen spielen bis hierhin keine weitere Rolle. Wie sich die von K. angekündigte zweischrittige Textarbeit weiter ausgestaltet, wird sich im Folgenden zeigen.

2.3 Arbeit mit dem Text I – Vorlesen lassen

K. fordert Sw4 auf, die „erste Anmerkung“ des Textes vorzulesen:

Sw4: Ihre These vom Ursprung des Bewusstseins Professor Jaynes ist gewagt, möglicherweise absurd. Es fällt schwer zu glauben, dass das menschliche Bewusstsein nur 3000 Jahre alt sein soll, und dass den alten Griechen vor dem Jahre 1000 v. Chr. Selbstreflexion fremd gewesen sein soll, da sie keine bewussten Willensentscheidungen getroffen hätten. Und es strapaziert unser Vorstellungsvermögen zu meinen, dass sich ganze Zivilisationen von Halluzinationen leiten ließen, von sogenannten Stimmen der Götter. Wie kommen Sie zu solchen Schlussfolgerungen?

Das von K. als „erste Anmerkung“ für den Unterricht Bezeichnete ist textbezogen die *erste Frage* des Interviewers an Julian Jaynes. K. *kennzeichnet* die Frage damit nicht als *dialogische,* sondern als *kommentierende* Textsorte. Während für Fragen unterrichtlich zu fragen wäre, als *wer* der Interviewer, *was*, aus *welchen* Gründen eigentlich fragt, legt K.s unterrichtlicher Aufgriff mit „erste Anmerkung“ für die Schülerinnen und Schüler zum einen nah, dass der Modus des zaghaften Herangehens beibehalten wird. Zum anderen wird die Frage des Interviewers dem Text gegenüber als zusätzlich oder erläuternd, in jedem Fall äußerlich, ihn nur berührend (besonders deutlich wird dies durch das Präfix in „An-Merkung“) präsentiert. Für die Textarbeit markiert K. in didaktischer Perspektive darin auch den unterrichtlichen Stellenwert des Textabschnittes, für den sich die Schülerinnen und Schüler fragen könnten: Beginnt der zuvor angekündigte „Text“, als das woran es philosophisch etwa zu lernen geben soll, erst mit der darauf folgenden Antwort von Jaynes?

[17] Es ließe sich hier mit Blick auf K.s Sprechen erneut fragen, worauf er damit reagiert, zu den Schülerinnen und Schülern nun wieder in einem stark informellen Register spricht („so’n bisschen [...] protokollieren“, „ganz kleine Häppchen“). Die zuvor eingeführte Ernsthaftigkeit wechselt jedenfalls wieder in den Modus des Vorherigen.

Dadurch, dass vorgelesen werden soll, schafft K. sodann eine gemeinsame Aufmerksamkeit der Klasse. Die Sprache des Textes ist dadurch *nicht nur individuell les-, sondern ebenso kollektiv hörbar*. Sofern die einzelnen Schülerinnen oder Schüler mitlesen, könnte die synchrone Rezeption also auch an gemeinsam fokussierten Punkten angehalten werden. Mit Blick auf die literate Struktur des Vorgelesenen[18] scheint das behutsame Vorgehen jedoch nicht nur Folge der Ankündigung zu sein, in eingeübter Weise schrittweise eingeführt zu werden, sondern ebenso dadurch notwendig, weil es die sprachliche Verfasstheit der Frage verlangt. Denn der Sinn der ersten Passage des Interviews, als das was fachlich lesend zu entschlüsseln ist, äußert sich in sprachlich komplexer Weise.

Analysiert man die registerspezifische und semantische Struktur der Textpassage wird deutlich, wie ihr Sinn verwoben ist in Nebensätzen einer *hypotaktischen Satzstruktur* („dass", „da", „und") und einem *distanzierten konjunktivischen Sprechens* („getroffen hätten"), wie seine *Normativität entlang subjektiver Modalverbkonstruktionen* („sein soll", „leiten ließen") aufscheint und er gespickt ist durch *zahlreiche psychologie- und philosophiesprachliche Begriffen* („Selbstreflexion", „bewussten Willensentscheidungen", „Halluzinationen", „Vorstellungsvermögen"). Die Leser erfahren darin die Thesen Jaynes nur *vermittelt über* die Deutungen des Interviewers. Jaynes behaupte „dass das menschliche Bewusstsein – in Deutung des Interviewers „nur" – 3000 Jahre alt sein soll und den „alten Griechen", 1000 v. Chr., „Selbstreflexion" „fremd gewesen sein soll". Die als von K. als „Anmerkung" instruierte Frage ist damit ein *interpretativer und argumentierender Text*, in dem der Interviewer seine eigenen Konklusionen zu den (in der Klasse bislang nicht behandelten) Thesen von Jaynes wiedergibt, und den Autor nach den Prämissen fragt („Wie kommen Sie zu solchen Schlussfolgerungen?").

K., so wird ebenso deutlich, stimmte in seiner eigenen Präsentation von Jaynes überein mit der Positionierung des Interviewers gegenüber diesem. Auch der Interviewer sieht Jaynes' Thesen als „gewagt, möglicherweise absurd" an. Daher seien sie „schwer zu glauben" und strapazierten „un-

18 Vgl. Melanie Beese und Heike Roll: Textsorten im Fach. Zur Förderung von Literarität im Sachfach in Schule und Lehrerbildung. In: Claudia Benholz et al. 2015, S. 51–72.

ser Vorstellungsvermögen“. Der Interviewer weist Jaynes‘ Denken damit implizit als konträr zum Denken der Lesergemeinschaft („unser“) aus, die K. sodann als Klassengemeinschaft („wir“) bestimmt. Wie wird K. dieser komplexen Situation, die sich auf Ebene der sprachlich vertrakten Verfasstheit des Textes sowie der problematisierenden Beschreibung des Autors zeigt, im Weiteren begegnen?

2.4 Arbeit mit dem Text II – Extraktion des Inhalts und beispielbasierte Kritik

Nachdem Sw4 vorgelesen hat fragt K.:

K.: Danke. Erstmal, was steckt drin?

War zuvor angekündigt worden, in einem ersten Schritt „die Gedanken des Textes zu protokollieren“, gestaltet sich dies nun in einem weiteren, *konkretisierenden* Auftrag an die Schülerinnen und Schüler aus. Sie sollen artikulieren, was der Textausschnitt *beinhaltet*, was sich im Sinne von „stecken“ *in ihm* (objektiv) *festmacht* bzw. *festmachen lässt*.

Sm2: Das Bewusstsein äh (.) dass es das Bewusstsein erst seit 3000 Jahren gibt.

Sm4: Ähm 1000 vor Christus war den Menschen Selbstref/ Selbstreflexion fremd gewesen und sie äh (.)haben keine äh bewussten Willensentscheidungen getroffen.

Sm7: Sie ließen sich von Stimmen der Götter leiten.

K. [schreibt die Schülerbeiträge an die Tafel]: Gut. Ich denke, wir haben damit die wichtigen Punkte drin. Jetzt seid ihr mit euren Gedanken dran.

In ihren Beiträgen geben Sm2, Sm4 und Sm7 fast wortwörtlich wieder, wie der Interviewer Jaynes‘ Thesen interpretierte. Der interpretativ-distanzierende Anteil, der sich in der Interviewer-Sprache ausformte (etwa durch konjunktivisches Sprechen), wird von ihnen objektivierend ausgelassen (etwa „haben […] getroffen“ statt „getroffen hätten“). K. zeigt anschließend an, dass das „protokollieren“ damit als abgeschlossen („Gut“) gelten kann. In den Äußerungen der Schüler wurden „die wichtigen Punkte“ genannt, diese können als in dem, was unterrichtlich zu erarbeiten ist, „drin“ gelten und K. schreibt sie an die Tafel. Der zuvor rekonstruierte sprachlich-komplex verwobene Sinn der Passage ist damit unterrichtlich im Sinne einer *Wiedergabe objektiver Inhalte* abschließend behandelt („Gut").

Es folgt daher der angekündigte zweite Schritt. Mit diesem wird nun das Sprechen der Schülerinnen und Schüler *über* die Sprache, und nicht mehr ein solches *in* der Sprache des Textes erwartet. Sie sind an der Reihe („dran"), entlang ihrer („euren") eigenen „Gedanken" zum Text die weitere Textarbeit zu auszugestalten. K.s Aufforderung scheint, auch hier eingeübt. Denn zügig melden sich mehrere der Lernenden und es entsteht ein Unterrichtsgespräch, in dem sie ihr „dran"-sein damit aufgreifen, dass sie die Konsistenz von Jaynes' Thesen hinterfragen. Sm11, dem als ersten das Wort gegeben wird, bezweifelt etwa eine der Schlussfolgerungen:

Sm11: Ich glaube es kann sein, dass es ja schon Zivilisation gibt äh, die Dinge getan haben, von/ also die schon, ein Bewusstsein oder Selbstbes/ reflexion verlangen.

Der Zweifel des Schülers äußert sich im Modus von „glauben", seine Äußerung ist damit explizit als unsicher und subjektiv markiert. K. ist mit diesem individuellen Sprechen zufrieden, doch möchte er dafür ein Beispiel hören („Zum Beispiel?") und es entwickelt sich ein Gespräch zwischen ihm und Sm11. Der Schüler versucht Jaynes Schlussfolgerungen empirisch-beispielhaft zu wiederlegen, indem er sich auf die vom Interviewer benannten „alten Griechen" als eine ebensolche „Zivilisation" bezieht. K. weist dies dadurch zurück, dass diese ein „klein bisschen später" lebten. Sm11 setzt mit „Alte Zivilisationen" neu an, doch fällt ihm dazu „keine" ein, die er benennen könnte.

K.: Bleib ruhig dabei! Welche (.) Sachen (. . .) was meinst du denn für Sachen die nötig gewesen wären, oder wo nicht Bewusstsein nötig gewesen wäre um sowas zu machen?

K. – so wird auch durch seine hier nicht wiedergegebene Körpersprache und Intonation deutlich – sind die Kritikversuche wichtig und so fordert er Sm11 motivierend auf, nicht abzubrechen („Bleib ruhig dabei!"). Seine Ansprache zielt weiterhin auf Sm11s individuelle skeptische Sichtweise („was meinst du"), für die jedoch zu gelten hat, dass sie anhand von Beispielen verifiziert werden kann. Es geht K. um „Bewusstsein", also jenen Begriff, den er selbst zu Beginn ins Spiel brachte und an die Tafel schrieb. Dass Sm11 sich anschließend erneut meldet und dabei von Sm2 unterstützt wird, lässt sich als weiterer Hinweis für die im Unterricht gelebte und erwartete Form eines Sprechens verstehen, in dem „eigene Gedanken“ zum Ausdruck kommen: es bedeutet, Thesen in Frage zu stellen und diese an Beispielen belegen zu können:

Sm11: Ich weiß nicht, ich glaub Kriege wurden ja auch schon vorher geführt (.) und das ist ja auch eigentlich (.) wofür man ein Bewusstsein braucht (…)

Sm2: Mir fällt jetzt grad kein spontanes Beispiel ein, aber/

K.: Wenn nicht, dann nicht. Dann müssen wir das zurückstellen.

K. ist an dieser dialogischen Praxis mit ihm, in der er evaluiert, ob die Kritik einer These gelingt, äußerst gelegen. Andere Formen der Kritik werden zwar nicht abgewiesen aber „zurückgestellt“. Zahlreiche Schülerinnen und Schüler nehmen daher den von K. offerierten Wettkampf um das schlagende Gegenbeispiel an. Darin gestaltet sich das zuvor angekündigte „Einschalten“ als „Dritter“ in das Gespräch aus.

2.5 *Der Umgang mit der Sprache eines ‚nicht geläufigen‘ Registers – Übersetzen*

K. eröffnet einen neuen Unterrichtsabschnitt:

K.: Bevor wir, oder du gleich liest, die erste These von Jaynes hau ich direkt schon mal an die Tafel, denn dann wissen wir auch, was der ganze Spaß davor sollte. (K. schreibt an die Tafel): „Das Bewusstsein ist eine Analogie zur Welt auf der Basis von Metaphern“

Sw1: Was ist eine Analogie?

K.: Gut (.) Klären wir doch erstmal (.) die Begrifflichkeiten die uns nicht so ganz (…) geläufig sind. Also eine Analogie ist eine (schreibt mit Fußnoten an) Ent (.) sprechung (10) Metapher haben wir schon geklärt (.) Wortbild (…) Basis vielleicht noch (6) Grundlage.

Bevor weiter lesend vorangeschritten wird, soll deutlich werden, wohin der bisherige aus Sicht von K. für die Schülerinnen und Schüler anscheinend wenig durchschaubare Unterricht, „der ganze Spaß davor“ sie geführt hat und führen soll. K. schreibt daher „die erste These" von Jaynes an die Tafel und liest sie anschließend vor. Die auch hier wiederkehrende Praktik, *relevantes Wissen verschriftlichend zu markieren*, scheint Sw1 dazu zu ermutigen, nun erstmals im bisherigen Unterrichtsgeschehen eine sprachbezogene Verständnisfrage zu stellen. Denn während die vermeintlich objektiven Inhalte des Textes bislang abschließend an der Tafel präsentiert wurden, soll nun etwas *ver*arbeitet werden, ohne dessen Verständnis Sw1 vermutet, dem Unterricht von nun an nicht weiter folgen zu können. Ihre Frage führt K. dazu, darüber zu reflektieren, dass die Interviewsprache in einem spezifischen sprachlichen Register verfasst ist. In diesem erkennt er für die Lernenden sprachliche Anforderungen, denn sie müssen verstehen, was ihnen nicht „geläufig" ist, was aus seiner Sicht also in ihrem außerphilosophieunterrichtlichen Alltag womöglich nicht vorkommt. Substituierung ist die von K. gewählte Lösung dafür. Er schreibt daher neue Begriffe für „Analogie", „Metapher" und „Basis" mittels Fußnoten an die Tafel. Darin *über-* bzw. *ersetzt* er jedoch nicht nur die Begriffe, sondern interpretiert sie zugleich, ohne seine Interpretation als solche kenntlich zu machen. Besonders deutlich wird dies anhand von „Analogie" als „Entsprechung". Denn während Analogie eine gleichfunktionales Verhältnis (daher auch Analogie „zu") anzeigt, legt Entsprechung eher eine Gleichartigkeit nahe (etwas „ist" die Entsprechung von etwas anderem). Dann fasst er zusammen ohne dies anzuschreiben:

K.: Das Bewusstsein ist eine Entsprechung der Welt auf der Grundlage von Wortbildern.

Mit „Wortbilder" greift K. zudem einen Begriff auf, den er vorher bereits einführte, und gibt ihm dadurch neue Relevanz. Insgesamt kultiviert K. in dieser Passage ein spezifisches Verständnis über das Verhältnis von Sprache und fachlichem Sinn. Sprache in ihren unterschiedlichen Registern erscheint als „Hülle" gleichbleibenden Sinns. Die neuen und alten Begriffe werden zu Synonymen unterschiedlicher lebensweltlicher Zusammenhänge (Wissenschaft bzw. Philosophieunterricht vs. Alltag). Dabei wird die Differenz erst zum Thema für die Klasse, als Sw1 es individuell zum Thema macht. Anforderungen einer philosophieunterrichtlichen Sprache werden also erst in dem Moment reflektiert und aufgearbeitet als eine Schülerin bereit war, ihr Nicht-Verstehen anzuzeigen.

2.6 *Rückkehr zu den „Wörtern“ der Schülerinnen und Schüler*

Nach einem kurzen Gespräch zwischen K., Sm3 und Sm6 über den Tafelanschrieb, will K. nun zu den an der Tafel festgehaltenen Worten für „Tätigkeiten des Bewusstseins“[19] zurückkehren. Er fragt:

K.: Wenn wir uns diese Wörter, die Bewusstseinsprozesse beschreiben nochmal angucken (…) abgesehen von (.) „Denken“ [K. klammert „Denken“ an der Tafel ein] (…) als abstraktem Begriff. Was haben die gemeinsam?

Die von den Schülerinnen und Schülern zuvor eingebrachten „Worte“ werden von K. nun als „Wörter“ aufgegriffen. Der Wechsel zeigt an, dass es nun um sie als das an der Tafel Gesicherte geht. Strukturell bleibt damit gleich, sie als sprachliche Hüllen aufzufassen, deren Sinn und Funktion weiterhin zu erfragen bleibt. Sie haben erkenntnistheoretisch gesprochen noch nicht den Rang von *Begriffen*[20] erlangt, deren Bedeutung unterrichtlich herausgearbeitet wurde, und daher kollektiv aufgegriffen werden könnten, weil sie individuell begriffen wurden. Dies soll nun geschehen, indem ihre Gemeinsamkeit herausgefunden wird. Damit dies gelingen kann, muss „denken“ für K. aus dem Vergleich aus- bzw. „eingeklammert“ werden. Denn es ist schon ein „Begriff“ dazu noch ein „abstrakter“. Worin diese Abstraktheit liegt, bleibt weiterhin unklar, ebenso worin die Gemeinsamkeit der anderen liegen kann. Daher ist wenig verwunderlich, dass auch die Schülerinnen und Schüler auf K.s Frage nicht antworten. K. nimmt aufgrund des Schweigens seinen Stuhl am Pult, trägt ihn ein Stück nach vorne und fragt:

K.: Was habe ich jetzt gemacht?

Sw1: Sie haben den Stuhl dahin gestellt

K.: Von wo?

Sw1: Da drüben

---

19 Zur Erinnerung: „denken“, „vorstellen“, „verbildlichen“, „täuschen“, „reflektieren“, „entscheiden“, „träumen“ und „verarbeiten“

20 vgl. etwa prominenter Weise etwa Gilbert Ryle: Der Begriff des Geistes, Stuttgart, 1949.

K.: Von da hinten (. . .) nach da vorne. (.) Ich hab den Stuhl vorgestellt.

Sein Verständnis von „Analogie“ in Jaynes‘ These „Das Bewusstsein ist eine Analogie zur Welt auf Basis von Metaphern“ so zeigt sich nun hier, ist ein etymologisches. Im Sinne seiner Übersetzung von „Analogie“ sollen *Begriffe* ihrem historischem Bedeutungsursprung *entsprechen.* In den an der Tafel ausgewählten Begriffe soll ein solcher Bedeutungsursprung im Sinne räumlicher als präbewusster Tätigkeiten zum Ausdruck kommen. Diesen Ursprungsprozess, nämlich sprachlich räumliche Tätigkeiten zu beschreiben, soll das Tragen des Stuhls und K. Frage nach seinem Handeln veranschaulichen. Dass die Lernenden andere Worte als das von K. gewünschte „vorstellen“ dafür wählen, zeigt dafür ebenso anschaulich, dass Begriffsbedeutungen eben nicht nur in der Etymologie, sondern eben auch im Gebrauch zu suchen sind.[21]

Anschließend werden weitere der an der Tafel stehenden Begriffe von K. betrachtet. Bei einigen „bekomme“ er den raumsprachlichen Ursprung in genau diesem Verständnis „sprachtechnisch nicht ganz hergeleitet“ wie etwa bei „täuschen“ und „träumen“.[22] Darum verwundert es nicht, dass er anschließend auch „glauben“ einklammert, denn auch „glauben ist wie denken“ und daher zu „abstrakt“, weil es mit dem Verfahren etymologischer Herleitung von K. nicht zugeordnet werden kann. Alle sich dieser Anstrengung widersetzenden Begriffe aus dem Weg geräumt, kommt er zu dem Schluss:

K.: Wenn wir versuchen, das Bewusstsein zu bestimmen, kommen wir nicht anders zurecht als solche Metaphern zu nehmen.

Darin liegt also der Hauptgedanke der Unterrichtstunde, den K. den Schülern vermitteln will und für den v.a. sein eigenes Verständnis von Jaynes’ These leitend ist. Das Verstehen der Schülerinnen und Schüler soll auf Jay-

---

[21] wie es etwa durch „den späten“ Ludwig Wittgenstein vertreten wird. Ludwig Wittgenstein: Philosophische Untersuchungen. Kritisch-genetische Edition. Frankfurt 2001 [1953]

[22] Der Blick auf das ebenso an der Tafel stehende „entscheiden“ führt K. sodann in eine Reflektion des räumlichen Sinns von Präpositionen („zwischen, „über“), für die in besonderer Weise gelte, dass „alles immer aus der räumlichen Außenwelt kommt, was wir auf unsere Innenwelt übertragen“.

nes‘ Thesen vermittelt über K.s implizite Interpretation fokussieren und hat sich unterrichtsbezogen daran zu beweisen. Das „Analogie“ auch anders hätte interpretiert werden könnte, wurde bereits aufgezeigt.

2.7 *(Über)Begriffsdiskussionen*

Darauf meldet sich Sw6:

Sw6: Ehm (.) wir/ (...) Das sind ja irgendwie alles, Wörter die (...) zusammen stehen und das muss man ja eigentlich einen Überbegriff für finden finde ich. Also dieses (...) Seele kann man jetzt nicht sagen finde ich, nein. Aber

Die Suche nach Gemeinsamkeiten genügt ihr nicht. Während K. darauf abzielte, aufzuzeigen, dass die „Wörter“ einst aus der räumlichen Welt entsprangen, sucht Sw6 danach, wie die „Wörter die [an der Tafel] zusammen stehen“ erschlossen werden können. Was von K. in physische Nähe zueinander gebracht wurde, „muss“ für sie einen gemeinsamen Sinn haben, hat sie doch auch gelernt, dass der Tafelanschrieb den Begriffen eine unterrichtliche Bedeutung beimisst, die eben nicht in deren Semantik allein aufgeht. Dass sie einen „Überbegriff“ fordert, zeigt darüber hinaus, dass K.s Aufforderung, nach Gemeinsamkeiten der Begriffe zu suchen, eben auch subsumtionslogisch verstanden werden kann. Spontan fällt Sw6 dafür „Seele“ ein.

K.: Bewusstein ist doch schon ein ganz schön neutraler Begriff.

Sw6: Bewusstsein ist ja so mysteriös eher das Wort.

K.: Da find ich Seele aber deutlich mysteriöser, oder? Da habe ich ja den lieben Gott bald in der Tasche.[23]

---

[23] Das Gespräch verläuft ein wenig weiter: Sw6 schlägt daraufhin „das Geistliche“ als Überbegriff vor, woraufhin der Lehrer korrigiert: „Das Geistliche wär wieder der religiöse Begriff, wenn dann das Geistige.“ Sw6 akzeptiert den Vorschlag des Lehrers mit den Worten: Sw6: „Ja das (...) das fänd‘ ich nämlich viel viel einfacher das da noch hinzuschreiben, weil man da noch so viel drunter interpretieren kann.“ K. schreibt „Geistige Prozesse“ an die Tafel, betont anschießend aber noch einmal, dass „Geistlich“ „religiös irgendwie (.) ist (.) genauso wie „Seele“ und so da schwappen wir schon immer begrifflich in die religiöse Ebene.“

Indem K. Sw6 „Bewusstsein" als Überbegriff anbietet, *erkennt* er ihre sprachliche Arbeit *an*. Dass die Begriffe „Seele" und „Bewusstsein", von denen letzteres seit Beginn der Stunde an der Tafel steht, zwischen K. und Sw6 als ganz unterschiedlich zugehörig zur eigenen sprachlichen Gebrauchspraxis gedeutet werden, wird an dieser Stelle überaus deutlich. Denn für Sw6 ist „Bewusstsein" „mysteriös", für K. hingegen „neutral" und „Seele" „deutlich mysteriöser". Auch wenn diese Sequenz eine tiefergehende Analyse verdienen würde, macht sie für das bislang rekonstruierte besonders anschaulich, dass sich für den Unterricht eben auch zu fragen ist, wie sich die je individuellen Verstehensanstrengungen der Schülerinnen und Schüler eben nicht nur entlang der gesprochenen, angeschriebenen und besprochenen Sprache des Unterricht ausgestalten, sondern ebenso in Bezug dazu, welche lebensweltlichen Vorverständnissen und Gebrauchspraxen vorliegen.[24]

2.8 *Neue Aufträge – Verstehen zeigt sich im Schreiben*

Mit dieser Diskussion ist die erste Erarbeitung des Textes für K. abgeschlossen und so fordert er die Schülerinnen und Schüler nun dazu auf:

K.: Erklärt's mit eigenen Worten. (.) Schriftlich. (.) Ja ist doch klar (.) wie immer (. . .) Wichtig ist dass ihr den Satz (.) verstanden habt (.) und den jetzt nochmal so durchdenkt dass den jeder wirklich (.) erklären kann.

Gelesen, gesprochen und gehört haben die Lernenden bis hierhin und nun gilt es, das Erarbeitete niederzuschreiben. Auch diese Aufforderung wird von K. als eingeübte Unterrichtspraxis („wie immer") markiert und damit begründet, dass das vorherige Unterrichtsgeschehen ein weiteres „durchdenken" nötig macht. Schreiben soll ermöglichen, die These, als den an der Tafel stehenden Satz „mit eigenen Worten", also *individuell* jenseits der Sprache des Interviews, in diesem Sinne „*wirklich* erklären" zu können. Schriftlichkeit erzeugt damit auch ein neues Beurteilungskriterium. Es wird für K. entscheidbar, wer verstanden hat und wer nicht, indem er/sie

24 Wir können auch der von K. inszenierten Grenzziehung zur Religion hier nicht weiter folgen. Doch leuchtet auf, wie der Philosophieunterricht sprachlich als Disziplin in Abgrenzung zu Religion(sunterricht) entworfen wird.

es in eine literate Form bringen kann. Wenn folglich „der Satz“ schriftlich nicht erklärt werden kann, gilt er als nicht verstanden. Schreiben, als verlangsamende und syntaktisch wohlgeformte Praktik wird zum beschließenden *Messmedium des Verstehens*.

2.9 Der erste Schülertext

Nach einer ca. 10 minütigen Schreibphasen sollen die Schülerinnen und Schüler nun ihre Texte vorlesen. Doch während sie sich bis hierhin rege am Unterricht beteiligten, führt die Aufforderung, das private Verstehen in der Öffentlichkeit der Klasse zu präsentieren, an die Grenze des freiwilligen unterrichtlichen Agierens:

K.: Auch (.) Gut (…) Fertig, (4) wenn ihr nichts habt (.) denk ich ja. (4) Freiwillige, (5) wer guckt denn nicht ganz so betreten zu Boden (.) Sm9. lies mal vor. (4)

Sm9: „Das Bewusstsein ist kein Gegenstand oder Ähnliches. Es existiert nicht einfach. Wir versuchen es (.) unser Bewusstsein durch Metaphern (.) uns (.) deutlich zu machen (.) und zu beschreiben, was es ist.“

K. greift das nun erstmals in der Unterrichtsstunde eintretende Schweigen explizit als Mutprobe für die Lernenden auf. Dass Sm9 aus seiner Sicht nicht „ganz so betreten zu Boden“ schaut, nimmt er daher zum Anlass, ihm zuzumuten, (in) der Klasse seinen Text vorzulesen. Bislang nahm der Schüler noch nicht am Unterrichtsgespräch teil.

Sein relativ kurzer Text ist der Versuch einer Definition. Sm9 bestimmt das Sein („ist“) des Bewusstseins. Er orientiert sich damit an der Form des Satzes, den es verstehend zu erklären gilt. Dass der Satz eine These Jaynes darstellt, durch den Interviewer und K. interpretiert und in der Klasse kritisch diskutiert wurde, bleibt - ganz im Sinne der unterrichtlich eingeübten objektiven Inhaltswiedergabe - ausgespart. Dass Jaynes’ Thesen „fragwürdig“ ist, wird damit performativ und dem gescheiterten unterrichtlichen Versuch, ihn beispielhaft zu wiederlegen, folgend, verneint. Darin verortet Sm9 sich abschließend also kollektivierend („wir“) in Opposition zur einführenden Problematisierung von Jaynes durch K. und den Interviewer.[25] Inhaltlich fokussiert Sm9 vor dem Hintergrund der Stunde darauf, das Bewusstsein als etwas Nicht-Materielles zu präsentieren, das erst durch Beschreibung anhand von Metaphern zur Existenz gelangen kann. Die in der Stunde letztlich nicht widerspruchsfrei geklärte Frage, wie „Analogie" bzw. „Entsprechung" in Bezug zu den unterschiedlichen Begriffen für Tätigkeiten des Bewussteins letztlich zu verstehen sind, wirft er also nicht auf und umkurvt sie für seine Präsentation geschickt, soll an dieser doch seine erfolgreiche Teilnahme am Unterricht gemessen werden. K. kommentiert Sm9s Versuch mit „eigenen Worten" zu „erklären" folgendermaßen:

K.: Okay (...) Die Art der Metapher könntest du noch, eben so (...) vielleicht mit rein nehmen und dass wir (.) Metaphern aus der (...) Alltagswelt aus der räumlichen Vorstellung also gerade diese, Sache mit „über" „unter" „zwischen"

K. erkennt in seiner inhaltlichen Kritik Sm9s Text als individuelles Verstehen an. Nur „vielleicht" könnte das, was im Unterricht schon besprochen wurde, Teil seines Textes werden. Sein Verstehensanzeige ist in diesem Sinne „okay".

2.10 *„Hat das nicht was mit der jeweiligen Sprache zu tun?"*

Sm1 nimmt K.s Evaluation von Sm9s Text zum Anlass, eine Frage zu stellen[26]:

Sm1: Hat das nicht was mit der jeweiligen Sprache zu tun (...) mit den Metaphern? (...) Ich mein' jetzt (.) deswegen hab' ich ja auch gefragt wo der herkommt, weil es kann ja sein/

Sm1 problematisiert eine Dimension von Sprache, die unterrichtlich bislang implizit blieb: Jaynes' These wurde über die deutsche Sprache für

[25] Inwiefern diese hier strukturgebende Praxis, Autoren und ihre Thesen als strittig bis fragwürdig zu inszenieren, als ein besonderes Charakteristikum philosophieunterrichtlicher Praxis zu verstehen ist, wäre eine weitere Forschungsfrage, der hier nicht weiter gefolgt werden kann.

[26] Während der Schreibphase ergaben sich für Sm1 Fragen, die er für alle hörbar an Herrn K. stellte: „Julian Jaynes, ist der Engländer oder Amerikaner oder?", „Ist er gestorben oder ist er am Leben?" und „Wie alt ist denn hier?". Seine Fragen beziehen sich auf die Biographie von Jaynes, und K. beantwortete sie, indem er die Informationen aus der Zeitschrift dazu vorliest.

Sprache im Allgemeinen, also pars pro toto, thematisiert. Mit seiner Frage fordert Sm1 darüber zu reflektieren, dass der Wahrheitsgehalt von Jaynes‘ These sprachbezogen eben relativ sein könnte: „Hat“ die Falsifizier- oder Verifizierbarkeit der These nicht etwas mit der „jeweiligen Sprache zu tun“ auf die man die Theorie bezieht? Sm1‘ Überlegungen verlassen dafür das Deutsche als gelebte kommunikative Unterrichtssprache und rufen zugleich ein nationales Denkmuster über Sprache und Herkunft auf: Denn er fragt nicht nach Sprachen *in denen Jaynes spricht, schreibt, oder über die er forscht*. Sm1 interessiert, wo Jaynes „herkommt“. Es entwickelt sich daraus ein Dialog zwischen K. und Sm1:

K.: Also er behauptet das auf jeden Fall schon mal für das Englische. Amerikanische (.) im Deutschen scheint's auf jeden Fall auch zu funktionieren. Aber ich kenn jetzt nicht so viele Sprachen äh (.)

Sm1: Aber es [. . .] könnte ja theoretisch sein, dass es dann irgendwie nen separaten Begriff für ‚vorstellen im Kopf‘ gibt.

K.: Ja (.) ist (.) wäre ne Theorie die (.) sich, vielleicht lohnte zu überprüfen was wir aber, im Moment leider nicht leisten können weil wir (.) anderer Sprache/ oder ist hier irgendjemand irgendeiner Sprache mächtig die das anders macht. (5)

K. greift mit seiner Antwort Sm1‘ Denken über Sprache und Herkunft auf und führt zugleich eine Differenzierung ein. Die global verbreitete Sprache Englisch ist nicht gleich nationales Amerikanisch, als der Varietät des Englischen von der Jaynes alltagsweltlich umgeben ist. Dass es sodann im Deutschen „funktionieren“ kann, „scheint“ im deutschsprachigen Unterricht gezeigt worden zu sein. Dass er Sm1‘ Interesse damit jedoch nicht abschließend beantworten kann, muss K., als Sprachexperte adressiert, daher schließlich an seinen eigenen limitierten sprachlichen Fähigkeiten festmachen.

In seiner weiteren Nachfrage bezieht sich Sm1 sodann auf K.s prominentes Beispiel und kultiviert darin die schon rekonstruierte erwartete Form des „Einschaltens als Dritter“. Er versucht, beispielbezogen zu kritisieren. Es verwundert daher nicht, dass K. seine Nachfrage relativ ausführlich und wohlwollend, wenn auch für ihn selbst nicht befriedigend („leider“), beantwortet. K. verhandelt damit auch ein strukturelles unterrichtliches Problem, das sich aus der Diskussion des Fachlichen ergibt, wenn es als mehrsprachliches erkannt wird: Auch wenn es „vielleicht lohnte zu überprüfen", soll aus limitierten sprachlichen Fähigkeiten doch nicht erwachsen, das unterrichtlich Abgezielte „nicht leisten" zu können.

Da das Problem jedoch weiterhin im Raum steht, spielt K. daher den ‚Ball' den Schülerinnen und Schülern zu. In seiner Rückfrage („oder ist hier irgendjemand irgendeiner Sprache mächtig die das anders macht?") eröffnet er die Möglichkeit für alle („irgendwer") sich mit „irgendeiner Sprache" einzubringen, schließt diese darin jedoch zugleich wieder. Denn mit „oder" fragt K. erstens nach einem Ausnahmefall, für den kennzeichnend ist, dass er jenseits des Deutschen liegt. Zweitens müssten die Schüler, um diesen zu artikulieren, nicht nur irgendwelche Kenntnisse über Sprache(n) oder in diesen haben, sondern ihrer „mächtig" sein. Drittens sollen sie sich nur dann melden, wenn sie die These falsifizieren („die das anders macht") können.

Durch K.s bedingungssetzende Art des Fragens wundert es nicht, dass sich eine Reaktion darauf nur auf der unterrichtlichen „Hinterbühne"[27] zeigt, die durch unsere Teilnahme im Unterricht ebenso ethnographisch erhoben wurde:

Beobachtungsnotiz während des Unterrichts:
Während K. fragt schaut Sm10 kurz zu Sm11 und sagt leise „bilinç altı" (türk. „Unterbewusstsein", wörtlich: Bewusstsein[s] Unteres). Weil Sm11 seinen Mitschüler anscheinend akustisch nicht verstanden hat, wiederholt Sm10 „bilinç altı" nun etwas lauter und Sm11, mit dem Gesicht weiter zu K. gewandt, nickt während Herr K. wieder zu sprechen begonnen hat.

Sm10 und Sm11 Schüler fühlen sich als „Mächtige" einer „anderen Sprache" angesprochen. Intersubjektiv verifizieren sie K.s Behauptung jenseits des unterrichtlichen Geschehens zwischen K. und der Klasse. Es lohnte sich diese kurze kommunikative Sequenz zu betrachten, die eher zufälliger Teil unserer Unterrichtsdokumentation wurde. Denn entgegen weit verbreiteter schulischer Verbote migrantisch-markierter Sprachen[28], die in den Verdacht

---

27 Vgl. Jürgen Zinnecker: Die Schule als Hinterbühne oder Nachrichten aus dem Unterleben der Schüler, In: Gerd-Bodo Reinert/Jürgen Zinnecker (Hg.): Schüler im Schulbetrieb. Berichte und Bilder vom Lernalltag, von Lernpausen und vom Lernen in den Pausen, Reinbek bei Hamburg 1978, S. 34.

gestellt werden, den Unterricht zu stören, verhandeln Sm10 und Sm11 auf Türkisch die unterrichtlich relevante Fragestellung.[29]

Durch Sm1 Nachfrage wurde also eine unterrichtlich gelebte Vorstellung krisenförmig, nämlich die, angesichts in der Schule erlernter sog. Fremdsprachen und einer mehrsprachigen Schülerschaft, das Deutsche stillschweigend als einzige Normalität zu setzen. K., so wissen wir aus Gesprächen jenseits des Unterrichts mit ihm, weiß um die mehrsprachigen Sprachkenntnisse, v.a. die türkischen, von einigen seiner Schülerinnen und Schüler. Daraus dass er diese hier nicht einfordert, folgt eben auch dass er die Lernenden nicht als „Experten“ im Sinne einer interkulturellen Paradigmas etikettiert[30], um Mehrsprachigkeit als „Chance“ zu nutzen. Denn es wäre dafür u.a. reflexiv zu fragen: Inwiefern sind etwa Sm10 und Sm11 in der Lage, in dem erwarteten schulsprachlichen Registern Türkisch zu kommunizieren?

K. sucht die Diskussion mit weiterem Verweis darauf, es nicht hinreichend beantworten zu können, zu schließen. Sm1 gibt sich zufrieden und zeigt das Ende seines Nachfragens an („okay“), doch nun schaltet sich Sw1 in das Gespräch ein:

Sw1: Haben sie nicht mal gesagt (.) ich weiß nicht mehr bei welcher Sprache, aber (.) das sie irgendwie nur in/ also fast (.) nur in Metaphern spricht. Latein oder was war das?“

Ihre Nachfrage zielt auf ein Beispiel, das K.s Interpretation der These Jaynes‘ unterstützt und zugleich zeigt sie an, auch vorherige Unterrichtsgespräche über Sprache für die jetzige Diskussion im Blick zu haben: Sie sucht eine Sprache, von der „mal gesagt“ wurde, dass sie „fast nur in Metaphern“ spreche. Es könnte „Latein“ gewesen sein, also eine Sprache, die in besonderer Weise als philosophische Bildungssprache gelten kann.[31]

---

28 vgl. Magnus Frank: Sprachliche Bildung jenseits von Defizit und Differenz. In: Claudia Benholz, Magnus Frank und Erkan Gürsoy: Deutsch als Zweitsprache in allen Fächern. Konzepte für Mehrsprachigkeit und Sprachliche Bildung. Stuttgart, 2015, S. 15–35.

29 Dass dies für nicht-deutschsprachige Kommunikationen zwischen Schülerinnen und Schülern im deutschsprachigen Unterricht die Regel statt die Ausnahme darstellt, zeigte İnci Dirim bereits am Ende der 1990er Jahren vgl İnci Dirim: „Var mı lan Marmelade?“ – Türkisch-deutscher Sprachkontakt in einer Grundschulklasse. Münster, 1998.

30 vgl. kritisch Geier in diesem Band

K.: Wenn man das Altarabische oder Altorientalische oder alte Koranauszüge liest, oder sowas (.) das ist immer eine sehr blumige Sprache. (.) Ja, das ist (.) extrem metaphernreich. Also orientalisch (.) die benutzen unheimlich viele Metaphern. (.) Ja, aber auch das Deutsche hat sehr viele schöne Metaphern.

In K.s Antwort stiftet „metaphernreich“ vor dem Hintergrund Unterrichtsstunde in spezifischer Weise Anerkennung der Sprachen „Altarabisch“ und „Altorientalisch“, auch wenn für letzteres linguistisch gefragt werden müsste, welche Sprache(n) damit überhaupt gemeint ist. Denn sie können an dieser Stelle des Unterrichts als Sprachen gelten, in denen eben sehr früh damit angefangen wurde, Bewusstseinsprozesse zu reflektieren. Zugleich markiert er sie als Sprachen nicht weiter namentlich genannter „Anderer“, denn „*die* benutzen unheimlich viele Metaphern“. Dass er damit die im Unterricht gelebte, aber nun eben nicht benannte, deutsche Sprache implizit abwertet, erklärt wohl seinen anschließenden Aufwertungsversuch, dass auch diese „sehr viele schöne Metaphern“ habe.[32]

2.11 Der zweite Schülertext

Nun soll Sw2, die sich ebenfalls nicht meldete, ihren Text vorlesen. Sie leitet ihre Zurückhaltung mit dem Satz ein:

Sw2: Ja, aber der ist (.) ’n bisschen kompliziert der Satz. Irgendwie.

K. (schmunzelnd): Dafür sind wir ja da, um komplizierte Sätze zu machen.

Sw2 ist mit ihrer Arbeit nicht zufrieden. Denn der Arbeitsauftrag von Herrn K., die These von Jaynes in „eigenen Worten“ zu erklären, bedeutet für sie –

---

31 vgl. Nadja Thoma: Ein „neutrales Vergleichsmedium, das niemandes Muttersprache ist“? Zur Bedeutung der (›Bildungs‹)Sprachen Latein und Griechisch in fachdidaktischen Diskursen der amtlich deutschsprachigen Migrationsgesellschaft, In: Nadja Thoma und Magdalena Knappik (Hg.) Sprache und Bildung in Migrationsgesellschaften. Machtkritische Perspektiven auf ein prekarisiertes Verhältnis, Bielefeld, S. 179–204.

32 Wir verlassen auch an dieser Stelle unsere Rekonstruktion. Die Szene dauert noch ein wenig an und die Strukturlogik der Thematisierung von Sprache bleibt darin bestehen: Es geht darum, Beispiele in anderen national gefassten Sprachen zu finden, in denen K.s These unterstützt werden kann. Dies geschieht mit Bezug zum und mit Beispielen im *Englischen, Französischen und Griechischen*, womit weitere tendenziell anerkannte Sprachen des schulischen Curriculums unterrichtliche Aufführung erfahren.

ähnlich wie Sm9 es tat – ‚einfache‘ Sätze bilden zu müssen. Auch wenn K.s ermutigende Antwort darauf ironisch gemeint ist, verweist sie, damit der Witz überhaupt entstehen kann, auf eine vorhandene Normalitätsvorstellung[33]: Der Philosophieunterricht habe die kollektive Aufgabe, eine besondere, schwer verstehbare, sprachliche Komplexität zu leben („dafür sind wir ja da“). Sw2 liest sodann ihren Text vor:

Sw2: Unser Bewusstsein (.) die geistigen Prozesse (.) kann meist nur durch Wortbilder die die Begriffe (.) die die verschiedenen Prozesse darstellen und beschreiben (.) bilden (.) Metaphern beschrieben werden.

K.: Das ist in der Tat ein bisschen holprig. Aber (.) inhaltl/ wenn du es verstehst ist mir das schon das Wichtigste. (.) und ich glaub es war nicht ganz falsch.

K.: Du hast (.) glaub ich, irgendwie so ne Aufzählung da drin, die das Ganze ’n bisschen unlesbar macht.

Strukturell ähnelt ihr Text dem von Sm1, denn auch die von ihr produzierte Textsorte ist eine Definition. Doch ist ihr Text hypotaktisch verschachtelt und sie präsentiert darin zahlreiche Fachbegriffe, die zuvor im Unterrichtsgespräch verwendet wurden („geistige Prozesse“, „Wortbilder“). Die Kompliziertheit, ihres syntaktisch korrekten Textes, so wird deutlich, ergibt sich daraus, dass sie ihre Ausdifferenzierungen ausdifferenziert (etwa „die die Begriffe, die die verschiedenen“) und daher beim Lesen die semantisch zusammenhängenden Satzteile nur noch schwer betonen kann.

K. geht es in seiner Evaluation nun explizit darum, sein Versprechen einzulösen, indem er Sw2s Text an ihrem Verstehen zu messen sucht. Legt man sein Kriterium an, verstehen auch dadurch anzeigen zu können, indem man den Satz „in eigenen Worten“ wiedergibt, ist Sm1 also vermutlich gescheitert. Zugleich macht sie aber durch ihren einleitenden Kommentar sowie die komplexe Struktur ihres Satzes deutlich, dass ihr Text sprachlicher Arbeit entspringt und die Differenz zwischen eigener und unterrichtlicher Sprache fraglich ist. Woran wird K. also das Verstehen im Kontext dieser erkennbaren Bemühungen messen? Mit „nicht ganz falsch“ erkennt er ihre

33 Für die forschend gefragt werden könnte, aus welchen diskursiven, didaktischen und unterrichtspraktischen Quellen sie sich speist und inwiefern sie Teil spezifischer Selbst- und Fremdbilder ist.

Anstrengung an und fokussiert sodann auf die von ihr aufgeworfene Kompliziertheit, die er in „der Aufzählung" sucht, die eben nur die Performanz („unlesbar", „holprig") ihre Textes verunmöglichte. Wie eine sprachliche Arbeit am Text genau aussehen könnte, bleibt in dieser vorsichtigen Thematisierung *sprachlicher Mängel des Textes*, und eben nicht solcher der Schülerin selbst, unbestimmt.

Sw2 ist dadurch ermutigt, ihren Text spontan zu korrigieren und liest ihn erneut vor. In der Überarbeitung kürzt sie ihn um den ersten Relativsatz, der das Bewusstsein als „geistige Prozesse" kennzeichnete sowie um das „beschreibt" als Tätigkeit der Wortbilder. K. wertet ihn nun als „'n bisschen verschachtelt, geht aber." Er fordert zudem, dass sie „noch 'n bisschen genauer darauf eingehen" soll, „wie die [Metaphern] gebaut sind".

Die Sequenz um Sw2s Text macht damit insgesamt deutlich, dass die Schülerinnen und Schüler lernen können, dass es K. um schriftsprachlich geformte Verstehensanstregungen geht, für die inhaltliche Genauigkeit und syntaktische Korrektheit durchaus wichtig sind. Es geht aber nicht darum, einen sprachlich wie inhaltlich schon abschließend gelungenen Text präsentieren zu müssen.

2.12 Der dritte Schülertext

Abschließend soll ebenso Sw3 ihren Text vorlesen, was sie ohne einleitenden Kommentar unternimmt:

Sw3: Das Bewusstsein besteht aus einem Fundament von Metaphern, die wir täglich immer wieder aufs Neue verwenden. Vor unserem inneren Auge entsteht ein Bild unserer geistigen Prozesse. Ob wir vorstellen, reflektieren, entscheiden oder fühlen, all dies sind nur von uns erdachte Bilder zur Veranschaulichung unserer gedanklichen Konstrukte, die zwar tief in unserem Bewusstsein verankert, aber dennoch für uns nicht greifbar sind.

K.: Wenn du noch Konstrukte durch Prozesse ersetzt, bin ich ziemlich glücklich.

Ihr vergleichsweise langer Text fällt vor allem stilistisch auf. Auch sie nutzt hypotaktische Strukturen, darin jedoch ebenso zahlreiche Kohärenz- und Kohäsionsmittel („zwar", „aber dennoch"), wodurch ihr v.a. Gegenüberstellungen und Abwägungen im Sinne differenzierten und distanzierten Schreibens gelingen. Ebenso ist er gespickt mit Fachbegriffen aus dem

Unterrichtsgespräch und von der Tafel („Fundament“, Metapher“, „inneren Auge“, „geistliche Konstrukte“). Im Sinne des anfangs gezeichneten bildungspolitischen Diskurses ließe sich also behaupten, dass Sw3 sich in besonderer Weise als ‚bildungsprachlich kompetent‘ präsentiert. Inhaltlich fällt jedoch auf, dass weder gemäß der Theorie von Jaynes noch der Interpretation von K. das Bewusstsein aus „einem Fundament von Metaphern“ besteht; auch sind die Tätigkeiten „vorstellen, reflektieren, entscheiden oder fühlen“ nicht als „erdachte Bilde zur Veranschaulichung unserer gedanklichen Konstrukte“ präsentiert worden. Der Text von Sw3 ist also sprachlich anspruchsvoll, liegt aber weit jenseits dessen, was im Unterrichtlich interaktiv verifiziert worden sein soll. Zeigt sich also vor allem hier individuelles Verstehen? Oder aber lässt sich ihr Text als bildungssprachliche Inszenierung von Kompetenz verstehen?

In seiner Reaktion umgeht K. die mit Sw2s Text bestehende Spannung, Verstehen bei gleichzeitiger sprachlicher, hier eben nicht syntaktischer, sondern inhaltlicher Kritikwürdigkeit, beurteilen zu müssen. Dass ihr Text ihn durch die Substitution eines Begriffs („Konstrukte“ statt „Prozesse“) zufrieden stellen soll, zielt viel mehr darauf, dem Unterricht, der mit „Tätigkeiten des Bewusstseins“ eröffnet wurde, eine schließende Gestalt zu geben. Es fällt ebenso auf, dass K. bei Sw3 die „Art der Metapher“ nicht ergänzt haben möchte, wie es in beiden Texten zuvor der Fall war. Insgesamt kann die Klasse in der Verhandlung von Sw3s Text also lernen, dass es wichtig ist, stilistisch zu überzeugen, indem ein bestimmtes sprachliches Register in Fülle bedient wird. Wird ein eigenes Verstehen in dieser Gestalt präsentiert, ist es möglich, sich auch jenseits des unterrichtlich kultivierten Verständnisses zu bewegen. Der Sprache selbst wird, so ließe sich zuspitzen, Kompetenz und Verstehen zugeschrieben, die sich fachlich nicht mehr detailliert einlösen muss. Herr K. schließt die Stunde mit:

K.: Ich glaube, es ist verstanden.

3 Pointierung der Rekonstruktion philosophieunterrichtlicher Sprachlichkeit vor dem Hintergrund des Diskurses um „Bildungssprache“ und „sprachliche Bildung“

Im Zentrum der exemplarisch analysierten Unterrichtsstunde stand eine Form der *Textarbeit*. Mindestens dreierlei Praxislogiken konnten aus den rekonstruierten Praktiken gewonnen werden. Der analytischen Heuristik von *Sprachlichkeit* folgend wurde erstens deutlich, wie sich die von Lehrer K. instruierte Arbeit am Interview mit dem Gehirnforscher Julian Jaynes in Bezug dazu ausgestaltet, wie K. selbst die zentrale These Jaynes' versteht. Es ist sein eigenes etymologisches Verständnis von „Analogie“, das das Sprechen und Schreiben der Schülerinnen und Schüler anleitet. Sie sollen verstehen lernen, dass es über die von ihnen zu Beginn geforderten Bewusstseinsverben, als ihre in den Unterricht eingebrachte Sprache, etwas zu lernen gibt: Nämlich dass in ihnen – K.s Interpretation von Jaynes' These folgend – eben daher eine „Analogie zur Welt auf der Basis von Metaphern“ zum Ausdruck kommt, weil sie einer früheren rein räumlich organisierten Welt entspringen. K. liest „Analogie“ also im Sinne eine *Spur* der Welt von damals im Heute. Für weitere Lesarten, in denen Analogie etwa stärker hinsichtlich einer der vorbewusstsein Zeit entsprechenden *Logik* zur Welt verstanden werden könnte, wurde der sprachliche Raum implizit geschlossen.

Zweitens ist die Praxis angeleitet von K.s Idee davon, was es für die Lernenden heißen soll, mit der Sprache des Textes zu agieren und ihr einen Sinn zu entnehmen. Es ließen sich zahlreiche sprachbezogene Praktiken der Textarbeit rekonstruieren, die seitens der Schülerinnen und Schüler erwartet wurden: Erstens sollen sie den Autor des Textes und seine Thesen als fragwürdig *kennenlernen*, zweitens in der Textarbeit auf *eingeübte* – für den Text als Interview nicht spezifische – *Herangehensweisen zurückgreifen*, drittens dem Text *nicht nur individuell sondern ebenso kollektiv* begegnen, viertens dessen *Inhalte objektivierend extrahieren*, fünftens diese *beispielbezogen kritisieren*, sechstens *Begriffe alltagssprachlich substituieren*, siebtens ihr *Verstehen in einer schriftlichen Erklärung offenlegen* und *achtens* durch mündliche Evaluation von K. diese überarbeiten.

Als dritte Strukturlogik zeigte sich, wie die Arbeit am und mit dem Text K. dazu dienen soll, die Schülerinnen und Schüler zu einer spezifische Form kritischen Verhaltens zu führen, für die ein bestimmtes Sprechen erwartet wird. Darin liegt K.s Erziehungsanspruch. Er inszeniert dafür die eigene Identifikation mit dem objektivierten Gehalt kritikwürdiger Thesen und ebensolchen Autors. Sein Sprechen eröffnet einen Raum für Rückfragen, den zahlreiche Schülerinnen und Schüler nutzen. Die Stunde zeigt in dieser Hinsicht deutlich Spuren einer zwischen K. und der Klasse gelebten, damit interaktionslogisch *funktionierenden* Praxis. Die sprachliche Arbeit hat jedoch auch spezifisch zu sein. Die Lernenden wissen, dass ein Sprechen erwünscht ist, in dem beispielbezogen kritisiert wird. K., so wird auch durch den steten offensiven Aufforderungscharakter seiner Instruktionen deutlich, will eine regen Wettkampf um ein schlagendes Gegenargument und nimmt dadurch (implizit) auch in Kauf, dass ein zeitintensives sich noch stärkeres Verwickeln in die alltagsferne Sprache des Textes nicht zustande kommt, durch das ausdifferenziertere Interpretationen der These überhaupt erst entstehen könnten.

Insgesamt wurde eine Perspektive auf Sprache als *Medium* philosophieunterrichtlich relevanter Inhalte kultiviert. Das Verhältnis von fachlichen Inhalten, als dem, was verstanden werden soll, und der Art und Weise wie sie sprachlich präsentiert und zu erschließen sind, wird damit entproblematisiert. Das Problem entstünde erst dann, wenn aufgezeigt werden würde, dass Verstehen immer spezifisch ist, je nachdem aus welchem Verständnis heraus mit Begriffen in verschiedenen Registern agiert wird. Die wissenschaftssprachliche „Analogie“ ist eben nur in einer Lesart eine „Entsprechung“. Die Schülerinnen und Schüler können demgegenüber insgesamt verstehen lernen, dass es (1) objektive Inhalte gäbe, die in Sprache ‚stecken‘, (2) dass Übersetzen und Ersetzen zwischen unterschiedlichen Registern ohne Sinnänderung möglich sei, dass (3) Verstehen sich in der Verschriftlichung der eigenen Gedanken zeige und dabei die Performanz von Komplexität gefordert sei, ohne dass verstehen im Sinne des Unterrichts darin aufgehen muss und dass (4) Schreiben eine anspruchsvolle schulische Aufgabe ist, für die Zeit nötig und Fehler akzeptiert werden. Sprache gilt in der Unterrichtsstunde also durchaus als etwas, das es zu erlernen gilt, wie dies jedoch gelingen kann, bleibt situativ und unangeleitet.

Auch zeigte sich in einzelnen Sequenzen, wie das Selbstverständnis philosophieunterrichtlicher Sprache in einem migrationsgesellschaftlichen Setting ausgehandelt wird. Es wurde das Deutsche als Normalitätserwartung, auch jenseits curricular verankerter sog. Fremdsprachen, gelebt. Diskussionen um dessen Entgrenzung betrafen dabei v.a. Sprachen, die entweder als philosophiebezogen gelten können (Latein und Griechisch) oder aber allgemeines gesellschaftliches Prestige aufweisen (Englisch und Französisch). Sprachen einer in 60 Jahre Migration entstandenen Mehrsprachigkeit der Schülerinnen und Schüler finden im unterrichtlichen Geschehen nur auf der Hinterbühne statt und verhandeln dort das unterrichtliche Problem. Migrationsbezogene Mehrsprachigkeit, so lässt sich schließen, wird in dieser Stunde von K. also nicht als Problem etikettiert oder explizit ignoriert, sondern gehört einfach nicht zu dem, was entlang des monolingualen Habitus' der Schule seinen Status als Normalität gelebter Sprache erhält.

Für diese sprachbezogenen Praxislogiken und Perspektiven auf Sprache lässt sich vor dem größeren Hintergrund unseres Interesses fragen, wie sie sich in Bezug zur Programmatik von *Bildungssprache* verhalten: Mit Blick auf schriftsprachliche Register, deren rezeptives und produktives Beherrschen über Bildungserfolge entscheiden soll, lässt sich das in dieser Unterrichtsstunde fokussierte Interview als ein solcher bildungssprachlich verfasster Gegenstand beschreiben. Dass es sich aber um einen solchen handelt, wurde als sprachliches, weil registerdifferentes Problem jedoch nur dann virulent, wenn die Lernenden bereit waren, ihr Nicht-Verstehen durch Nachfragen anzuzeigen. Erst dann erschien das Interview als ein sprachlich hoch-komplexes Gebilde, dem begegnet werden muss. K.s Lösung dafür war dann zu übersetzen und zu ersetzen. Auch die eigenen, abschließend produzierten und präsentierten Verstehenstexte lassen sich unter das Konstrukt Bildungssprache subsumieren. Für beide bildungssprachliche Gegenstände gilt jedoch, dass konkrete sprachliche Arbeit an den Differenzen inner- und außerschulisch relevanten Sprechens und Schreibens, als der Frage, was durch Er- und Übersetzung eigentlich mit dem Sinn geschieht, nicht verhandelt wurde. Ein Fokus auf die *Bildungssprache* von Texten und Lernenden allein reicht daher nicht, um den Unterricht als komplexes interaktives Geschehen zu verstehen. Ebenso wenig ist der Fokus ausreichend, um zu verstehen, welche Schülerinnen und Schüler am Unterrichtsgeschehen teilhaben (können) und welche sich wie als erfolgreich erweisen können, auch wenn sich in der abschließenden Performanz und Evaluation des Textes von Sw3 Spuren für eine besondere Anerkennung als bildungssprachlich geltender Register finden lassen.

Legt man schließlich die Forderung „sprachliche Bildung“ – wie sie etwa durch ProDaZ vertreten wird – für eine veränderte philosophische Praxis an, könnte daraus normativer Weise gefolgert werden, mit den Schülerinnen und Schülern Sprache noch fokussierter in Bezug zu ihrer textsortenspezifischen Gestalt, zu ihrer philosophieunterrichtlichen Funktionalität und gesellschaftlichen Verfasstheit aufzugreifen und als Erlenbares anzubieten. Das hätte für die hier rekonstruierten Unterrichtsstunde einerseits bedeuten können, die Vorstellung des Autors zugleich als Perspektiveinnahme aufzuzeigen, das Interview als spezifische Textsorte zu thematisieren, sich umfassend (v.a. textsortenspezifisch und registerbezogen) mit der Sprache des Textes in seinem fachlichen Sinnzusammenhang zu beschäftigen, sowie das eigene Sprechen und Schreiben als spannungsvollen Versuch zwischen Verstehen und unterrichtlicher Erwartungserfüllung aufzugreifen. Andererseits hätte es im Sinne bildungsungleichheitsrelevanter fachlicher Sprachvermittlung bedeuten können, die von K. erwartete Sprache des Kritisierens und Verstehens offen zu legen, sie als etwas Erlernbares zu kennzeichnen und anzubieten, und damit das stillschweigende Bündnis zwischen philosophieunterrichtssprachlich schon kompetenten Lehrenden und Lernenden aufzukündigen. Nicht zuletzt könnte es bedeuten, migrationsgesellschaftlich (re-)produzierte Normalitätserwartungen an Sprache zu thematisieren, aus denen eben auch Subjektivierungen im Sinne von „wir“ und „die“ entstehen können.[34]

Insgesamt hieße das, sich stärker dem Problem zu widmen, dass das, was erlernt werden soll nicht nur eine sprachliche Gestalt besitzt, sondern in und durch Sprache wechselseitig konstitutiert, präsentiert und repräsentiert wird. Dafür gaben die interessierten und kritischen Äußerungen der Schülerinnen und Schüler, die eben auch ein Ergebnis der philosophiedidaktischen Praxis von Herrn K. in der hier diskutierten Unterrichtsstunde sind, reichlich Anlass.

---

[34] Vgl. die Beiträge von Geier in diesem Band

Wir danken Herrn K. für sein forschendes Interesse an der eigenen philosophieunterrichtlichen Praxis und hoffen im Sinne einer an Fallarbeit orientierten Lehrerbildung, ausreichend Anlass zur Reflexion gegeben zu haben.

Kants kategorischer Imperativ im sprachsensiblen Philosophieunterricht. Sapere Aude – Habe Mut, dich Primärquellen zu bedienen!

Vanessa Albus und Leif Marvin Jost

Einleitung

Die „schwierige Sprache" der Philosophen erscheint vielen Lehrkräften als unüberwindbares Hindernis im Unterricht aller Altersklassen.[1] Vor dem Hintergrund dieser Anforderung an die Unterrichtspraxis haben sich drei philosophiedidaktische Reaktionen ergeben:

Zunächst stellt die komplette Kapitulation vor den sprachlichen Ansprüchen philosophischer Texte eine mögliche Konsequenz dar. Im Philosophieunterricht der ersten Art wird auf das Medium Text radikal verzichtet. Zahlreiche philosophische Methoden wie etwa das neosokratische Gespräch oder das Gedankenexperiment ermöglichen Denkschulung auch ohne Textarbeit. Der Schwerpunkt des textfreien Philosophieunterrichts liegt folglich auf der Vermittlung von philosophischen Denkmethoden, die im Einzelfall auch dazu führen können, dass sich Schülerinnen und Schülern die Inhalte von klassischen philosophischen Texten ohne Textlektüre eigenständig erdenken.[2] Wie unverzichtbar die textfreie Vermittlung von Denkmethoden im Philosophieunterricht auch sein mag, so lässt sich gegen einen

---

1 Jörg Peters, Bernd Rolf: Kant & Co. im Interview. Fiktive Gespräche mit Philosophen über ihre Theorien, Stuttgart, 2009, S. 5.

2 Andreas Siekmann: „Die Schrift versteht nicht, zu wem sie reden soll und zu wem nicht. (Platon). Möglichkeiten des textfreien Unterrichts", in: Methoden des Philosophierens. Jahrbuch für Didaktik der Philosophie und Ethik, hrsg. von Johannes Rohbeck, Dresden,

gründlichen Verzicht auf Texte im Philosophieunterricht doch einwenden, dass die systematische Ausblendung der ideengeschichtlichen Perspektive zentrale Elemente der philosophischen Bildung unberücksichtigt lässt. Komplette Textaskese ist also mit dem philosophischen Bildungsanspruch, wie er in der Philosophiedidaktik formuliert ist und in Zeiten des Zentralabiturs auch bildungspolitisch eingefordert wird, unvereinbar.

Ein zweiter Ausweg aus der misslichen Situation scheint darin zu bestehen, die Texte der philosophischen Tradition sprachlich und inhaltlich für die Schülerinnen und Schüler zu vereinfachen. Es entstehen die sogenannten „Nach-Texte"[3], in denen Philosophiedidaktiker, Lehrkräfte oder gar Laien versuchen, Gedanken klassischer Philosophen für Schülerinnen und Schüler mundgerecht wiederzugeben. In den inzwischen in vielen einschlägigen Unterrichtsmaterialien und Schulbüchern eingestreuten „Nach-Texten" erläutern historische Größen der Philosophie als fiktive Gestalten z.B. in modernen Talkshows oder am Telefon ihre Lehren in kindlicher oder jugendlicher Diktion.[4]

Dabei wird übersehen, dass „Nach-Texte" auch nur Interpretationen und Deutungen sind, deren Plausibilität die Lernenden als Anfänger im Philosophieren nicht prüfen können. Das Vertrauen der Lernenden in die Fachautorität ihrer Lehrkräfte kann also missbraucht werden. Im schlimmsten Fall werden „Nach-Texte" als Instrument zur weltanschaulichen oder politischen Manipulation im Schulunterricht gezielt studiert. Aus der Geschichte des Philosophieunterrichts lassen sich erschreckend viele Beispiele hierfür anfügen. In der ehemaligen DDR waren z.B. die „Nach-Texte" zu Marx immer so gestaltet, dass sie sich der aktuellen SED-Linie anpassten. Um den Glauben der Lerner zu festigen, informierten schließlich „Nach-Texte" im

---

2000, S. 108–126.

3 Vgl. Volker Steenblock: „Textkonstruktion und philosophisch-ethische Reflexivität. Überlegungen zu einer Nutzung von Elementen neuer Leseforschung für den Philosophieunterricht", in: Empirische Unterrichtsforschung und Philosophiedidaktik, hrsg. von Johannes Rohbeck, Urs Turnherr, Volker Steenblock, Dresden, 2009, S. 47–64. Ders.: „Plaudern, Umschreiben, Faszinationsinszenierung – Populäre Transformationen philosophischer Texte", in: Ethik & Unterricht, 10/1999, S. 43.

4 Vgl. Peters/Rolf, a.a.O. Bernd Rolf: „Wozu braucht man eigentlich einen Staat? Eine Fernsehdiskussion zwischen Thomas Hobbes, John Locke und Jean-Jacques Rousseau", in: Zeitschrift für Didaktik der Philosophie und Ethik, 4/98, S. 240–245.

christlich-missionarischen Philosophieunterricht der Nachkriegsära völlig inadäquat über das vermeintliche Scheitern Kants an der Kritik der philosophischen Gottesbeweise.[5] Sachliche Fehler werden auf diesem Weg entweder billigend in Kauf genommen oder unterlaufen in eher harmlosen Fällen nicht zu Manipulationszwecken, sondern bestenfalls aus fachlicher Unkenntnis. Das Umschreiben von philosophischen Texten für Kinder erweist sich häufig als Gratwanderung zwischen ertragbarer Simplifizierung und sachlicher Unangemessenheit. So ist etwa die materielle Darstellung Leibnizens immaterieller Monaden in einem Kinderbuch ebenso fragwürdig wie der Versuch eines Journalisten der *Rheinischen Post*, Kants kategorischen Imperativ kindgerecht mit folgenden Worten wiederzugeben: „[Kant] wurde vor allem dadurch berühmt, dass er sich ein Gesetz ausgedacht hat, wie man sich am besten verhalten soll. Seine Idee: Das, was Du dir herausnimmst, dürfen alle anderen auch. Also: Vorsicht!“[6]

Nicht zuletzt ignorieren die Vertreter einer Didaktik der „Nach-Texte“ sprachphilosophische Methoden und Erkenntnisse. Denn spätestens seit dem *linguistic turn* ist die reine Vernunft als sprachliche Vernunft entlarvt, so dass Untersuchungen zur Sprache von Philosophen nicht allein zum Aufgabengebiet der Philologen und Linguisten gehören, sondern integraler Bestandteil philosophischer Selbstreflexionen sind.[7] Was bliebe, wenn man im Prozess des didaktischen Umschreibens einem Herder oder Nietzsche die Metaphern und einem Heidegger die Neologismen nähme?

Aus all diesen Bedenken ergibt sich klar, dass „Nach-Texte“ nur in geringen Dosen am Anfang philosophischer Bildungsprozesse eine gewisse Berechtigung haben, wenn sie fachphilosophisch autorisiert sind. Keinesfalls können sie authentische Quellen ersetzen. Der Vorschlag, „Nach-

---

5 Vgl. Vanessa Albus: Kanonbildung im Philosophieunterricht. Lösungsmöglichkeiten und Aporien, Dresden, 2013, S. 471ff.; 464ff.

6 Kinderseite der *Rheinischen Post* zit. nach: Helmut Engels: „Sprachanalyse in den Fächern Philosophie, Ethik, Praktische Philosophie und Philosophieren mit Kindern. Eine perennierende Aufgabe.“ in: Angewandte Philosophie. Jahrbuch für Didaktik der Philosophie und Ethik 12, hrsg. von Christa Runtenberg, Johannes Roheck, Dresden, 2012, S. 147–182, hier: S. 149. Zu Leibniz siehe: Annette Antoine, Annette von Boetticher: Leibniz für Kinder, Hildesheim, 2008.

7 Vgl. Vanessa Albus: Weltbild und Metapher. Untersuchungen zur Philosophie des 18. Jahrhunderts, Würzburg, 2001.

Texte“ bis zur Allgemeinen Hochschulreife zu studieren[8], erweist sich als unhaltbar.

Der dritte Weg besteht schließlich darin, das Problem der anspruchsvollen Philosophensprache als Zieldimension philosophischer Bildung zu begreifen und didaktische Lösungsansätze zu entwickeln, die dazu beitragen, dass Schülerinnen und Schüler lernen, sich philosophische Primärquellen eigenständig zu erschließen. Nur dies führt sie langfristig aus der deutungskanonischen Unmündigkeit heraus und befähigt zum eigenen Urteil. In diesem Beitrag soll daher exemplarisch an Kants kategorischen Imperativ, wie er in der *Grundlegung zur Metaphysik der Sitten* formuliert wurde, demonstriert werden, dass durch vorentlastende Arbeit an Sprache die Lektüre von Primärquellen im Philosophieunterricht deutlich erleichtert wird.

Diese Textauswahl ist zum einem dadurch motiviert, dass Kants Diktion zu Recht als eine sprachliche Herausforderung begriffen wird; zum anderen ist der Kanonstatus und die aufklärerische Kulturleistung der ausgewählten Textpassage unstrittig. Nicht zuletzt deshalb ist sie in unzähligen Schulbüchern für den Ethik- und Philosophieunterricht bundesweit abgedruckt und findet in vielen amtlichen Vorgaben zum philosophischen Unterricht Beachtung.[9]

1 Primärquelle

Immanuel Kant

Grundlegung zur Metaphysik der Sitten (AA, IV, S. 420f.)

Bei dieser Aufgabe wollen wir zuerst versuchen, ob nicht vielleicht der bloße Begriff eines kategorischen Imperativs auch die Formel desselben an die Hand gebe, die den Satz enthält, der allein ein kategorischer Imperativ sein kann; denn wie ein solches absolutes Gebot möglich sei, wenn wir auch gleich wissen, wie es lautet, wird noch besondere und schwere Bemühung erfordern, die wir aber zum letzten Abschnitte aussetzen.

Wenn ich mir einen *hypothetischen* Imperativ überhaupt denke, so weiß ich nicht im voraus, was er enthalten werde: bis mir die Bedingung gegeben ist. Denke ich mir aber einen *kategorischen* Imperativ, so weiß ich sofort, was er enthalte. Denn

[8] Peters/Rolf, a.a.O., S. 5.

[9] Vgl. Albus, Kanonbildung, a.a.O., S. 532ff.

da der Imperativ außer dem Gesetze nur die Notwendigkeit der Maxime* enthält, diesem Gesetz gemäß zu sein, das Gesetz aber keine Bedingung enthält, auf die es eingeschränkt war, so bleibt nichts als die Allgemeinheit eines Gesetzes überhaupt übrig, welchem die Maxime der Handlung gemäß sein soll, und welche Gemäßheit allein der Imperativ eigentlich als notwendig herstellt.

Der kategorische Imperativ ist also nur ein einziger und zwar dieser: *handle nur nach derjenigen Maxime, durch die du zugleich wollen kannst, daß sie ein allgemeines Gesetz werde.*

* *Maxime* ist das subjektive Prinzip zu handeln und muß vom objektiven Prinzip, nämlich dem praktischen Gesetze, unterschieden werden. Jene enthält die praktische Regel, die die Vernunft den Bedingungen des Subjekts gemäß (öfters der Unwissenheit oder den Neigungen desselben) bestimmt, und ist also der Grundsatz, nach welchem das Subjekt *handelt*; das Gesetz aber ist das objektive Prinzip, gültig für jedes vernünftige Wesen, und der Grundsatz, nach dem es *handeln soll*, d. i. ein Imperativ.

2 Analyse der Sprache im Textauszug/Umgang mit den sprachlichen Schwierigkeiten im Philosophieunterricht

Texte bergen unabhängig von einer konkreten Lehr-Lernsituation zahlreiche sprachliche Charakteristika auf *Wort-*, *Satz-* und *Textebene*. Diese erste Perspektive ermöglicht eine detaillierte sowie regelgeleitete Analyse der philosophiesprachlichen Gestalt des Unterrichtsmaterials.

2.1 Textebene

Mit Blick auf die Textebene wurde bereits eine grundlegende Differenzierung zwischen „Nach-Texten" und authentischen Texten getroffen. Das vorliegende Schriftstück, ein Auszug aus Immanuel Kants „Grundlegung zur Metaphysik der Sitten" von 1785, ist in diesem Sinne Letzteren zuzuordnen. Scheint dies vordergründig selbstverständlich zu sein, korrelieren jedoch mit der Textsorte gattungsspezifische Anforderungen, die adäquate Sinnerschließungsstrategien erfordern. In Differenz zum vorliegenden Textauszug zu betrachten, aber dennoch als authentische Texte der Philosophie zu klassifizieren, wären beispielsweise Briefe (z.B. von Voltaire), Gleichnisse (z.B. von Platon), Interviews (z.B. mit zeitgenössischen Philosophen), verschriftlichte Dialoge (z.B. die Sokratischen) oder auch Ganzschriften, die im Philosophieunterricht über mehrere Schulstunden hinweg gelesen werden.

Typisch für einen Textauszug ist, dass dem Leser sowohl das *Vorweg-* als auch das *Nachstehende* unbekannt sind, sodass ggf. eine Kontextualisierung des Abschnittes innerhalb des Gesamtwerkes erforderlich ist.[10] Es handelt sich um eine von außen, d.h. z.B. vom Lehrer oder der Schulbuchautorin getroffene Selektion,[11] die ein zu behandelndes Problem zentral zum Ausdruck bringt. Ebenfalls sind bereits auf Grund der Textsorte insbesondere *konzeptionelle Schriftlichkeit* sowie *fach-* und ggf. *autorenspezifisch geprägte Begrifflichkeiten* zu erwarten.[12] Die *historische Einordnung* der authentischen Schrift konturiert ferner die potentielle Schwierigkeit, dass sprachliche Verstehenshürden auch durch das verwendete Vokabular oder Redewendungen verursacht werden könnten, die zwar im 18. Jahrhundert alltagssprachlich und geläufig waren, gegenwärtig jedoch als veraltet und ungebräuchlich empfunden werden und daher zu Missverständnissen und Fehlinterpretationen verführen.[13] Schon auf der Textebene erfordert dies gemäß einer Makro-Konzeptualisierung demnach sowohl eine Bedarfsermittlung aus fachsprachlicher Sicht als auch eine Ermittlung des Lern- und Sprachstandes: Was wissen die Schülerinnen bereits über die hermeneutische Arbeit an der spezifischen Textsorte? Was müssen die Schüler wissen und über welche sprachlichen Kenntnisse müssen sie verfügen, um mit der Literatur angemessen umgehen zu können?

2.2 *Satzebene*

Auf der zweiten Ebene fällt zunächst die *Länge der Sätze* ins Auge.

---

[10] Dies ist etwa bei der Lektüre einer Ganzschrift nicht der Fall.

[11] Die Begriffe *Schüler*, *Schülerin*, *Lehrer*, *Lehrerin*, *Schulbuchautor*, *Schulbuchautorin* usf. werden nicht geschlechtsspezifisch verwendet.

[12] Im Gegensatz dazu sind z.B. bei Interviews oder Dialogen als verschriftlichte Gespräche eher konzeptionelle Mündlichkeit sowie ein höherer Anteil alltagssprachlicher Formulierungen zu erwarten.

[13] Diese Hürde ist beispielsweise bei Texten zeitgenössischer Philosophen nicht respektive nur bedingt zu antizipieren.

So erstreckt sich beispielsweise bereits der erste Satz über sechs Zeilen (Z. 1–6; im Folgenden S1 genannt), ebenso der vierte Satz (Z. 9–14; im Folgenden S4 genannt) sowie der zweite Satz der Fußnote (Z. 19–24; im Folgenden FS2 genannt). Zusammengenommen konstituieren S1, S4 und FS2 damit rein quantitativ mehr als die Hälfte des gesamten Textauszuges. Sie weisen ferner ein komplexes Satzgefüge auf: FS2 bspw. beginnt mit einem ersten Hauptsatz („Jene enthält"), welcher von einem eingeschobenen Relativsatz unterbrochen wird („die die"), sich anschließend fortsetzt („und ist") und mit einem weiteren untergeordneten Relativsatz beendet wird („welchem"). Mittels des Semikolons nebengeordnet beginnt anknüpfend der zweite Hauptsatz („das Gesetz aber"), welcher von einem eingeschobenen Partizipialsatz unterbrochen wird („gültig für"), sich fortsetzt („und der"), von einem eingeschobenen Relativsatz unterbrochen wird („nach dem") und schließlich endet („d.i. ein Imperativ"). In S4 finden sich einleitend ein Kausalsatz („Denn da"), anschließend ein eingeschobener Infinitivsatz, der sich auf das Objekt des Kausalsatzes bezieht („gemäß zu sein"), die Fortführung des Kausalsatzes („das Gesetz aber"), ein dem Kausalsatz untergeordneter Relativsatz („auf die"), der eigentliche Hauptsatz („so bleibt nichts"), ein dem Hauptsatz untergeordneter Relativsatz („welchem"), gefolgt von einem dem vorherigen Relativsatz untergeordneten, weiteren Relativsatz („welche").

Insbesondere die verschachtelte Hypotaxe der Sätze vermag Verstehensbarrieren beim Leser zu evozieren, da z.B. auf den ersten Blick weder der Hauptsatz bzw. die Hauptsätze zu identifizieren (in FS2) noch die attributiven Relativsätze einem Substantiv zuzuordnen (in S4) sind. Doch nicht nur innerhalb *eines* Satzes können auf dieser zweiten Ebene der Textanalyse sprachbasierte Schwierigkeiten auftreten. So referiert beispielsweise in FS2 das Demonstrativpronomen „Jene" auf das Subjekt des vorhergehenden Satzes („Maxime"). Um FS2 daher überhaupt verstehen zu können, müssen zudem *satzübergreifende* Konnexionen gelingen. Auf Grund der Spezifik des Unterrichtsmaterials „Textauszug" ist dies aber nicht immer möglich: S1 beginnt mit „Bei dieser Aufgabe", wobei unklar bleiben muss, um welche Aufgabe es sich handelt, da hier auf einen solchen vorherigen Passus des Textes Bezug genommen wird, der in der Didaktisierung des Materials herausgekürzt wurde.

Um die Schüler eines *routinierten Umgangs mit den fachsprachlichen Anforderungen* auf der Satzebene des Textes zu befähigen, bietet es sich an, diesbezügliche Schwierigkeiten zu thematisieren und sich Sätzen wie S1, S4 oder FS2 im Klassenverband genauer zu widmen. So kann z.B. die Hypotaxe zunächst gemeinsam an der Tafel segmentiert und die attributiven Relativsätze anschließend zugeordnet werden, um das komplexe Satzgefüge des authentischen Texts zu klären. Dies dient keinesfalls lediglich einer allgemeinen Sprachbildung; Vielmehr wird die hermeneutische Arbeit an philosophischer Primärliteratur geschult, indem Schülerinnen ihre eigenen Verstehensprobleme verbalisieren, sprachsensible sowie textadäquate Sinnerschließungsstrategien praktisch anwenden und u.a. fachspezifische Begrifflichkeiten attribuieren (z.B. „praktische Regel" oder „objektive[s] Prinzip" in FS2).

Das Problem der anspruchsvollen Philosophensprache, welches sich hier in der Verwendung langer und verschachtelter Bandwurmsätze manifestiert, avanciert dadurch selbst zum Gehalt des Unterrichts. Die Schüler reflektieren ihre sprachlichen Schwierigkeiten und erhalten ein Angebot didaktischer Lösungsansätze, welche ihnen nicht nur hinsichtlich des singulären Kant-Textes weiterhelfen, sondern mittels derer sie prinzipiell auch jegliche anderen Sätze philosophischer Primärquellen entschlüsseln können. Indem sie so neben den textinhaltlichen Kenntnissen v.a. Techniken der Rezeption konzeptioneller Schriftlichkeit erwerben, werden sie befähigt – und ebenfalls ermutigt – dazu, sich der „schwierigen Sprache" der Philosophen in Zukunft eigenständig zu stellen. Ihnen wird die „Angst" vor komplexen, mehrzeiligen Sätzen genommen, denn sie erlernen die Werkzeuge, mit diesen adäquat umzugehen – z.B., das Satzgefüge auszudifferenzieren und Nebensätze zuzuordnen.

2.3 Wortebene

Auf der Wortebene lassen sich ebenfalls spezifische Anforderungen identifizieren. So finden sich vor dem Hintergrund *sprachlicher Register* einige *fachsprachliche* Ausdrücke – so erstens –, die dem *alltagssprachlichen* Wortschatz der Schüler gewöhnlich nicht enthalten sind. Diese Problematik fällt bereits bei der Überschrift des Textes auf: „Grundlegung zur Metaphysik der Sitten". Insbesondere „Metaphysik" ist hier als philosophischer Fachbegriff zu klassifizieren, dessen Bedeutung den Schülerinnen weitläufig nebulös sein wird und den es dementsprechend im Sinne einer Begriffsanalyse zu klären gilt. Die weitverbreitete Schülerstrategie, unbekannte Komposita – hier das Determinativkompositum „Metaphysik" – in seine Morpheme zu zerlegen – hier „Meta" und „Physik" –, scheint dabei weniger zielführend zu sein, denn selbst eine anschließende Übersetzung von „meta" mit „über" und eine Assoziation zum Schulfach „Physik" verhilft den Schülerinnen nicht, die Bedeutung dieses zentralen Ausdrucks eigenständig und angemessen, d.h. in der fachspezifischen Verwendung zu erschließen. Potenziert wird das Problem ferner – so zweitens – auf Grund der grammatikalischen Konnexion mit „Grundlegung" und „Sitten", zwei Begriffen, die zwar nicht unbedingt der philosophischen Fachsprache zuzuordnen sind, die aber ebenso wenig der Alltagssprache der Schülerinnen entstammen. Selbst falls „Grundlegung" als eine Fusion aus „Grundlage" und „Darlegung" sowie „Sitten" etwa aus gesellschaftswissenschaftlichen Kontexten bekannt als „soziale Gewohnheiten" verstanden werden könnten, bleibt die syntaktische Einheit „Grundlegung zur Metaphysik der Sitten" jedoch semantisch unterbestimmt: Die Erklärung „Grundlegende Darlegung über die Physik der sozialen Gewohnheiten" ist nicht weniger kryptisch als das kantische Original.

Diese beiden Schwierigkeiten, fachsprachliche Ausdrücke einerseits per se und andererseits in grammatikalischem Verbund mit nichtphilosophischen Begriffen zu verstehen, lassen sich nicht nur in der Überschrift, sondern im gesamten Textauszug identifizieren. So finden sich zahlreiche weitere Begrifflichkeiten, die den Schülern Probleme bereiten können, wie etwa „Begriff", „Imperativ", „Gesetz", „Gebot", „Prinzip", „Maxime", „Subjekt" oder „Vernunft". Sind (zumindest) Letztere drei eindeutig als philosophiespezifische Begrifflichkeiten auszuweisen, sind erstgelistete Wörter eher aus alltagsprachlichen und/oder nichtfachspezifischen Kontexten bekannt – beispielsweise „Imperativ" und „Begriff" aus dem Deutschunterricht oder „Gesetz" und „Gebot" aus juristischen oder religiösen Umgebungen. Dennoch treten diese hier als Begriffe der Philosophie auf, was insbesondere mit Blick auf die Eigenschaftszuschreibungen der voranstehenden *Adjektive* deutlich wird: „der bloße Begriff", „kategorischer Imperativ" in Abgrenzung zum „hypothetischen Imperativ", „subjektive[s] Prinzip" in Opposition zum „objektive[n] Prinzip“ oder „absolutes Gebot“. Kennen Schülerinnen beispielsweise „Imperativ“ als „Befehls-Modus“, ist die Differenzierung zwischen einem „kategorischen“ und einem „hypothetischen“ „Befehls-Modus“ alles andere als selbsterklärend. Ebengleiches gilt für die anderen Attribuierungen: Was ist „der bloße Begriff“? Was ist ein „absolutes Gebot“? Derartige Charakterisierungen sind semantisch zu klären, wobei darauf zu achten ist, dass hier u.a. autorenspezifische Bedeutungen zu Grund liegen.

Doch auch bekannte Wörter, die weder als Fachbegriffe zu klassifizieren sind noch durch Adjektive philosophisch kontextualisiert werden, treten im Text als potentielle Stolpersteine auf, so z.B. bereits in S1. Ist den Schülern dort „Formel“ v.a. aus dem naturwissenschaftlichen Fächerkanon und „Satz“ aus dem Deutschunterricht bekannt, hilft ihnen dieses Wissen nicht aus, um zu erklären, wie eine „Formel“ einen „Satz“ enthalten kann. Verkompliziert wird diese Beziehung zudem dadurch, dass die „Formel“ wiederum aus dem „bloßen Begriff“ gewonnen werden soll. Hier müssen verschiedene Verstehenshorizonte miteinander verschmolzen werden, für dessen Gelingen eine angeleitete Reflexion durch die Lehrerin erforderlich ist. Darüber hinaus fungieren einige problematische Substantive auch als *Genitivobjekt*, wie z.B. in „die Notwendigkeit der Maxime“ oder „die Allgemeinheit eines Gesetzes“. Selbst wenn hier etwa alle vier Substantive bekannt sind, können die syntaktischen Verbindungen nicht problemlos inhaltlich gefüllt werden, da mehrere *abstrakte Begriffe* in außerphilosophisch ungewöhnlicher Weise miteinander vernetzt sind. Demnach ist nicht nur die fachspezifische Erschließung von singulären Substantiven, sondern ebenfalls von Adjektiven sowie von Wortverbindungen – hier Adjektiv-Substantiv und Substantiv-Substantiv – notwendig, um den Text zu verstehen.

Eine weitere Schwierigkeit auf der Wortebene, auf die indirekt oben bereits hingewiesen wurde, verursacht die Verwendung von *bestimmten und unbestimmten Artikeln*. Was genau sind „die“ Sitten? Was ist „der“ bloße Begriff „eines“ kategorischen Imperativs? Wieso handelt es sich um „ein“ absolutes Gebot, aber um „das“ praktische Gesetz, „die“ praktische Regel, „das“ subjektive und „das“ objektive Prinzip? Was ist „die“ Allgemeinheit „eines“ Gesetzes? Die Bestimmtheit bzw. Unbestimmtheit der Begriffe vermag hier Fragen aufzuwerfen, die gemeinsam im Klassenverband zu diskutieren sind.

Kant nutzt in dem Textauszug zudem verschiedene *Modi*. Ist der Großteil im *Indikativ* formuliert, finden sich aber auch Passagen im *Konjunktiv*, wie z.B. „an die Hand gebe“ oder „möglich sei“. Dies fällt besonders mit Blick auf das Verb „enthalten“ auf, da es in der dritten Person Singular sowohl als „enthalten werde“ als auch als „enthalte“ und „enthält“ im Auszug auftritt. Ferner werden *Modalverben der Notwendigkeit* – hier z.B. „sein soll“ oder „muß“ – sowie *Modalverben der Möglichkeit* – hier z.B. „sein kann“ – verwendet. Es ergibt sich somit ein Geflecht aus Faktischem, Hypothetischem, Normativem und Optionalem, welches es vom Leser zu entwirren gilt. Hinzukommend finden sowohl *Wechsel zwischen den Zeitformen* – Vergangenheit (Präteritum: „eingeschränkt war“), Gegenwart (Präsens: „weiß ich nicht“) und Zukunft (Futur: „wird [...] erfordern“) – als auch *Perspektivwechsel* statt, da Kant im ersten Abschnitt das vergemeinschaftlichende „wir“ benutzt, im zweiten Abschnitt ein „ich“ agiert und im dritten Abschnitt der Appell an ein „du“ gerichtet ist.

Darüber hinaus und diesseits der bereits identifizierten sprachlichen Anforderungen fallen die vom Autor vorgenommenen *Kursivierungen* auf. So werden zum einen *einzelne Begriffe* formal hervorgehoben: „*hypothetischen* Imperativ“, „*kategorischen* Imperativ“, „*Maxime* ist“, „*handelt*“ und „*handeln soll*“. Dies verursacht eine Fokussierung auf genannte Ausdrücke und signalisiert deren Wichtigkeit für den Textausschnitt. Sie sind als grafische Lesehilfen zu begreifen, indem sie – z.B. mit Blick auf die Differenzierung zwischen dem „*hypothetischen*“ und dem „*kategorischen* Imperativ“ oder „*handelt*“ und „*handeln soll*“ – Zentrales markieren. Zum anderen hebt Kant aber auch einen *ganzen Satzteil* formal hervor, und zwar seine Konklusion (Z. 15f). Auch hier wird Essentielles formal akzentuiert, was zunächst eine Erleichterung für das Textverstehen zu bedeuten scheint. Jedoch beherbergt dies auf der Kehrseite die Gefahr, dass Schüler sich primär auf das „Ergebnis“ des Textes konzentrieren. Indem die hermeneutische Arbeit somit auf eine Beschäftigung mit der *Definition* des kategorischen Imperativs hinausläuft, werden sie potentiell dazu verleitet, diese lediglich wiederzugeben – bestenfalls in eigenen Worten –, anstatt beispielsweise auch Kants Argumentation zu rekonstruieren. Die Lehrerin kann dieser Reduzierung entgegenwirken, indem sie die Textarbeit durch gezielte Fragestellungen didaktisch anleitet.

Nicht zuletzt ist die *Fußnote* in S4 als ein Problem zu erachten. Sie dient dazu, den Begriff „Maxime" zu klären und unterscheidet dafür das subjektive vom objektiven Prinzip zu handeln. Der Vermerk bricht den Fließtext auf, infolgedessen auch eine flüssige Lektüre von S4 unterbunden wird. Vor dem Hintergrund, dass S4 und FS2 – wie dargelegt – sowohl auf Satz- als auch auf Wortebene sprachlich höchst anspruchsvoll sind, bedeutet dies Folgendes: Einerseits wird der philosophische Fachbegriff „Maxime" vom Autor selbst erläutert, was trotz des Lesebruchs grundlegend zum besseren Verstehen des Ausdrucks sowie des Textes beitragen soll. Andererseits wird S4, der seinerseits bereits sehr lang ist (Z. 9 – 14) und eine verschachtelte Hypotaxe aufweist (NS1 – NS2 – NS1 – NS3 – HS – NS4 – NS5),[14] mittels der Fußnote um weitere zwei Sätze – und somit um weitere sieben Zeilen – „verlängert", von denen FS2 zudem ebenfalls eine komplizierte Satzstruktur besitzt (HS1 – NS1 – HS1 – NS2 – HS2 – NS3 – HS2 – NS4 – HS2). Der zentrale Begriff „Maxime" in Bandwurmsatz S4 wird so mittels des nicht weniger anspruchsvollen FS2 erklärt. Um S4 verstehen zu können, müssen die Schüler, noch bevor sie den ersten Nebensatz von S4 überhaupt beendet haben, die beiden Sätze der Fußnote lesen und begreifen, um „Maxime" inhaltlich füllen und das Erfahrene anschließend auf die restlichen Satzteile von S4 anwenden zu können. Es ist damit zu rechnen, dass diese Aufgabe auch erfahrenen Lesern Probleme bereiten wird.

Abschließend sei darauf hingewiesen, dass die zu Beginn antizipierten, durch das Auftreten gegenwärtig veralteter Ausdrücke oder Redewendungen verursachten Verstehensschwierigkeiten nicht respektive nur marginal zu erwarten sind. Hier ist es lediglich die Abkürzung „d.i.", deren Bedeutung „das ist" bzw. „das heißt" den Schülern weitestgehend ungeläufig sein wird. Da diese Abbreviatur jedoch in zahlreichen philosophischen Schriften vorkommt, ist eine diesbezügliche Aufklärung sinnvoll.

---

[14] NS1 = Nebensatz 1, NS2 = Nebensatz 2 usf.; HS = Hauptsatz.

3 Rekapitulation

Die fachdidaktische Auseinandersetzung mit der Sprache des Textauszugs aus Kants „Grundlegung zur Metaphysik der Sitten“ konnte zahlreiche Anforderungen auf Wort-, Satz- und Textebene identifizieren. Mit dem Ziel, Schülerinnen eines routinierten Umgangs mit philosophischer Primärliteratur zu befähigen, sind potentielle Hürden bereits in der Stundenplanung in Form einer Bedarfsermittlung aus fachsprachlicher Sicht sowie einer (antizipierten) Ermittlung des Lern- und Sprachstandes der Schüler auf allen drei Ebenen zu berücksichtigen. In der sich anschließenden unterrichtlichen Interaktion bietet es sich an, ausgehend von den sprachlichen Problemen der Schüler z.B. gattungsspezifische Sinnerschließungsstrategien – etwa in Hinsicht auf das Fehlen des Vorweg- sowie des Nachstehenden – offen zu diskutieren, um an das Vorwissen der Schülerinnen über die Textsorte anknüpfen zu können (Textebene), besonders lange und verschachtelte Sätze – wie S4 und FS2 – gemeinsam an der Tafel zu untersuchen, damit die Hypotaxe segmentiert und attributive Relativsätze zugeordnet werden können (Satzebene), sowie unbekannte, nicht nur fachsprachliche Ausdrücke und Wortverbindungen – z.B. „Metaphysik“, „der bloße Begriff“, „die Allgemeinheit eines Gesetzes“ – mittels Begriffsanalysen zu klären (Wortebene).

Alle diese didaktischen Lösungsansätze reagieren auf die „schwierige Sprache“ von Kant und verhelfen den Schülern nicht nur dazu, den singulären Textauszug zu verstehen, sondern darüber hinaus auch jegliche anderen authentischen Literaturauszüge des Philosophieunterrichts leichter zu erschließen, denn die Schülerinnen erwerben neben dem rein inhaltlichen Wissen v.a. sprachsensible sowie textadäquate Techniken, mittels derer sie philosophische Primärliteratur eigenständig erarbeiten können. Die „Furcht“ etwa vor komplexen und mehrzeiligen Bandwurmsätzen, Fachbegriffen und – ganz grundlegend – Auszügen aus Originaltexten der großen Philosophen wird dann gebannt, wenn sie lernen, sich den sprachlichen Schwierigkeiten zu stellen und mit diesen routiniert umzugehen – d.h. wenn sie lernen, *selbstständig* z.B. Satzgefüge auszudifferenzieren und zu hierarchisieren, sprachliche Register zu identifizieren, syntaktische Verbindungen aufzudecken oder Substantive sowie Adjektive zu klären. Sie müssen demnach dazu angeleitet werden, selbst tätig sein, was durchaus im Sinne Kants zu verstehen ist, denn der Schüler soll „nicht *Gedanken*, sondern *denken* lernen; man soll ihn nicht *tragen*, sondern *leiten*, wenn man will, daß er in Zukunft von sich selber zu *gehen* geschickt sein soll."[15]

Der didaktische Imperativ „Habe Mut, dich Primärquellen zu bedienen" fordert Lehrer dazu auf, eine Auseinandersetzung mit der „schwierigen Sprache" der Philosophen nicht etwa mittels Textaskese oder der Nutzung von „Nach-Texten" zu umgehen, sondern die Schüler eines selbstständigen und routinierten Umgangs mit den fachsprachlichen Anforderungen zu befähigen.

---

[15] Immanuel Kant: „Nachricht von der Einrichtung seiner Vorlesungen in dem Winterhalbjahre von 1765 – 1766 (Auszug)", in: Texte zur Didaktik der Philosophie, hrsg. von Kirsten Meyer, Stuttgart, 2010, S. 71 – 75, hier S. 73.

Autorenverzeichnis

Vanessa Albus, Dr. phil. habil., ist Privatdozentin und Studiendirektorin für Philosophiedidaktik an der Universität Duisburg-Essen. Sie ist Mitherausgeberin der Zeitschrift für Didaktik der Philosophie und Ethik. Arbeitsschwerpunkte in Forschung und Lehre: Kanonbildung, Metaphorologie und Metapherndidaktik, schulisches und außerschulisches Philosophieren, Service Learning, Philosophie des 18. Jahrhunderts, Kultur- und Geschichtsphilosophie. E-Mail: vanessa.albus@uni-due.de

Magnus Frank ist wissenschaftlicher Mitarbeiter im Projekt ProDaZ am Institut für Deutsch als Zweit- und Fremdsprache an der Universität Duisburg-Essen. Zu seinen Arbeitsschwerpunkten in Forschung und Lehre gehören sprachbezogene Produktionen von Differenz, mehrsprachigkeitsorientierte Schul- und Unterrichtsentwicklung, Bildung und Islam sowie qualitative Forschungsmethoden (Ethnographie, Biographieanalyse u.a.). E-Mail: magnus.frank@uni-due.de

Hans Friesen, Prof. Dr. phil. habil., ist Leiter des Arbeitsgebiets Kulturphilosophie am Studiengang „Kultur und Technik" der Brandenburgischen Technischen Universität (BTU) Cottbus. Zu seinen Arbeitsschwerpunkten in Forschung und Lehre zählen Probleme der interkulturellen Kommunikation in der globalisierten Welt, theoretische Auseinandersetzungen mit den Klassikern der Kulturphilosophie sowie Erörterung von Fragen in den Bereichen Wirtschaftsethik und Ethik des Zusammenhangs von Kultur und Technik. E-Mail: friesen@b-tu.de

Dr. Thomas Geier vertrat zuletzt die Professur für Interkulturelle Pädagogik und Lebenslange Bildung an der PH Karlsruhe. Er ist Wissenschaftlicher Mitarbeiter für qualitative Schul- und Unterrichtsforschung am Zentrum für Schul-und Bildungsforschung (ZSB) der Martin-Luther-Universität Halle-Wittenberg und leitet das DFG-Projekt: „Die Pädagogik der Gülen-Bewegung". Seine Arbeitsschwerpunkte liegen u.a. in der migrationsgesellschaftlichen Bildungsforschung sowie der pädagogischen Professionalität in der Migrationsgesellschaft. E-Mail: thomas.geier@zsb.uni-halle.de

Caroline Heinrich ist Juniorprofessorin für Didaktik der Philosophie/ Praktischen Philosophie an der Universität Paderborn. Zu ihren Arbeitsschwerpunkten gehören Machtformen und Disziplinarstrukturen, Sprachfunktionen, Kommunikationsformen und Diskurstheorien, Definitionen des Verrücktseins und ihre Entwicklung, Ideen zur Geschichte im Hinblick auf die Katastrophen der Geschichte, der kategorische Imperativ und das Konzept der Parrhesia, Legitimationen des Philosophie- und Ethikunterrichts und die Lehrerbildung. E-Mail: caroline.heinrich@upb.de

Leif Marvin Jost ist Doktorand und Lehrbeauftragter am Institut für Philosophie an der Universität Duisburg-Essen. Zu seinen Arbeitsschwerpunkten in Forschung und Lehre gehören Didaktik der Philosophie, Philosophieren mit Filmen sowie Sprachbildung im Philosophieunterricht. E-Mail: leif.jost@uni-due.de

Helge Kminek ist wissenschaftlicher Mitarbeiter am Institut für Pädagogik der Sekundarstufe an der Goethe-Universität Frankfurt am Main. Zu seinen Arbeitsschwerpunkten in Forschung und Lehre gehören Kritische Theorie der Pädagogik und Gesellschaft, Bildungstheorie sowie qualitative Unterrichtsforschung. E-Mail: Kminek@em.uni-frankfurt.de